한중 협력의 새로운 모색, 부산-상하이 협력

한중협력의 새로운 모색, 부산-상하이 협력

초판 1쇄 발행 2020년 12월 5일

지은이 동서대학교 중국연구센터 & 퉁지대학교 중국전략연구원 공편
펴낸이 강수걸
편집장 권경옥
편집 박정은 최예빈 윤은미 강나래
디자인 권문경 조은비
펴낸곳 산지니
등록 2005년 2월 7일 제333-3370000251002005000001호
주소 부산시 해운대구 수영강변대로 140 BCC 613호
전화 051-504-7070 | 팩스 051-507-7543
홈페이지 www.sanzinibook.com
전자우편 sanzini@sanzinibook.com
블로그 sanzinibook.tistory.com

ISBN 978-89-6545-682-7 03300

* 책값은 뒤표지에 있습니다.
* 이 도서의 국립중앙도서관 출판예정도서목록(CIP)은 서지정보유통지원시스템
홈페이지(http://seoji.nl.go.kr)와 국가자료공동목록시스템(http://www.nl.go.kr/
kolisnet)에서 이용하실 수 있습니다.(CIP제어번호: CIP2020048484)

부산-상하이 협력포럼 5주년 기념
釜山-上海合作论坛5周年纪念

韓中合作的新探索——釜山-上海合作

한중 협력의 새로운 모색,
부산–상하이 협력

동서대학교 중국연구센터 & 통지대학교 중국전략연구원 공편
东西大学中国研究中心&同济大学中国战略研究院共同编辑

산지니

부산-상하이 협력포럼 5주년
기념 서적 출간을 축하하며

　동서대학교 중국연구센터와 중국 퉁지대학 중국전략연구원이 공동으로 주최해온 부산-상하이협력포럼이 올해로 5주년을 맞이하였습니다. 부산-상하이 협력포럼은 자매도시인 부산과 상하이의 실질적인 도시협력이 가능하도록 새로운 한중협력의 모델을 제시하였고, 양국 발전에 기여하기 위해 노력하고 있습니다. 이번 포럼에 참석하신 모든 분과 관계자 여러분께 진심으로 감사와 인사를 전합니다.

　2016년 6월 제1회 부산-상하이 협력포럼을 창립하여 동서대학교 중국연구센터와 상하이의 퉁지대학(同濟大學) 중국전략연구원은 본격적인 학술교류를 시작하였습니다. 저도 당시 상하이에서 오신 전문가들과 나눈 소중한 추억들을 잘 간직하고 있습니다. 이후 한중관계가 어려운 가운데에서도 부산-상하이 협력포럼은 양 도시에서 꾸준하게 개최되었고, 다양하고 중요한 양국 간의 쟁점들을 논의해왔습니다. 이러한 점에서 부산-상하이 협력포럼은 자매도시 체결 27주년의 두 도시 교류 역사에서도 큰 상징적인 의미를 가집니다. 최근 미중 간의 무역 분쟁과 코로나 19 등 여러 난제들이 많이 있지만, 부산-상하이 협력포럼은 한중 관계의 지속적인 발전을 위해 함께 지혜를 모으고 뜻을 합하여 양국의 발전을 견인해 나가길 바래봅니다.

이러한 시점에서 부산-상하이 협력포럼 5주년을 기념하여 동서대학교 중국연구센터와 퉁지대학 중국전략연구원이 공동으로 〈한중협력의 새로운 모색, 부산-상하이 협력〉이라는 주제의 논문집이 출판되어 매우 기쁘게 생각합니다. 양국 전문가들이 모두 저자로 참여한 이 책은 한중협력의 새로운 모색에 크게 기여할 것으로 확신합니다. 작은 나비의 날갯짓이 거대한 토네이도를 만들 듯, 앞으로 이 도서의 출판을 계기로 부산과 상하이 협력포럼이 더욱 활성화되고, 부산-상하이 교류와 한중관계의 발전에도 크게 기여하게 되기를 기대합니다.

본 도서의 출판을 위해 힘을 보태주신 모든 분들께 감사드리며, 건강과 축복이 늘 함께 하시기를 진심으로 기원합니다. 감사합니다.

동서대학교 총장
장제국

차례

目次

동아시아 정세변화와 한중관계

신정승(동서대)

1. 미중 간 전략적 갈등

최근 동아시아 정세의 변화에는 북한의 핵무기 개발, 대만해협의 긴장, 남중국해에서의 중국과 관련 국가들과의 분쟁, 한일 간의 역사갈등, 영토문제, 역내 민족주의의 확대와 군비경쟁 등 여러 가지 요소들이 있지만, 무엇보다도 중국의 부상에 따른 미중 간의 전략적 경쟁과 그에 따른 국제관계의 향방이 핵심을 이루고 있기 때문에, 동아시아 정세변화는 크게 보면 동아시아에서 미중 간의 관계가 경쟁과 갈등의 국면으로 전환한 것을 지칭한다고 할 수 있다.[1]

주지하듯이 지난 40여 년간 중국은 비약적인 경제발전을 이

---

1   북핵 문제나 인도, 아세안의 부상도 동아시아 정세변화의 부분이지만, 이 글에서는 미중 간 전략적 경쟁에 초점.

루어 2010년에는 세계 제2위의 경제대국이 되었으며, 많은 전문가들은 현 추세가 지속된다면 늦어도 2030년까지는 명목 GDP가 미국과 대등해질 것으로 예상하고 있다. 이러한 경제력 신장을 바탕으로 시진핑 주석을 핵심으로 하는 중국 공산당 지도부는 현 시기가 중국에 있어서의 중대한 전략적 기회라고 하면서, 2050년까지 중화민족의 위대한 부흥이라는 중국의 꿈을 달성하겠다는 목표를 제시하고 있다.

이러한 중국의 꿈에는 막강한 경제력을 갖추는 것과 더불어 중국군을 세계 최고의(world-class) 군대로 만들겠다는 꿈(强軍夢)을 포함하고 있으며, 중국의 대외정책에서도 핵심이익의 수호를 강조하면서 거버넌스(governance) 문제 등 국제적 사안에 적극적으로 참여하려는 형태로 나타나고 있다. 예를 들어 중국은 2010년까지만 하더라도 남중국해 문제를 대외적으로 자신의 핵심이익이라고 분명하게 언급하지는 않았지만, 이제는 중국이 남중국해에서 자신들의 영토와 해양권익을 핵심이익이라고 주장하면서 동 수역에서 인공섬을 건설하고 있으며, 그곳에 군용항공기의 이착륙을 위한 활주로와 미사일 기지를 설치한 것은 이러한 중국의 공세적인 정책을 말해주고 있다.[2] 중국은 또한 중국군의 현대화라는 목표하에 항공모함을 건조하고, 스텔스 전투기나 탄도미

2　2015년 워싱턴에서의 미중정상회담 당시 시진핑 주석은 남사군도의 군사화를 하지 않겠다고 천명하였지만, 이후 중국 정부는 이를 남사군도의 방어에 필요한 군사시설이라고 설명하고 있다.

사일 등 첨단 무기들을 개발, 실전에 배치하고 있다.[3] 특히 2018년 4월 시진핑 주석이 군복을 입고 중앙군사위 위원 전원 대동하에 남중국해에서 대규모 관함식에 참석했던 것은 중국이 중국 인근 해역에서 미 해군의 활동을 견제하는 수준을 넘어 향후 해양강국이 되겠다는 분명한 메시지를 보낸 것이라 하겠다.

한편 중국은 최근의 전 세계적인 코로나 사태와 관련, 필리핀, 미얀마, 캄보디아를 시작으로 늦게는 베트남, 싱가포르에 이르기까지 모든 아세안 국가들에게 의료물자와 장비를 지원하였고, 캄보디아, 라오스, 필리핀, 미얀마와 말레이시아에는 의료팀을 파견하였으며, 향후 중국에서 백신이 개발된다면 이 지역 에 공공재를 제공하는 방향에서 중국과 아세안 국가들과의 협력이 더욱 확대될 것으로 예상된다. 이외에도 중국은 인건비 경감과 미국의 디커플링(decoupling) 정책에 대한 대응을 위해 생산기지를 동남아지역으로 옮기기 시작하였으며, 기존의 일대일로 사업들도 계속 추진하여 동아시아 역내 국가들에 대해 자신의 정치 경제적 영향력을 높이려고 하고 있다.[4]

이러한 중국의 행보에 대해 미국도 적극 대응하는 모습을 보이고 있다. 2017년 12월의 미국 국가안보전략서나 2018년 초 발표

---

3   미 국방부가 2020년 9월 의회에 제출한 '2020 중국군사력 보고서(2020 China Military Power Report)' 참조. https://media.defense.gov/2020/Sep/01/2002488689/-1/-1/1/2020-DOD-CHINA-MILITARY-POWER-REPORT-FINAL.PDF

4   https://asia.nikkei.com/Politics/International-relations/ASEAN-becomes-China-s-top-trade-partner-as-supply-chain-evolves

된 미국의 국방전략보고서는 중국을 수정주의자이면서 미국의
전략적 경쟁상대라고 지칭하고 있으며,[5] 이러한 보고서들은 '힘
을 통한 평화'라는 개념 하에 미국이 중국을 견제하기 위한 적절
한 조치를 취할 것임을 밝히고 있다. 이런 맥락에서 트럼프 행정
부는 남중국해에서의 '항해의 자유' 작전의 빈도를 높이고 있고,
미 해군함정들은 중국의 반대에도 불구하고 대만해협을 통과하
고 있다. 미국은 또한 자유롭고 개방된 인도-태평양 전략(Free and
Open Indo-Pacific)을 추진하면서 일본, 호주, 인도와 더불어 QUAD
대화도 다시 시작하였다. 아울러 미국은 특별관세 부과를 통해
중국의 불공정무역에 대해 강하게 대응하는 한편 최근에는 화웨
이 제재에서 보듯이 첨단 산업기술과 관련해서도 중국을 견제하
려는 의도를 숨기지 않고 있다.

　과거에는 커다란 국제적 재난이 발생했을 때 주요 대국들이
협력하여 재난에 공동 대응해왔었지만, 금번 코로나19 사태에선
미중간의 전략적 경쟁이 더욱 치열해지고 있는 양상이다. 미국
은 코로나 발병 원인으로 중국을 지목하고 그 책임에 대해 거론
하고 있으며, 2020년 5월 백악관은 '중국에 대한 미국의 전략적
접근'이라는 보고서를 발표하였다. 동 보고서에서 미국은 지난
40여 년간 지속해온 미국의 대중국 관여(engagement)정책이 실패
했으며, 힘에 의한 평화와 원칙에 입각한 현실주의에 따라 중국
에 대한 전략적 압박을 본격화하겠다는 입장을 다시 천명한 바

5　https://www.whitehouse.gov/wp-content/uploads/2017/12/NSS-Final-12-18-2017-0905.pdf

14

있다.[6]

한편 그간 경제 분야를 중심으로 진행되어오던 미국의 대 중국 압박은 2019년 하반기부터 이념과 체제 면으로 전선을 확대하고 있다. 2019년 11월 미 국무부의 '자유롭고 개방적인 인도-태평양 비전' 보고서에서 언급하고 있듯이 미중 간의 전략적 경쟁은 미래 국제질서에 대한 자유의 비전과 억압의 비전 사이의 경쟁이라고 규정한 바 있으며,[7] '중국에 대한 미국의 전략적 접근'이란 보고서에서도 그러했지만, 2020년 7월 23일 폼페이오 국무장관이 닉슨 대통령 도서관에서 행한 연설의 제목이 "공산주의 중국과 자유세계의 미래"라는 점에서 알 수 있듯이 미국은 최근 중국 공산당과 그 지도부에 대한 비판 수위를 크게 높이면서 한편으로는 공산당과 중국 국민을 분리하여 대응하려는 모습을 보이고 있다.

이와 같은 중국의 부상과 미국의 대응으로 인해 심화되는 미중 양국 간의 전략적 경쟁이 향후 어떻게 전개될 것인가는, 앞으로 미국 내 국내정치와 경제상황이 어떻게 변화될지, 그리고 중국이 계속해서 내부적 안정을 유지하며, 혁신을 통한 지속적 경제발전을 이룰 수 있을지 등 여러 가지 변수가 존재하고 있어, 여전히 불확실하다고 하겠다. 2019년 10월 워싱턴의 싱크탱크

---

6   https://www.whitehouse.gov/wp-content/uploads/2020/05/U.S.-Strategic-Approach-to-The-Peoples-Republic-of-China-Report-5.20.20.pdf

7   https://www.state.gov/wp-content/uploads/2019/11/Free-and-Open-Indo-Pacific-4Nov2019.pdf

(Think Tank)인 CSIS가 발표한 자료에는 향후 10년에서 20년 사이에 중국이 군사 분야를 포함하여 미국을 따라잡거나 추월할 가능성을 얘기하고 있지만,[8] 중국 측에서는 대체로 백 년 목표에 따라 20~30년을 생각하고 있는 것으로 보인다.

미중 전략적 경쟁의 향방은 이미 언급한 대로 상당한 불확실성을 내포하고 있지만, 현재로서는 세 가지 가정이 가능하다고 생각된다. 첫째, 국제관계에 결정적 영향을 줄 수 있는 새로운 게임 체인저를 중국이 독자적으로 확보하지 않는 한 예측 가능한 시기에 중국이 종합적으로 미국을 능가할 수 있는 우월적 지위를 확보하기는 어려울 것이다. 물론 지리적으로 중국에 유리한 동아시아 지역에 국한된다면 반드시 종합국력이 대등하지 않아도 과거의 소련처럼 상당한 정도로 미국에 대응할 수는 있을 것이다.

둘째, 과거 냉전 시기의 미국과 소련과의 관계에서 보듯이 미중 양국은 핵 강국이기 때문에 전략적 경쟁이 심화되어 무력충돌의 단계까지 가더라도 쌍방 모두 심각한 타격을 입을 전면전쟁은 피할 것이다. 특히 손자병법에도 나와 있듯이 중국은 전통적으로 전쟁을 통하지 않고 정치적 목적을 달성하는 것을 선호해 왔기 때문에, 전쟁이 운명적으로 불가피하다는 그레이엄 엘리슨(Graham Ellison)의 투키디데스 트랩은 미중 간에 일어나지는 않을 것으로 생각된다. 그럼에도 불구하고, 비록 제한적인 범위 내

---

8   https://www.csis.org/analysis/china-and-united-states-cooperation-competition-andor-conflict

이겠지만 대만해협이나 남중국해에서 미중 간 무력충돌이 일어날 가능성은 배제할 수 없다. 미국은 대만에 대한 무기판매에 더하여 '2019년 인도-태평양 전략에 관한 미 국방부 보고서'에 대만을 국가로 표기한 바 있으며,[9] 최근에는 미국의 보건 장관이 대만을 방문하여, 차이잉원 총통을 면담함으로써 하나의 중국 원칙에 대한 해석에 변화를 주려는 것이 아닌가 하는 인상을 주고 있다. 심지어 미국 전문가들은 앞으로의 상황에 따라 미-대만 FTA 체결, 차이잉원의 방미초청과 의회연설 같은 일이 발생할 가능성을 배제할 수 없다고 하고 있다. 반면에 중국은 중국 지도자들의 미국과 차이잉원 정부에 대한 경고의 강도를 높이는 한편 중국 군용기의 대만 주변 수역과 서태평양에서의 훈련이 빈번해지고 있으며, 무력사용의 가능성을 포함하여 정치, 경제 등 모든 분야에서 압박을 가하고 있다.

셋째, 따라서 동아시아 지역에서 미중 양국 간의 정치적 영향력 경쟁은 더욱 치열해질 것이며, 이런 점에서 지역의 안정이나 경제 발전 면에서 동아시아에서 필요로 하는 공공재를 제공하고, 역내 국가들이 공감할 수 있는 보편적인 가치체계를 제시함으로써 자신의 매력을 확대시키는 것은 자신의 물리적 힘을 증가시키는 것 이상으로 중요하다고 하겠다. 이러한 시각에서 보면, 현재의 미국이나 중국 모두 부족한 부분이 적지 않다.

---

9 https://media.defense.gov/2019/Jul/01/2002152311/-1/-1/1/
DEPARTMENT-OF-DEFENSE-INDO-PACIFIC-STRATEGY-REPORT-2019.
PDF

먼저, 미중 양국은 지역의 평화와 공동번영보다는 자신들의 국가이익을 더 강조하고 있다는 인상을 주고 있다. 트럼프의 미국은 미국의 국익 우선주의를 앞세우고 있고, 중국은 중화 민족주의를 부추기면서, 주권과 영토보전, 국가안전 그리고 발전이익이라는, 중국이 자의적으로 해석할 수 있는, 자신의 핵심이익 수호를 강조하고 있다. 물론 세계 어느 나라도 자신의 국가이익이 없지는 않겠지만, 그럼에도 불구하고 국제사회의 책임 있는 대국들인 미국과 중국으로서는 자신들의 국익을 내세우기보다 지역이나 국제사회의 이익을 우선시하는 것이 필요하다. 예를 들어 북핵문제는 국제사회의 핵 비확산에 배치되는 중대한 문제이면서 이 지역의 평화와 안정에 매우 중요하다. 현재 상황으로 보면 북한은 완전한 비핵화에 소극적이면서 장기간 사실상의 핵보유 국가가 되고자 하는 것이 아닌가 하는 의심을 갖게 되는데 이런 점에서 미중 양국은 북한의 완전한 비핵화와 시간표 제시 그리고 검증에 대한 합의가 조속히 이루어지도록 적극 협력할 필요가 있다.

둘째, 미국은, 트럼프 하에서의 일시적인 현상인지는 모르겠지만, 그간 다수의 국가들에게 받아들여져 기존의 국제질서를 지탱해 주던 자유주의적인 가치와 다자주의 제도를 경시하면서 힘을 앞세우고 있고, 중국도 다른 나라들을 납득시킬 만한 대안을 분명하게 제시하지 못하고 있다는 점이다. 비록 중국은 수년 전부터 신형국제관계에 의한 인류운명공동체 건설을 내세우기 시작하였으며, 이것이 국제사회가 지향해야 할 목표에 대한 '중국방안'이라고 할 수 있지만, 국가별로 국력의 차이가 크고 이해관계가 복잡하게 얽혀 있는 현 국제사회에서 주권 평등에 기초한 협력 공영의 인류운명공동체를 건설한다는 것은 간단치 않을 것이다. 아마도 그렇기 때문에 중국은 중국이 내세우는 인류운명공동체 건설이나 신형국제관계가 기존 국제질서를 대체하는 것이 아니라 기존 국제질서를 유지하면서 필요한 부분을 개선하고자 한다는 점을 강조하고 있는 것으로 생각된다.[10]

중국은 현재 민족주의를 강하게 내세우고 있고, 2019년 10월 중화인민공화국 건국 70주년 행사의 마무리 회의에서도 시진핑 주석은 애국 교육의 중요성을 다시 강조한 바 있다. 또한, 최근 중국과 주변국들과의 관계에서 보듯이 중국이 자신의 이익에 따라 주변국들을 경제적으로 압박하는 일도 종종 발생하고 있다. 이와 같은 것들을 종합해 본다면, 결국 미중 양국은 모두 대외적으로는 이념적 가치를 제시하면서도 실제로는 권력정치(Power Politics)에 기초한 국제관계를 추구하면서 자신의 영향력을 유지 확대하려는 정책을 계속 추진하고 있다고 할 수 있다. 그렇기 때문에 미중간에는 협력보다는 전략적 경쟁의 방향으로 계속 움직이게 될 것이며, 이에 따라 한미동맹과 한중 전략적 협력동반자 관계를 최대한 조화롭게 유지하려는 한국에게는 점점 더 부담으로 작용하게 될 것이다.

---

10   2018.7.9. 칭화대학 주관 제8차 세계평화포럼에서 왕치산 부주석 언급 내용

2. 한중관계의 현황

1992년 한중 양국이 국교를 정상화한 이래 지난 28년간 양국 관계는 커다란 발전을 이루어왔다. 양국 간 무역은 2019년 말 현재 2,400억 달러로서 39배 증가되었고, 한국의 대(對) 중국투자는 누계로서 708억 달러에 달하고 있다. 특히 양 국민들 간의 왕래가 대폭 증가되어, 코로나 사태가 발생하기 전까지 양국의 주요 도시를 왕래하는 정기 항공편은 주당 1,260회에 이르게 되었으며, 이에 따라 2019년에 1천만 명 이상의 양 국민들이 상대국을 방문했는데, 그 숫자는 수교 당시와 비교해 볼 때 80배로 증가된 것이다. 이렇게 양국관계가 발전해 올 수 있었던 것은 양국이 이웃으로서 오랜 문화교류의 축적이 있었고, 현실적으로도 국제정세가 전반적으로 안정된 가운데 한반도의 평화와 안정 유지, 상호 보완적인 경제관계라는 공통의 이익이 존재하였으며, 양 국민들 간 존재했던 상대방에 대한 우호적 감정이 큰 역할을 하였다고 하겠다.

양국 간 정치관계는 2016년 발생했던 사드 문제의 여파로 그간 비교적 냉랭한 상태에 있었지만, 2019년 하반기부터는 정부 차원에서는 양호한 방향으로 움직여온 것으로 보인다. 중국 지방 주요 지도자들의 잦은 방한에 이어 2019년 12월에는 왕이 국무위원 겸 외교부장이 5년 만에 한국을 방문하였으며, 12월 23일에는 한중일 3국 정상회담 참석차 중국을 방문한 문재인 대통령과 시진핑 주석 간 베이징에서 양국정상회담이 개최되기도 하였다. 특히 왕이 부장이 방한 중에 사드 문제로 한국을 비난하는 대신 한국과 중국이 모두 사드의 피해자였다는 견해를 밝힌 것은, 그간 양국 관계에 장애물로 작용해왔던 사드 문제를 일단 건너뛰자는 것으로 이해되었다.[11]

그렇지만 2020년 들어 코로나 사태로 인해 양국의 의지와는 달리 지도자들의 교류가 제대로 이루어지지 못하는 상태이고, 지금은 방역 상의 이유로 인해 양 국민들 간의 왕래도 사실상 정지되었다고 하겠다. 한국의 보건의료 분야의 고위 당국자에 의하면, 2020년 말에 코로나 백신과 치료제가 나온다고 하더라도 한국 내에서는 지금과 같은 코로나 대응상황이 내년 말까지 지속될 가능성이 크다고 하였는데, 만약 그렇게 된다면 양국 간의 교류는 2021년에도 원활해지기가 쉽지 않을 것으로 우려되고 있다.

2020년 상반기 코로나19에 대한 대처 과정에서 양국 정부 간의 활발한 소통과 국민들 간의 감동적인 협력 사례들도 많이 있었지만, 양국 국민들 간 상대방에 대한 인식은 별로 양호한 상태에 있지 못한 것으로 보인다. 물론 최근에는 양국 모두 코로나 문제에 대한 대처와 국내경제 부양에 모든 관심을 쏟았고, 한국은 남북관계에 중점을 둔 반면에 중국은 미국과의 관계에 외교 노력을 집중해왔으며, 한국 내에서는 5월에 총선이 있었기 때문으로 볼 수 있지만, 몇 가지 구조적 요인들이 양국 관계에 영향을 주고 있다는 것도 이유일 것이다.

---

11 2019.12.5. 필자도 참석한 오찬 리셉션에서 왕이 부장 언급

이러한 구조적 요인으로는 먼저 미중 간의 전략적 갈등이 심화되고 있다는 점을 들 수 있다. 코로나 사태가 처음 발생했을 때, 일부에서는 과거와 같이 국제사회의 재난에 공동으로 대응하기 위해 미중 양국이 대립을 자제하고, 서로 협력하게 될 수 있다는 희망도 있었지만, 이미 언급한 대로 2020년 5월 발표된 "중국에 대한 미국의 전략적 접근"이라는 백악관의 문서는 오히려 미중 간의 갈등이 앞으로 더욱 심화될 것임을 말해주고 있다. 2020년 11월 미 대통령 선거에서 트럼프가 재선이 될지, 아니면 바이든이 될지는 아직은 확실치 않은 상황에 있지만, 바이든이 되더라도 레토릭 상의 변화 정도이고, 중국에 대한 미국의 전략적 압박은 계속될 것이라는 데 다수의 전문가들이 동의하고 있는 것으로 보인다.[12]

이러한 미중 간의 전략적 경쟁은 사드 사례에서 보듯이 한국에도 적지 않은 부담을 주고 있다. 미중 간의 무역마찰은 국제무역에 부정적 영향을 미쳐왔고, 이에 따라 한국의 대외무역에도 어려움을 주어왔다. 비록 한국의 주력 수출품들인 반도체와 평판 디스플레이의 국제 시장가격 하락이라는 이유가 있기는 하였지만, 2019년 한국의 대외수출은 전년 동기대비 10.4%, 그리고 수입은 6.0% 감소하였다. 이런 점에서 2020년 1월 15일 미중 간에 무역문제에 관한 1단계 합의를 이룬 것을 다행스러운 일이다. 그러나 이후 코로나 사태와 겹쳐 현재로선 미중 간의 1단계 합의가

12 John Lee의 'The Free and Open Indo-Pacific Beyond 2020', ISEAS Trends in Southeast Asia, Issue 6, 2020 참조

실제로 이행될지 불투명한 것으로 보인다. 또한 국유기업 보조금 폐지 같이 중국의 관련 정책과 제도를 바꾸어야 하는 문제들이 다수 존재하고 있어 무역마찰은 앞으로도 계속될 것이며, 이에 따라 향후 한국의 대외무역에도 계속 부정적 영향을 미치게 될 것으로 우려되고 있다.

미중 간의 전략적 갈등이 경제와 무역에 미치는 영향은 한국의 안보나 궁극적으로 한반도의 통일에 대해 미칠 수 있는 영향에 비해서는 그 중요도에서 비교될 수 없다. 북핵문제는 하나의 좋은 예이다. 대다수의 국내외 전문가들은 북한이 결코 핵을 포기하지 않을 것이기 때문에 앞으로 북미 간에 상당한 진통이 있을 것으로 예상하고 있으며, 중국은 이런 과정에서 북핵문제에 대한 협력을 미국에 대한 협상 카드로 만지작거릴 가능성이 있을 것으로 생각된다. 만일 김정은이 다시 핵과 미사일 도발이라는 벼랑끝 전술로 회귀하고 북미 간의 대화가 교착상태에 빠진다면, 미국은 더욱 강한 대북제재와 더불어 군사적 방안에 대한 검토를 다시 하게 될 것이다.

반면에 대화를 통해 북핵문제가 실질적인 진전이 있게 될 경우에는, 미중 양국과 남북한은 한반도에서의 평화정착 문제에 대해 본격적으로 논의하게 될 것으로 생각되며, 그 과정에서 한미동맹과 주한미군의 계속적인 주둔에 대해 미중 양국 간 이견이 크게 부각될 가능성이 있다. 그리고 한반도에서의 영향력을 유지하거나 더욱 확대하려는 미중 양국은 궁극적으로 현상 유지에 타협함으로써, 어쩌면 한반도의 지속적인 분단에 동의하게 될 우려도 있다.

또한 미국은 트럼프 행정부가 추진하고 있는 자유롭고 개방적인 인도-태평양 전략에 동맹국인 한국이 적극 참여할 것을 요청해 오고 있다. 한국으로서는 한미동맹의 중요성과 더불어 중국과의 동반자 관계도 고려한다는 측면에서 한국의 신남방정책과 연계하여 역내 국가들과의 경제협력을 강화시키는 방향으로 미국의 인도-태평양 전략과 협조하고 있지만, 미국은 이에 더하여 안보 분야에서의 협력도 희망하고 있는 것으로 보인다. 이외에도 미국은 현재 G-7을 확장한 G-11에 한국의 참여를 제의한 바 있고, 아직은 구체적 내용이 알려지지 않았지만, 경제번영 네트워크(EPN) 구상에 한국의 참여를 희망하는 것으로 보이며, 미국, 일본, 인도, 호주 4개국으로 구성된 QUAD 협의를 QUAD 플러스로 확장하여 한국이 참여하기를 희망한다는 얘기도 들린다.

다수의 한국 내 전문가들은 한국과 같이 개방적인 자유무역체제를 유지하고 있고, 비교적 작은 규모의 국가들로서는, 한중일, 한미일 같은 소다자 협의체를 포함한 다양한 다자적인 국제협력에 중층적으로 적극 참여하는 것이 바람직하다고 생각하고 있다. 이런 맥락에서 한국으로서는 미국이 구상하는 다자협의체에도 가급적 참여하여, 자유무역과 다자주의 중시 등의 입장을 견지하면서, 국익을 증진시키기 위해 필요하면 나름대로 목소리를 내야 한다는 견해가 한국 내에 높아가고 있다. 이것은 중국이 주도하는 아시아인프라투자은행(AIIB)에 미국의 반대를 무릅쓰고 한국이 가입하였던 논리이기도 하다.

다음으로는 그간 한중관계를 받치고 있던 주요 부분 중의 하나로서 매년 크게 증가해오던 양국 간 무역과 투자에 변화가 생기고 있다는 점을 들 수 있다. 한중 간 무역은 근년에 와서 여러 가지 복합적인 이유로 인해 미미하게 증가하거나, 감소되는 사례가 발생하고 있다. 한국무역협회 통계에 따르면 2019년 한국의 대중 수출은 1,362억 달러로서 전년 대비 16% 감소하였고, 2020년 상반기는 614억 달러로서 또 다시 전년 동기 대비 6.4% 감소했다.[13] 중국으로부터의 수입도 2019년에 1,072억 달러로서 0.7% 증가함에 그쳤고, 2020년 상반기는 514억 달러로서 전년 동기 대비 5% 감소한 것으로 나타났다. 2019년에는 한국의 주력상품인 반도체와 디스플레이의 국제경기가 크게 하락하였고, 미중 무역마찰로 인해 국제무역이 부정적 영향을 받았기 때문이었다고 하겠으며, 금년 상반기는 코로나 사태가 주된 이유라고 하겠다. 그럼에도 불구하고, 중국의 산업경쟁력 상승으로 상호 간 보완성이 강했던 양국 간 무역이 점점 경쟁적으로 성격이 변화하고 있으며, 사드로 인한 중국투자에의 정치적 리스크와 중국 내 인건비 상승은 한국의 대중투자에도 부정적 영향을 미치고 있고, 미국의 디커플링이 보다 심화될 경우, 화웨이 사례에서 보듯이 한국 기업들에 대한 미국의 압박이 강해질 것이라는 점에서 양국이 관심을 갖고 이를 극복할 방안을 찾을 필요가 있을 것이다.

---

13 한국무역협회 통계, http://stat.kita.net/stat/kts/ctr/CtrTotalImpExpList.screen

최근 양국 국민들 간의 우호적 감정이 약화되었다는 점도 직시할 필요가 있다. 한국과 중국은 1992년에 국교를 정상화하면서 한국인들의 중국에 대한 인식은 상당한 정도로 긍정적으로 변화하게 되지만 이후 몇 번의 기복이 있었다. 특히 지난 10여 년 중국의 급격한 부상에 따라 기회보다는 위협에 대한 인식들이 점점 커지고 있다. 한국 내에서는 2010년 천안함 폭침과 연평도 포격사건 당시 보여준 중국의 소극적인 태도에 불만도 있었지만, 2013년 북한의 3차 핵실험이 진행되었고, 한국의 안보와 지속적인 경제적 이익을 위해 2015년 박근혜 대통령은 천안문 광장에서 시진핑, 푸틴과 자리를 함께하기까지 함으로써 양국관계가 최고점에 달했다는 평가를 듣기도 했다. 당시 한국의 아산정책연구원이 실시한 여론조사에 따르면, 2015년 9월 당시 중국 호감도(최저 0에서 최고 10)는 9월 5.46점, 10월 5.41점, 11월 5.54점으로 미국 호감도(대략 6.0)와 거의 차이가 없다고 할 정도였다.[14]

그렇지만 2016년 사드배치 이후 현재에 이르는 시기에는 이러한 호감도가 급격히 줄어들었다. 5.54까지 올라갔던 중국에 대한 호감도는 2017년 3월엔 3.21점까지 떨어졌다. 당시 미국에 대한 호감도는 5.71이었다. 2017년 문재인 정부가 들어서서 한반도 문제 해결에 도움을 받고자 한중관계를 다시 복원시키겠다는 의지를 보였으며, 이에 따라 한중 정상 간의 회담도 수차 이루어지기는 했다. 이에 따라 회복 기미를 보였던 한국인들의 중국에 대

---

14 http://www.asaninst.org/contents/south-koreans-and-their-neighbors-2016/ 참조

한 호감도는 사드사태의 후유증, 미세먼지 문제, 코로나19 확산, 홍콩문제에 대한 동정심 등이 작용하면서 2020년에 들어와선 오히려 더 후퇴한 것으로 보인다. 아산정책연구원의 최근 조사에 의하면, 중국에 대한 호감도는 2018년 6월에 4.1로 반등하였다가 이후 계속 하락하여 2020년 7월 조사에서는 2.4까지 내려왔다.[15] 미국에 대한 호감도도 한국에 대한 트럼프 대통령의 무리한 방위비 압박과 주한 미군철수 가능성이 언급되면서 4.5 수준으로 하락하긴 하였지면 중국보다는 훨씬 양호한 상태에 있다.

한국인들의 중국에 대한 인식에 있어서 안보와 경제라는 측면에서의 현실적 이해관계는 중요한 부분을 차지한다. 1992년 한국이 중국과 국교를 정상화했던 것도 주요 이유는 한반도의 평화와 안정 유지 나아가 통일에의 협력 기대, 중국의 방대한 시장을 바탕으로 한 상호 보완적인 경제적 발전이었다. 그렇기 때문에, 2000년 마늘 분쟁에서 중국이 국제규범과 어긋나게 과도한 대한 무역제재를 취하고, 2016년 사드배치에 대한 보복으로 중국이 사실상 경제적 제재조치를 취했을 때 중국에 대한 한국의 인식이 악화될 수밖에 없었다.

특히 북한문제에 대한 중국의 태도는 한국인들의 대중국 인식에 있어서 큰 역할을 하고 있다. 2010년 천안함 폭침이나 연평도 포격사건에서 중국이 침묵하거나 북한을 두둔하는 행보를 보였을 때 중국에 대한 호감도가 크게 저하되었다. 만약에 북한이

---

15 https://www.asaninst.org/contents/the-u-s-china-competition-in-south-korean-public-eyes/

다시 핵과 미사일 도발로써 한반도의 긴장을 고조시키게 될 경우, 국내에서는 한국의 안보 불안을 이유로 그간 취해왔던 한국의 유화적 대북정책이 부정적 영향을 받을 수밖에 없을 것이며, 계속 증대되고 있는 북핵 위협에 보다 적극적으로 대비하라는 요구가 강해질 것이다. 현재로선 재래식 무기를 확장하는 수준에 머물러 있지만, 향후 국내여론은 미국 전략자산의 한반도 상시 전개, 더 나아가 전술핵의 한국 배치나 자체 핵개발 같은 소위 플랜B 문제를 강하게 제기할 것으로 보이기 때문에, 이로 인해 한중간의 시각차가 부각될 가능성이 있다.

그간 구동존이에 따라 크게 관심을 두지 않았던 한중 간 이념적, 문화적인 차이가 새삼 부각되고 있는 것도 이유 중의 하나이다. 한국은 나름대로 자신의 이념과 문화를 발전시켜오긴 했지만, 불교의 전래나 유교의 확산 같은 종교와 철학, 정치사회 제도와 일상생활 문화 등에 있어서 중국의 영향력도 컸기 때문에 과거 한중 간에 이념적 문화적으로 커다란 이질성을 느끼지는 않았으며, 지금도 그런 부분이 적지 않게 존재한다. 그렇지만 한국은 현대에 들어와 자유민주주의와 시장경제를 바탕으로 하는 이념과 제도를 발전시켜 온 반면에, 중국은 현재 중국 특색의 사회주의에 보듯이, 정치이념과 제도, 사고방식에 한중 간에는 차이들이 적지 않게 존재하고 있고 양국의 민족주의가 이를 더 확대시키고 있다는 점도 한국인들의 대중국 인식에 영향을 미치고 있다. 최근 한국의 한 유명 여성 연예인이 국내 방송프로그램에서 어떤 활동의 이름을 "마오"라고 하자고 했다고 중국 민족주의적 네티즌들의 거센 항의를 받았던 것은 하나의 예이다. 한국 내에서는 중국 국부인 마오 주석과는 어떤 관련도 없는 극히 자연스런 일상의 대화였음에도 불구하고, 중국에서는 마오 주석을 모욕했다고 해서 벌어진 소동인데, 이는 과도한 중화민족주의적 행동으로서 마치 과거 봉건시대 중국 황제의 이름을 한국에서도 피해야 한다는 것처럼 받아들여져 한국 내에서는 문화주권 문제를 제기하는 등 이에 대한 반발이 적지 않았다.

3. 시진핑 주석의 방한과 향후의 한중관계

2020년 2월 시진핑 주석과 문재인 대통령 간의 전화 통화에서 시 주석의 방한에 대한 협의가 있었고, 8월 하순에는 양제츠 정치국원이 한국을 방문하여 관련 문제를 상의하였지만, 현재 한국의 코로나19 상황을 보면, 과연 금년 내 시진핑 주석의 방한이 이루어질지는 아직은 확실치 않아 보인다. 아울러 리커창 총리가 참가할 예정인 한중일 3국 정상회담의 서울 개최도 역시 코로나 상황과 현재의 한일관계를 보면 좀 더 두고 보아야 할 것으로 생각된다. 그럼에도 불구하고, 시진핑 주석이 방한하게 된다면, 현 코로나 문제에 대한 양국 간 긴밀한 협력은 물론이고, 핵 문제와 남북관계를 포함한 한반도 문제, 그리고 양국 간 경제교류와 협력을 확대시키는 방안 등이 폭넓게 협의되면서, 양국 관계가 새로운 발전의 국면을 맞게 될 것으로 기대되고 있다. 이런 점에서 향후의 한중관계를 위해 시 주석의 방한 시 아래와 같이 몇 가지 사안에 대해 논의해보는 것은 어떨까 생각해본다. 먼저 국제적 감염병에 대한 협력이다. 한국과 같은 개방적인 체제를 유지하고 있는 국가에서는 이번 코로나 사태를 교훈 삼아, 앞으로 국경을 초월하는 감염병의 전파에 대해 안보문제와 같은 수준으로 큰 관심을 갖고 대비를 할 필요가 있다고 생각하기 때문에 한중 어디에서건 새로운 감염병의 발생 즉시 이에 대한 정보를 상호 간에 신속하게 공유하고, 긴급한 상황에서는 의학적 판단을 기초로 서로를 위해 초기에 합당한 조치를 취하는 방향으로 양국 간에 논의하는 것이 바람직스러울 것이다. 아울러 한중 양국뿐 아니라 동아시아 지역 전체 국가들과 함께 의료 보건과 방역에 관해, 보다 긴밀한 협력체제를 만들 필요가 있다고 생각하며, 이런 점에서 리커창 총리가 금년도 전인대 '정부업무 보고'에서 일대일로의 새로운 중점 분야로 보건 위생과 방역문제를 제시한 것은 적절하였다고 여겨진다.

양국은 또한 호혜적이고 보완적인 경제협력을 확대하기 위한 새로운 동력을 찾아낼 필요가 있다. 예를 들어, 현재 코로나 사태로 인해 보건 위생 분야 산업이나 언택트와 관련된 온라인 디지털 산업이 새삼 관심을 받고 있는데, 이 분야는 첨단기술을 필요로 할 뿐 아니라 경제성장의 새로운 동력을 창출해낼 수 있기 때문에 한중 간에도 이에 대한 협력을 확대하는 것이 바람직한 것으로 보인다.

현재 북미 간의 핵 협상이 지지부진한 상태이고, 북한의 개성공단 연락사무소 건물 폭파에서 알 수 있듯이 언제든 한반도에 긴장국면이 다시 크게 조성될 가능성이 있다. 그렇기 때문에 핵 문제의 진전과 더불어 한반도의 평화와 안정을 위해서는 북미 간의 협상에만 기다릴 것이 아니라, 이를 촉진하기 위해 한국과 중국이 나름대로 할 수 있는 건설적인 역할을 찾아보는 것도 바람직스러울 것이다. 이런 점에서도 양국 간의 전략적 소통은, 당분간 온라인에서라도, 계속 강화될 필요가 있다. 이외에도 한중 양국은 제3국에서 한국의 신남방정책과 중국의 일대일로와의 접점을 찾기 위한 노력은 물론, 미세먼지 대책 등 환경 분야에서의 협력에 대한 논의도 보다 활발해지는 것이 필요하다.

한중 양국이 전략적 소통을 강화하고, 양국 간 공통이익을 위해 협력하여 양국 관계의 장기적이고 안정적인 발전을 도모하는 것이 바람직스럽다는 것은 새삼 강조할 필요는 없을 것이다. 2022년이면 한중수교 30주년이 된다. 변화하는 국제정세 하에서 앞으로의 30년을 위하여 지금부터 양국이 상호 존중과 호혜평등이라는 수교 당시의 초심을 바탕으로 정치안보, 경제협력 그리고 문화교류 등 다방면에서 향후의 협력적인 한중관계를 창의적으로 설계하는 노력들이 필요할 것이며, 이런 점에서 한중 양국 정부가 양국 전문가들의 지혜를 모을 수 있는 틀을 마련해주면 좋지 않을까 생각된다.

또한, 양국 관계 발전을 위해서는 이러한 정부 차원의 노력에 더하여, 양국의 도시 차원, 그리고 민간차원에서 우호 협력의 확대를 위한 노력이 그에 못지않게 중요할 것이다. 이는 부득이하게 양국 간에 정치적 문제가 발생하여 중앙차원에서 문제가 발생하더라도 이를 넘어 양국 간의 교류와 협력이 계속 이어지게 할 수 있는 부분이며, 사드 사태를 겪으면서 양국이 되새겨볼 필요가 있는 교훈이라고 생각된다.

부산과 상하이는 각각 양국 수도 이외의 가장 중요한 항구 도시들로서 한국의 신남방정책과 중국의 해상 실크로드 구상에서 각각 중요한 위치를 차지하고 있기 때문에 양 도시 간의 협력 가능성은 더욱 커지고 있다. 그런 점에서 현재 부산-상하이 포럼 같은 플랫폼이 보다 활성화되고, 이를 통해 국제정세에 대한 보다 폭넓은 이해는 물론이고 경제적, 문화적 방면에 상호 도움이 되는 실질 협력 방안을 활발하게 논의함으로써 양국 도시 간, 나아가 양국 간 우호협력 증진에 기여하는 것은 큰 의미가 있다고 하겠다.

제1부

동아시아 정세 평가와 전망

한중관계의 평가와 전망(1992~2020)[1]

먼훙화(퉁지대)

1992년 한중 수교가 체결된 이후, 한중관계는 28년간 모든 방면에서 비약적인 발전을 이루었다. 한중 양측은 대미관계에 종속되고 한반도에 국한된 현안에만 얽매이던 상태에서 차츰 탈피했고 그 결과 양국의 실질적인 협력이 나날이 확대되고 있다. 한중 양국은 지리적으로 인접하고 문화적으로 상통할 뿐 아니라, 심리적으로도 친밀하며 경제적으로 상호 융합을 거듭하고 있다. 양국은 현실적 공동이익으로 묶이는 한편, 서로 다른 발전조건을 지녔기에 전략적 협력관계로 발전할 중요한 토대를 갖고 있다고 하겠다. 양국관계가 전략적 협력동반자관계로 격상되는 등관계의 심화가 부단히 추진되면서 한중 정상 간 교류가 정착되고 양국 협력의 저력이 크게 발휘되었다. 이는 한중 양국과 양

1   필자 먼훙화(門洪華)는 퉁지대학(同濟大學) 특임교수, 중국전략연구원장, 정치와 국제관계학원장으로 재직하고 있다. 본문은 필자가 주관한 한국국제교류재단 2019년도 지원사업 "아시아 국제정치와 한국연구"의 단계적 성과이다.

국 인민들의 중요 이익과 지역의 안정 유지에 중요한 기능을 하였다. 중국은 한국의 최대 무역 파트너이며, 최대 수출시장이자 최대 수입국이다. 한국이 중국의 경제무역에서 차지하는 전략적 지위 또한 안정적으로 상승하여 양국 간 체결된 자유무역협정 (FTA)의 적극적 효과가 가시적으로 드러나고 있다. 양국의 인적 교류는 그 규모가 '1000만+'에 이르는 시대로 진입했다. 양국은 신종 코로나 바이러스에 대응하는 과정에서 서로를 지켜주고 협조를 아끼지 않는 온정을 보여주었다. 이처럼 밀접한 교류는 양국의 인민들에게 실질적인 이익을 가져다주었다. 한중 양국 간 협력동반자관계의 심화와 확대는 한반도 안정과 동아시아 협력, 글로벌 발전에 활기찬 에너지를 불어넣고 있다. 한중관계는 상이한 정치체제를 가진 국가 간 상호 교류의 모범 사례를 만들어내며 한반도 안정에 적극적으로 공헌했다. 한편, 한중관계는 경제·무역과 안보 측면에 국한되지 않는, 매우 깊은 역사적 요소와 풍부한 인문적 요소를 포함하고 있다. 한중관계의 다층성은 줄곧 존재했으며, 외부적 요소의 영향 또한 간과할 수 없다. 양국관계의 발전성과는 결코 손쉽게 이룩한 것이 아닌 만큼 소중히 여길 필요가 있으며, 동시에 양국은 관계의 새 지평을 열기 위한 노력을 게을리해서는 안 될 것이다.

1. 한중관계의 발전성과에 대한 평가

1992년 한중이 공식적으로 수교를 체결한 이래, 한중 지도층은 양국관계와 한반도 문제, 동북아 정세와 관련해 매우 혁신적인 발전전략을 제시해왔다. 양국의 순조로운 관계발전을 위한 실질적 협력이 나날이 빈번해졌으며, 전략적 차원은 물론 정치, 경제, 문화교류 등 다방면에 걸쳐 큰 진척을 이루었다. 구체적으로 논하자면 다음과 같다.

첫째, 한중 양국은 전략적 위치선정에 있어 실질적 진전을 이루었다. 1992년 8월 24일, 한중 양국은 양국의 외교관계가 성립되었음을 정식 선포하였고 이에 장기간에 걸쳐 형성된 양국 간 경색 국면이 타파되었다. 이후 양국은 대략 5년 주기로 일반적 의미의 우호협력관계(1993~1997년)에서 협력동반자관계(1998~2002년)로, 전면적 협력동반자관계(2003~2007년)에서 전략적 협력동반자관계(2008년~)로 관계를 격상해왔다. 여기에 더해 상호 협력을 한층 강화하는 전략적 위치선정을 보였는데 공동발전을 실현하는 동반자로서의 관계, 지역평화에 주력하는 동반자로서의 관계, 아시아의 부흥을 함께 이끄는 동반자로서의 관계, 세계번영을 촉진하는 동반자로서의 관계가 그것이다. 2008년 이후, 한중 양국은 동반자관계의 발전 및 심화 기로로 접어들었고 한중 협력은 나날이 쌍방의 범주를 초월해 지역 현안과 국제 현안에 중요한 영향을 미치게 되었다. 한중 간 전략적 협력동반자관계의 확립과 격상, 심화는 양국이 상호 관계를 중시하고 있다는 사실과 (상호 간 관계설정에 대한) 명확한 입장을 대변하는 동시에, 이를 위해 양국이 쏟아 부은 적극적인 노력을 방증한다고 할 수 있다. 이러한 지속적인 노력으로 한중관계의 발전에 견실한 토대와 두터운 동력이 마련될 수 있었다.

둘째, 양국 간 정치적 신뢰가 증진되었으며 양국은 공동으로 지역과 세계의 평화와 번영을 지지하게 되었다. 한중 양국은 한중관계를 필수 전략적 지위에 올려놓았으며 한중관계가 한반도와 동북아 지역의 평화와 안정에 핵심적인 역할을 한다는 것을 강조했다. 즉, 양국은 쌍방의 관계가 동아시아와 글로벌 전략 구도에 미치는 영향에 대해 깊이 이해하게 되었다. 이에 한중 양국은 정치·안보 영역에서의 전략적 소통을 강화하고 상호 전략적 신뢰를 한층 증진시키는 것을 중요 목표로 설정했다. 양국 지도층은 다양한 방식을 통해 소통을 유지했다. 그 결과 외교·안보 대화, 정당 간 정책 대화, 국가정책연구기관 간 공동전략 대화와 같은 채널이 생성되었고, 양국의 전략적 협력동반자관계는 상당 부분 심화되었다. 이와 동시에 양국은 지역 협력과 글로벌 발전 측면에서 있어서도 상호 협조를 강화했다.

셋째, 호혜와 상생을 강화하고 경제·무역협력을 확대했다. 한국 해관의 통계에 의하면 1992년 한중 무역액지수는 50억 3000만 달러에 불과했다. 그러던 것이 2019년에 이르러 한중 화물무역수출입액이 2434억 3000만 달러에 달하게 되었다. 그중 한국의 대중수출액이 1362억 달러이며, 대중수입액은 1072억 3000만 달러이다. 이처럼 중국은 여전히 한국의 최대 무역 파트너이자 최대 수출시장이며, 최대 수입국이면서 최대 해외투자국으로서 지위를 유지하고 있다. 위안화는 한국의 외화보유고에서 두 번째로 큰 비중을 차지하고 있다. 한편, 중국에게 있어 한국은 제2의 투자국일 뿐 아니라 중요한 대외무역 파트너이기도 하다. 신종 코로나 바이러스가 발생하기 전까지 양국 간 인적 교류는 연인원 1000만 이상에 달했으며, 매주 대략 1100편의 항공이 양국 사이를 오가며 '일일 생활권'을 형성, 높은 수준의 실질적 협력을 실현했다. 동시에, 한중 간 경제무역협력은 실질적 협력 메커니즘이 형성되는 궤도로 진입했다. 한국의 경쟁력과 중국시장의 거대한 잠재력, 양국의 지리적 인접성은 매우 큰 비교우위를 확보한 천생의 조합이 아닐 수 없다. 여기에 한중 자유무역협정의 발전이 큰 저력을 발휘함으로써 한중관계는 향후 동북아와 동아시아 전체 나아가 글로벌 경제무역협력과정에서 보다 중요한 역할을 발휘할 수 있게 되었다.

넷째, 인문교류가 추진되고 상호 이해가 촉진되었다. 한중 간 문화적 교류는 나날이 긴밀해지고 있다. 한국에게 중국은 한국 내 유학생을 가장 많이 배출한 국가이자, 한국인 관광객이 가장 자주 찾는 해외여행 목적지가 되었다. 재중 유학생 중 한국인 유학생이 차지하는 비중과 중국행 한국인 관광객의 규모 또한 줄곧 선두를 차지하고 있다. 중국에서 한류의 영향력은 대단하며, 중국문화가 한국에 미친 영향 또한 구태여 재론할 필요가 없을 듯하다. 양국이 '한중 인문교류 공동위원회'를 설립해 이를 정부 간 조정기구로 하여 양국 간 인문교류를 추진하도록 한 것이 적극적인 효과를 나타냈다. 한편, 한중 양국은 공유하고 있는 문화에 대한 해석이 상이한 까닭으로 일부 역사인식 문제에 있어 입장 차가 존재했다. 이러한 문제들 또한 상당한 관심을 불러일으켰다. 그러나 관련 문제를 처리함에 있어서는 아직까지 조정 가능한 범위에 있다.

위에서 언급한 성과들은 많은 요소들의 결합에서 비롯되었다. 그 기저에는 한중 양국의 상호 수요를 기점으로 구축된 정치관계가 자리하고 있다. 경제협력으로 안보 문제를 완화하고 협력의 제도적 틀을 마련한 것, 사회적 교류와 문화 · 교육 활동을 양국 협력의 연결고리이자 접합제로 활용한 것, 공동이익의 지속적 축적으로 전략적 협력동반자관계를 공고히 한 것이 그 주된 내용이다. 지리적으로 가깝고 문화적으로 상통한 지리적, 문화적 연고의 내구성과 장기성이 한중관계의 견고한 토대가 되었다. 지리적 인접성은 무역의 유통과 인적 교류를 활성화시킨다. 인문교류 측면에서 한중 양국의 교류가 빈번해지면서 양국 간 문화교류의 새로운 계기가 마련되었다. 이를 바탕으로 한중의 경제적 상호 의존도가 심화되었고 경제발전전략과 상응하는 적극적 태도가 나타나게 되었다. 이로써 한중이 공동으로 제3국 시장을 개척할 수 있는 전망이 넓어지게 되었다. 이와 동시에, 한중은 정치적으로 서로의 도움을 필요로 하게 되었다. 한국으로서는 통일을 실현하고 경제를 부흥하는 데 있어 중국의 이해와 지지가 필요하다. 중국의 경우, 지역 안보의 부담이 늘어가는 상황에서 한국의 전략적 위치가 보다 중요해졌음을 인식하게 되었다. 양자가 공통으로 직면해 있는 문제로는 북핵 문제를 들 수 있다. 한중 양국은 북핵 문제로 인해 심한 곤혹을 겪고 있는 만큼, 한반도와 동북아의 평화와 안정에 대한 전략적 합의를 이룬 상태다. 한중 양국의 참여와 지지, 협력이 없다면 북핵 문제는 그 해결을 논하기 어렵다. 동시에 한중 양국은 힘을 합쳐 위기를 통제해 지역의 안정을 유지할 필요가 있다. 이 밖에도 한중 양국은 새로운 경제성장 동력을 모색해야 하는 난제에 공통으로 직면해 있다. 자원부족과 인구 고령화, 산업 고도화와 같은 문제들이 양국의 경제성장을 제약하는 병목 요소가 되었다. 따라서 양국의 상호교류와 협력, 학습으로 동아시아 발전모델을 재구성해야 할 필요성이 두드러지고 있다.

2. 한중관계에서 주시해야 할 일련의 문제들

2016년, 한중 사이에서 발생한 사드 문제는 안보 차원에서 비교적 큰 갈등을 야기했으며, 동북아 지역의 안보 딜레마가 중첩되어 있음을 시사했다. 한중관계가 새롭게 '갈림길'로 들어섰다고 보는 시각도 있었으며, 많은 인사들이 한중관계가 수교 이래 가장 큰 난관에 봉착했다고 진단했다. 그러나 문재인 대통령이 집권한 이후, 한중관계는 점차 회복되었고 사드라는 난제를 극복하고 양국관계의 안정과 발전을 실현하였다. 현재 미국이 밀어붙이고 있는 탈중국화와 중미 간 전략적 경쟁의 격화는 한중

관계에 영향을 미치는 엄중한 외부적 저해 요소로 작용하고 있다. 여기에 한중관계의 복잡성 또한 간과할 수 없다. 이처럼 많은 요소들이 한중 협력을 제약하고 있다. 그렇다면 어떻게 해야 한중관계가 성숙된 전략적 협력동반자관계로 발전할 수 있을 것인가? 이는 분명 양국의 각계각층이 심도 깊게 연구해야 할 문제이다. 총체적으로 보았을 때, 한중관계에 있어 면밀히 주시해야 할 문제는 다음과 같다.

첫째, 어떻게 하면 양국 간 전략적 신뢰를 한층 공고하게 다질 수 있을 것인가? 전략적 신뢰는 국가 간 관계에서 가장 중요한 인식 기초로서, 그 핵심은 안보 차원에서 서로를 인식하고 안보 협력을 달성하는 데 있다. 장기간 존재해온 동북아 지역의 안보 딜레마 문제는 한중 양국의 관계가 한 단계 심화·발전하는 데 있어 구조적 모순으로 작용한다. 이러한 모순을 조성한 다수의 외부적 요소들이 한중의 상호 신뢰를 장기간 저해하고 있다. 만약 한국이 한미동맹의 전제 하에서만 한중관계를 발전시켜 나가겠다는 방침을 고수한다면 한중미 삼국 간 대칭적인 균형관계가 성립되지 못할 것이며, 한중 양국이 전략적으로 협력할 수 있는 공간 또한 제한될 수밖에 없다. 한국에게 있어 가장 민감한 문제는 북핵 문제와 한반도 통일이다. 비록 중국이 이 두 문제에 대한 원칙적 입장을 한국 측에 반복적으로 표명해왔음에도 불구하고, 한국으로서는 북중관계의 특수성을 의식하다 보니 중국이 정책적으로 북한에 편향되었을 것이라 회의하기 쉽다. 일련의 실천들이 양국 간 전략적 신뢰가 아직까지 성숙한 전략적 협력동반자

관계에 상응하는 정도에 미치지 못했음을 증명하고 있다. 우리는 양국 사이에서 1년여간 지속되었던 사드 문제에서 교훈을 얻어야 한다.

둘째, 한중 양국은 미국, 북한과의 관계에 어떻게 응할 것인가? 냉전이 종결된 이후, 한국은 점차 경제적으로는 중국에, 안보적으로 미국에 의존하는 전략적 형태를 형성했으며 중미 사이에서 가능한 전략적 균형을 부단히 모색해왔다. 미국 대통령 도널드 트럼프(Donald Trump)의 중국에 대한 전략적 경쟁 방침과 동북아 정책은 심각한 안보 리스크와 고도의 불확실성을 야기하고 있다. 미국은 근본적으로 문제를 해결할 의사가 없으며, 미국의 한반도 정책은 불안정하되 전쟁은 하지 않는 국면과 전략적 수단을 유지하는 것을 주요 취지로 하고 있다. 이와 대조적으로 중국의 한반도 정책은 반전, 비핵화, 안정에 초점이 맞춰져 있다. 한국 각계는 여기에 상응해 새로운 한반도 정책의 3대 원칙을 점차 형성했으니, 전쟁불용과 비핵화, 한반도의 향후 정세를 전망할 때 반드시 한국과 협상할 것이 그것이다. 만약 북한이 핵실험을 포기하지 않는다면 사드 체계는 한층 더 강화될 것이고 '남측 사드체계'와 '북측 핵무장'이 병존하는 국면이 초래될 것이다. 이는 어쩌면 한반도 분열의 영구화를 의미할는지도 모른다. 이러한 악순환이 계속된다면 한중 양국 간에는 진정한 동반자적 인식이 아닌 상호 불신이 한층 깊어질지도 모를 일이다. 이러한 국면은 한중관계의 안정과 그 전략적 기능에 대한 중요한 도전이 될 것이므로 사려 깊은 통찰과 대응이 요구된다.

셋째, 한중 민간교류를 어떻게 개선할 것인가? 한중 정부 간 교류는 보다 다양한 전략적 고려를 내포하고 있다. 여기에 한중 간 비공식 교류가 확대되면서 양국관계는 나날이 이성적인 양상을 보이고 있다. 이와 대조적으로 양국의 민간관계는 극도로 민감한 상태에 머물러 있다. 민간관계 자체가 지닌 가변성과 민감성은 양국관계의 진행에 불확실성 요소로 작용하기 쉽다. 더구나 정보기술과 보도 수단이 갈수록 다양, 신속해지고 있는 현재로서는 단 하나의 부정적인 소식도 민간교류에 파동을 일으킬 수 있는 도화선으로 비화될 수 있다. 양국 정부가 전략적 차원에서 상호 이해를 달성했다고 해도, 이것이 반드시 양국 국민들이 인문 차원에서 서로를 이해하는 결과로 이어지는 것은 아니다. 이 점은 한중 민간관계에서 매우 뚜렷하게 드러난다. 한중 민간관계에서 부각되는 역설은 두 사회의 교류가 긴밀할수록 양국 민중 간 위화감은 가중되고, 호감도는 하락한다는 것이다. 강렬한 민족주의 정서는 양국 관계의 바람직한 발전을 저해할 뿐 아니라, 두 사회의 교류와 상호 신뢰의 토대마저 뒤흔든다. 따라서 양국 민중들이 스스로를 반성하고 이성적으로 상대방을 인식하는 법을 어떻게 습득할 것인가 하는 문제 즉, 피차의 가치관을 존중하고 심리적인 '안보 딜레마'와 '인지오류'를 타파하는 일이 한중관계가 직면한 시급한 과제로 부상했다.

3. 한중관계의 발전과 공고화를 위한 몇 가지 제안

한중관계의 발전 및 공고화를 위해서는 반드시 이익공동체를 밸러스트 스톤(Ballast stone)으로 삼아야 한다는 점을 강조해야 한다. 공동이익을 핵심으로 한 전략의 추구는 공동이익을 모색하기 위한 협력에 국한되지 않고 권익을 함께 나누고 시련을 함께 극복하는, 공통의 문제와 위기에 대한 공동 대응을 포함한다. 한중관계는 응당 공동이익의 결집 및 제도화 구축이라는 핵심 전략을 바탕으로 전개되어야 한다. 양국은 공동 혜택을 모색하기 위한 협력에서 멈추지 말고, 마땅히 공통의 문제와 위기에 공동으로 대처해야 한다. 양국에게 있어 지역 안보와 안정은 더할 나위 없이 중요한 가치를 갖는다. 사드 배치로 인한 갈등은 양국의 서로 다른 안보적 고려를 반영하고 있다. 양국은 여기에서 교훈을 얻어 협조를 강화해야 한다. 북핵 위기는 시종일관 지역의 안전을 저해하는 핵심 문제로 남아 있다. 이로 인해 한중 양국 모두 적잖은 곤혹을 겪고 있으므로 양국이 협력해 이를 통제할 필요가 있다. 또한 한중 양국은 새로운 경제성장 동력을 모색해야 하는 공통의 난제에 직면에 있다. 양국의 협력을 강화해야 필요성이 또한 여기에 있다. 우리는 한중관계가 동북아 지역의 평화 발전에 기여하는 방향으로 발전하기를 희망한다. 이를 위한 필자의 제안은 다음과 같다.

첫째, 한중의 전략적 관계를 동북아 안정과 발전의 중심 역량으로 함양하고 상호 이해와 협력을 심화해야 한다. 동북아는 중요한 국제분쟁지역이다. 국가이익이 복잡하게 얽혀 있어 단기간에 지역성 조직이 출범할 가능성이 크지 않기 때문에 역내경제 협력을 중시할 필요가 있다. 따라서 한중은 마땅히 쌍방의 관계를 바탕으로 다극적 관계를 추진하는 메커니즘을 구축해야 하며, 협력을 통해 쌍방의 공동이익을 창출해야 한다. 다만 기존의 한중관계를 기초로 지속적인 (관계) 격상과 제도화를 이루고 난 뒤에야 비로소 한중관계를 동북아 안정과 발전의 중심 역량으로 만들 수 있으며, 한중관계가 지역문제와 국제문제를 위해 공헌할 수 있는 국면을 현실화할 수 있다. 중국은 한중관계를 전략적 중추 지위에 놓고 이를 동북아 지역 전략을 전개하는 중점으로 삼는 것을 고려할 수 있다. 이는 공동이익의 확대를 목표로 하고 제도적 협력을 방법으로 하며, 경제·무역 교류와 상호 군사적 신뢰, 인문교류를 주된 수단으로 한다. 한국의 경우 전략적 결단과 실행가능한 조치를 통해 중국이 한국의 외교환경에서 차지하는 지위를 높여야 한다. 특히 한중미 삼국의 관계가 하나의 대칭적인 균형에 도달하도록 해야 할 것이다.

둘째, 양국 간 협력 메커니즘의 수준을 향상시켜 이를 바탕으로 제3국시장 협력과 지역 협력을 추진해야 한다. 양국은 쌍방의 관계를 처리하는 데 있어 역지사지할 필요가 있다. 즉, 쌍방의 감정을 두루 고려하면서 상대방의 입장에서 정세를 관찰하고 문제를 성찰하는 법을 배워야 한다. 그래야만 협력의 여정이 상호 이해와 포용을 바탕으로 나날이 확장될 것이다. 협력 메커니즘은 정보를 수집하고 소통을 연계하는 플랫폼을 제공할 수 있다. 갈등을 조정하고 분쟁을 해결하는 메커니즘의 건립은 장기적인 가치를 지닌다. 이에 필자는 한중 외교·국방 수뇌 간 정기적인 상호 방문과 교류 즉, '2+2' 메커니즘의 구축 가능성을 토론해볼 것을 제안한다. 이와 동시에 양국의 자유무역협정을 토대로 중국의 재정우위와 한국의 기술우위, 제3국의 자원우위에 근거한 협력모델을 창출하고 공동으로 일련의 시범사업을 선보여 아시아 지역의 기초 인프라 건설을 추진해야 한다. 이와 동시에 한중은 양국 자유무역협정의 시범효과를 십분 활용해 한중일 자유무역협정 협상의 진전과 역내 포괄자 경제 동반자 협정(RCEP)의 신속한 체결을 주도해야 할 것이다. 이로써 한중의 전략적 신뢰의 경제적 기초는 더욱 두터워질 수 있다. 이 밖에 양국은 경제발전 모델, 거버넌스 사례, 도시화와 농촌 현대화 개조 등 다양한 의제와 관련해 보다 충분한 협력을 진행할 수 있으며, 이러한 과정을 통해 양국의 지혜를 축적해 동아시아의 발전을 위한 합당한 발전모델을 찾는 데 기여할 수 있다.

셋째, 한중 간 인문교류를 심화해야 한다. (한중관계와 관련한) 쌍방의 여론 기반은 여전히 취약하며 편견 또한 존재한다. 한중 간 인문교류의 폭과 깊이는 비교하기 어려울 만큼 그 깊이가 부족한 실정이다. 인문에 기반한 교류는 결코 독립적으로 성립되지 않으며 정치, 경제, 안보와 결부되어 있다. 따라서 인문교류를 통해 한중 두 사회에 형성된 가치관을 두루 포용하고 상호 학습하는 분위기를 조성해 민간 상호 신뢰의 초석을 다져야 한다. 한중 양국은 그 문화의 유사성 근거하여 한중 문화산업연맹을 고려할 수 있다. 특히 청소년 교류와 학술토론, 유학생 파견 영역에서 교류와 협력을 중점적으로 추진해야 한다. 비공식 대화 채널 또한 한 단계 심화하여 정치·안보, 경제·무역, 사회·문화, 상호 군사적 신뢰 등 다양한 영역에서 싱크탱크 간 공동 연구를 진행, 한중관계가 진정한 전략적 협력동반자관계로 격상, 심화되는 데 학술적 지원을 제공해야 할 것이다. 또한 양국관계의 발전에 장애가 되는 잠재적 불확실성 요소들을 일소함으로써 대화와 교류 과정에서 상호 이해를 심화하고 오해를 해소하며 민간 상호 신뢰의 정서적 토대를 다져야 한다.

4. 한중관계 발전에서 '부산-상하이 협력포럼'이 갖는 의미

'부산-상하이 협력포럼'은 위에서 언급한 문제들에 대한 이해와 대안을 모색하는 데 중요한 사례를 제공했다. 한중관계의 발전과정에서 지방협력은 주요한 채널로 기능하며 결정적인 영향력을 발휘한다. 실제로 자매도시 관계는 한중 정부 간 관계의 중요 구성요소이며 민간교류에 주된 채널을 제공하고 있다. 현재, 한중 쌍방은 도합 184개에 달하는 우호도시 관계를 맺고 있다. 중한우호협회, 한중교류협회, 한중문화협회, 21세기한중교류협회, 한중경영인협회, 한중친선협회 등 우호단체는 지방교류에서 매우 적극적인 역할을 발휘하고 있다. 한중 수교의 입안자이자 산증인인 전 주중한국대사 신정승 선생은 한중관계 발전에 역사적인 공헌을 했다. 2016년부터 현재까지, 한국의 동서대학과 중국의 퉁지대학은 신정승 대사의 건의와 장려에 힘입어 '부산-상하이 협력포럼'을 공동으로 주재해왔다. 이로써 퉁지대학과 동서대학, 상하이와 부산, 중국와 한국을 위한 중요한 학술교류 플랫폼이 하나 더 늘었다.

'부산-상하이 협력포럼'은 새로운 시대로 진입한 한중관계의 산물로, 상하이시와 부산시 두 자매도시의 협력 증진을 상징하며 한중 양국이 '일대일로', 제3국 시장 개척, 동아시아 협력 등을 추진하는 중요 역점이 된다. 세계 전체가 세기의 대변혁 국면을 맞고 있는 작금의 시점에서 한중 양국은 지역의 안정 유지와 지역발전의 추진이라는 공통된 사명에 직면해 있다. 따라서 이 협력포럼은 한중 양국의 상호 정치적 신뢰 증진, 경제협력 확대, 이익통합 강화, 민간교류 확립, 향후 과제에 대한 공동 대처를 위한 중요한 연구 플랫폼으로, 비공식 교류로서 중요한 역할을 하고 있다.

'부산-상하이 협력포럼'은 발기 이래, 매년 상하이와 부산에서 번갈아 주최해왔으며, 전 주한중국대사와 주중한국대사, 현 주부산 중국총영사와 주상하이 한국총영사 등 쌍방의 중요 사절의 참여를 요청해 정책동향을 공유하고 쌍방이 관심을 두는 중요한 의제를 토론했다. 이를 통해 국제정세와 한중관계에 대한 양국의 이해를 높임으로써 경제·무역의 연계를 강화하고 인문교류를 심화하였다. 해당 포럼은 지방협력을 매개체로 하는 한편, 글로벌한 시각과 전략적 안목을 보유한 중요한 교류 플랫폼으로 기능하며 한중 간 전략적 상호 신뢰를 확립하고 민간의 상호 이해 심화를 위해 중요한 기여를 하였다. 즉, 해당 포럼은 한중 민간교류가 바람직한 방향으로 나아가고 있음을 보여주는 매우 중요한 상징 공간이라 하겠다. 2019년 11월 4일, 퉁지대학에서 주최한 제4회 부산-상하이 협력포럼 석상에서 신정승 대사가 표명한 바와 같이, 부산과 상하이는 한중 양국이 국가전략구상을 실현하는 중요한 핵심 도시이자 중요 항구도시로, 풍부한 발전경험을 보유하고 있다. 국제정세가 대격변을 겪고 있는 상황에서 '부산-상하이 협력포럼'은 경제·문화적 교류의 대안을 모색해 두 도시, 나아가 두 나라의 우호협력을 위해 적극적으로 공헌할 것이다.

번역 - 김미래(푸단대학교 정지학과 박사수료)

미 · 중관계와 동북아 정세

샤리핑(퉁지대)

현재 세계는 백 년간 전례 없었던 대변화를 겪고 있다. 트럼프 행정부는 중국을 "전략경쟁자"로 여기며 중국에 무역 마찰을 일으킨 후 미 · 중관계는 새로운 단계로 도입했으며, 미 · 중관계가 수립된 이래로 미증유의 곤경을 맞이하고 있다. 미 · 중관계가 재구성되고 있으며 미래엔 어떻게 흘러갈 것인가는 미 · 중 양국가의 사람들과 세계 각국이 모두 관심을 가지고 있는 문제이다. 미 · 중관계의 변천은 동북아 정세에도 영향을 끼칠 수밖에 없다.

1. 세계 전환 과도기의 미 · 중관계가 직면한 도전

현재 세계는 새로운 시기로 접어들고 있다. 이 새 시기의 가장 중요한 표현은 세계 전환 과도기의 시작이라는 것이다. 세계 경제와 정치의 중심이 대서양 양안에서 인도태평양으로 이동하고 있다. 신흥대국들의 부상과 함께 세계의 다극화 추세도 가속화되면서 서양 국가들이 주도하는 국제 체계 또한 변모하고 있다. 경제 글로벌화는 세계 경제의 발전시키는 동시에 그 부정적 영향은 일부 국가들의 국내적 포퓰리즘을 상승시키고 있다. 인공지능과 정보기술을 대표하는 제4차 기술혁명은 빠르게 발전하면서 양날의 검의 효과가 뚜렷해지고, 인류사회의 생활방식의 전환이 일어났으며 또한 갑작스러운 위험은 국가 안전에 잠복되어 있다. 대국 간의 첨단 기술 경쟁은 나날이 격화되고 있다.

세계의 전환 과도기에 배경은 미·중관계가 새로운 단계에 접어든 외재적 조건에 있으며 미·중 양국과 미·중관계의 내재적 특징은 미·중관계에 변화가 일어나는 내부적 요인에 있다. 구체적인 사항은 아래와 같다.

1) 국제체제에서의 미·중관계의 구조적 모순

현재 미국은 국제체제의 패권국이며 중국은 국제체제의 신흥대국이다. 주도국과 신흥국가 간의 관계는 국제체제의 구조적 모순을 낳고 있다.

미국의 일각에선 중국이 국제체제에서 미국의 주도적 지위에 도전할 것을 우려해 중국의 부상을 막으려고 백방으로 애쓰고 있다. 중국의 부상은 장기적인 과정이며 이 단계에서의 미중 간의 구조적 모순은 특히 첨예하다. 특히 중국의 힘은 미국에 가까워지고 심지어 미국을 추월하는 단계로, 국제체제에서 미·중 권력 이동이 진행되고 있다. 이 과정에서 패권국과 신흥국가의 모순은 매우 격렬하다. 일반적으로 2위인 대국의 국내총생산(GDP)이 주도국의 GDP의 60~120%에 이를 때 주도국은 온 힘을 다하여 압박을 가한다. 그렇기 때문에 양측의 대항과 충돌이 일어날 수 있는 가장 위험한 시기가 될 수 있다. 현재 중국의 국민총생산은 미국의 약 68%를 차지한다. 미국의 일부에서는 중국의 권력이 점점 중국에 넘어가는 것을 원치 않기 때문에 어떻게 해서든 중국이 미국을 추월하는 것을 막아야 한다. 이런 상황에서 미중 간 전략적 경쟁은 이뤄지고 있다. 자칫하면 미중 간 대립과 충돌로 이어질 수도 있다.

2) 경제 세계화가 가져다준 부정적 영향

냉전이 끝나고 경제 글로벌화는 다시 시작되어 빠르게 발전하여 세계 경제가 급성장했다. 하지만 다른 한편으론 경제 세계화는 또한 부정적 영향을 가져다주었다. 그중 하나는 많은 나라에서 빈부격차가 벌어지고 일부 선진국의 중산층이 경제성장으로부터 뚜렷한 경제적 이익을 얻지 못하고 있다는 점이다. 경제 글로벌화는 세계에서 가장 이익이 되는 곳과 산업에 자본이 배치되면서 미국의 일부 산업과 회사가 중국을 포함한 다른 나라에 투자를 늘리면서 미국의 제조업의 산업전이가 일어났다. 이는 미국의 많은 산업 노동자와 농업 인구가 다년간 실제적 생활수준을 높이지 못했고 어떤 이는 심지어 직업을 잃었다. 이러한 미국인

들은 이에 대해 불만을 느끼며 개선되기를 바랐기 때문에 2016
년 미국 대선에서 트럼프에게 표를 몰아줘 트럼프가 미국 대통
령으로 당선되었다. 그러나 트럼프가 집권한 이후에 미국의 경
제에서의 어떤 문제가 중국을 포함해 미국과 큰 무역 흑자를 낸
나라의 탓으로 돌렸다. 중국 등을 상대로 무역전쟁을 벌이는 방
법으로 다른 나라에 투자한 미국 제조업의 리쇼어링(Reshoring)을
추진하여 미국의 무역적자 해소를 꾀하고 있다.

3) 미중전략문화 상의 많은 차이

미중 전략문화의 큰 차이점이 전략 경쟁이 미중 관계의 새로운
패러다임으로 부상한 주요 원인 중 하나이자 소통과 신뢰구축의
주요 장애물이다. 미중 전략문화의 차이점은 여러 가지 면에서
나타난다.

먼저, 중국 전략문화는 정치철학적으로 고대부터 '화이부동'과
'천하대통'을 강조해오고 있다. "모든 사람이 친해지고, 모든 사
람이 평등하며, 천하가 공평하다"는 이상 사회로 향하는 것을 강
조했다. 그러나 미국 전략문화는 '정글의 법칙'의 사고를 강조하
여 정글에서 낯선 두 사람이 만나면 승부를 가늠해야 한다고 생
각하고 승자는 주인이 되고 패자는 노예가 된다. 트럼프 대통령
은 2017년 12월에 발표한『미국국가안보전략』보고서에서 '대국
경쟁'을 내세우며 중국과 러시아를 '전략적 경쟁자'로 두었다. 이
는 일종의 '정글의 법칙'이다.

둘째, 중국의 전략문화는 고대부터 '화합' 외교사상을 매우 중시했다. 묵자는 겸애(兼爱), 비공(非攻), 지전(止战)을 말하면서 "천하가 서로 사랑하면 치하고, 서로 미워하면 어지럽다"고 모든 불의한 전쟁을 반대하고 평화를 부르짖었다. 중국은 동주공제(同舟共济)를 강조했는데 이는 같은 배를 타고 함께 강을 건너자는 뜻이다. 서로 이해(利害)가 같을 때, 단결하여 서로 돕고 서로 힘을 합쳐 이겨내자는 것을 비유한다. 중국은 "협력을 통해 상생한다"는 것을 강조하는데, 세계 각국이 서로 충돌하는 것이 아니라 교류해야 하며 서로 대항하는 것이 아니라 대화해야 하고, 서로 미워하는 것이 아니라 서로 사랑함으로써 평화롭고 우애적으로 지내야 한다는 것이다. 그러나 미국의 전략 문화는 '제로섬 게임'의 사고방식이 강하다. 트럼프 대통령은 2017년 12월에 내놓은 『미국국가안보전략』에서 '미국 우선(America First)'의 국가 안보전략을 제시한 것은 사실상 '제로섬 게임'의 사고방식이다.

셋째, 국가전략차원의 전략문화에서 볼 때 송대 이후부터 중국국가전략은 방어 위주였다. 중국은 1978년 개혁개방 이래 독립적이고 자주적인 평화외교정책과 방어적 국방 정책을 수행해왔다. 미국은 제2차 세계대전이 끝나고 초강대국이 된 이후 특히 냉전이 끝난 후에 미국은 전 세계를 미국의 세력권으로 간주해 유럽, 아시아 태평양, 미주, 중동 등지에 구축한 동맹체계와 군사기지체계 그리고 전방에 배치된 미군을 이용하여 그 주도적 지위를 지키고 경쟁상대를 제압해 가능한 도전과 위협을 제약하고 제거했다.

4) 중국에 대한 태도에 있어 미국 양당의 공감대 형성

최근 몇 년간 미국 공화당과 민주당은 중국에 대한 태도에 있어 중국에 대한 매우 부정적인 공감대를 형성해왔다. 이런 부정적인 공감대는 미국의 일부 엘리트들이 미국의 대중 정책에 대한 좌절감과 미국의 이익에 대한 인식에 중대한 변화를 가져왔다. 중국과의 접촉은 더 이상 안전한 세계와 그들 스스로 기대했던 중국의 길로 향하지 않을 것이라고 생각한다.

2. 미·중관계의 전략적 경합이라는 격렬한 정치적 게임의 시대로의 진입

전체적으로 중국에 대한 미국 양당의 부정적인 공감대가 정책 차원으로 완전히 정착되지 않은 상태이다. 하지만 미·중관계는 단기(5년)에서 중기(20년)에 이르기까지 전략적 경합이 격렬한 시기에 놓일 것이다. 새로운 시기에 미·중관계는 뉴노멀 시대에 이른다. 양국의 과거의 상태는 협력에서 경쟁이 있었지만 현재는 전략경쟁에서 협력을 도모한다.

미중 전략적 경쟁이 비교적 장기화되는 가운데 양국이 경쟁과 협력을 병행하는 경합관계가 상당 기간 지속될 것으로 보인다. 현재 미국의 소수 '매파' 인사들은 중국을 고립시켜 '신냉전'

으로 끌어들이기 위해 중미관계에서 완전한 '디커플링'을 시도하고 있다. 트럼프 정부는 중미 간 첨단기술 교류와 협력을 차단하고 중국학자와 학생들의 미국 방문 학습 비자 발급 등에 제한을 거는 등의 조치를 취하고 있다. 2018년 5월 24일, 미국은 중국의 '환태평양 훈련' 초청을 취소한다고 발표했다. 12월 1일 중국 과학기술 선도업체인 화웨이의 멍완저우(孟晩舟) 최고재무책임자(CFO)가 캐나다에서 비행기를 갈아타던 도중 미국과 캐나다가 연합하여 불법 체포되었고 미국은 또한 그녀를 미국에 인도해 재판을 받게 하려고 했다.

미국의 이번 행보의 목적은 화웨이 때리기로 중국 전체의 첨단산업을 타격해 글로벌 과학기술 패권을 지키겠다는 것이다. 트럼프 정부의 이러한 행동은 미·중관계에서의 첨단산업, 양군교류와 학생 교류 등 영역에서 부분적 디커플링을 낳았다.

현재와 앞으로 당분간 미중 간 협력은 남아 있지만 전략적 경쟁은 비교적 치열한 단계에 이를 것이다. 미국의 코로나19 악재가 심각한 상황에서 트럼프는 전염병에 대한 불리한 책임을 회피하고 대통령 연임의 목적을 달성하기 위해 어떻게든 코로나19에 대한 책임을 중국에게 떠넘길 것이다. 미중 전략 경쟁은 현재와 앞으로 한동안 다섯 가지 주요 분야에서 일어날 것이다.

미중 경제 무역 마찰은 비교적 긴 시간 지속될 것이다. 2018년 4월 트럼프 정부는 중국에 무역전쟁을 개시했다. 무역전쟁은 미국 상업계의 미국 경제에 대한 자신감을 하락시키게 하였고, 미국 주식시장에 악영향을 끼쳐 미국 소비자의 경제적 부담을 가중시켰다. 게다가 중국은 거대한 내수시장과 발전 가능한 잠재된 내수시장을 가지고 있으며 미국 시장은 중국 상품에 대한 수요가 크다. 이러한 상황에서 2020년 1월 15일 중국과 미국은 1단계 경제무역협정에 공식 서명했다. 이어 중국은 이 협약을 이행해 미국산 농산물을 대량 구매했지만 미국은 이미 올린 중국산 대미 수출품에 대한 관세를 줄이지 않았다.

미국이 중국 기업을 억압해 중국의 첨단기술 분야에서 디커플링을 꾀하고 있다. 트럼프정부는 의료 공급망과 제조업 등 개발도상국에서부터 미국으로 회귀시켜 외국에 대한 의존도를 낮추려 하고 있다. 미국 상무부 장관은 중국 코로나가 미국 제조업의 리쇼어링에 도움이 될 것이라고 주장했다. 미국 무역대표부(USTR)는 중국, 홍콩 등 25개 경제국이 누리는 세계무역기구(WTO) 개도국 혜택을 취소한다고 공식 발표했다. 미국 정부가 중국 기업에 대한 추가 제재를 선언했다. 미국과 일본 등 42개국이 2020년 2월 23일 국제 수출 통제 프레임인 '바세나르 협정(Wassenaar Arrangement)'을 체결하여 반도체 기술 수출을 제한하기로 합의했다. 이로 인해 중국은 반도체 소재나 기술을 수입하는데 제동이 있을 것으로 보인다. 트럼프 행정부는 여러 가지 방책을 써서 우방국에게 미국 편에 서라하며 중국 화웨이와의 정상적인 상업 교류를 포기하라고 강요했다. 미국 상무부는 2020년 5월 15일 세계 어떠한 반도체 생산업체도 미국의 기술, 소프트웨

어와 하드웨어를 사용해야 하며 미국 허가 없이는 화웨이와 그
계열사에 납품할 수 없도록 하는 새로운 수출 제한령을 발표했
다. 이에 따라 미국은 대만 TSMC 등을 포함한 국내 반도체 제조
업체로부터 화웨이로의 반도체 제품 수출 금지를 할 수 있게 되
었다. 미국이 반도체 제조 부품을 제한시키면 반드시 중국의 국
내 반도체 산업에 피해를 줄 수밖에 없다. 중국 반도체 제조업계
가 적합한 대체품을 찾기가 어렵기 때문이다. 또한 글로벌 반도
체 공급망을 교란시킬 수 있다. 이러한 모든 것이 중국이 세계 선
진 기술과의 디커플링하는 위험은 더욱 커지도록 만들었다.

미중은 안보 분야에서 경쟁과 협력을 상시화할 것이다. 미중
양국의 안보 분야의 전략 경쟁은 주로 군사력 개발, 우주, 인터넷
과 남중국해 등에서 나타날 것이다. 미국은 중국의 국방 현대화
가 빠르게 발전하는 것에 대한 걱정이 날로 커지고 있다. 남중국
해에서 미국이 동맹국과 파트너십을 동원해 남중국해 중재안 결
정을 중국에 압박하고 남중국해와 관련된 중국 관리들을 제재하
여 끊임없이 미군 함기의 남중국해 활동을 강화하고 미군이 남
중국해에서 전쟁 준비와 작전배치를 계속하고 있다. 한편 미중
은 북핵 문제, 아프가니스탄 문제 등을 해결하기 위해 또 다른
협력을 하고 있다. 이런 경합 관계는 상시적이다.

대만 문제에 대한 중국과 미국의 전략 게임이 늘고 있다. 트럼
프 대통령이 당선된 이후 초기엔 '하나의 중국' 정책을 중국과의

협상 카드로 쓰려는 시도가 있었다. 여러 가지 측면의 영향을 받아 2017년 2월 9일 트럼프는 중국 국가 주석인 시진핑은 첫 전화통화에서 "미국 정부는 하나의 중국 정책을 견지하고 있다"고 말했다. 하지만 트럼프 행정부는 '인도-태평양 전략'을 추진한 후 대만 문제를 중국을 제재하는 수단으로 삼아 '하나의 중국' 정책이 공심화(空心化)되는 경향이 있다. 코로나 바이러스가 발생된 이후, 미국과 대만은 방역을 명분으로 관계가 계속 가까워지고 있는 한편 미중, 양안 간의 좋은 협력은 계속해서 악화되고 있다. 트럼프는 '대만여행법', '타이베이 법' 등을 체결하여 대만에 대해 국제 참여 확대 문제를 다루었다. 미국 군부 측은 대만 해협 활동을 강화하여 중미가 대만 해협 군사적 경쟁에 있어서 목적성이 높아졌다. 포스트 코로나 이후 미국과 대만 관계의 추이가 대만해 지역의 높은 불확실성에 중요한 요인으로 작용하고 있다.

미국은 홍콩, 신장, 티베트 등에서 중국 내정에 간섭한다. 2019년 11월 27일, 트럼프는 '홍콩 인권 및 민주 법안'과 '홍콩 보호법'에 서명했다. 전자는 미국 정부가 홍콩 자치권에 대해 그 특수한 경제 무역 지위의 타당성을 입증하기에 충분한지에 대한 승인을 요구했다. 중국 전국인민대표상임위원회는 6월 30일 홍콩 보안법을 만장일치로 통과시켜 7월 1일 홍콩에서 실시되었다. 이후 도널드 트럼프 미국 대통령은 2일 미 상하원을 통과한 '홍콩자치법(HongKong Autonomy Act)'에 서명했다. 이 법안은 미국이 "중국이 홍콩의 자치를 유지하지 않는 것에 중대한 공헌을 했다"고 인정한 외국인과 실체에 대해 제재를 하는 것에 목적이 있다. 미 국무부는 매년 이러한 외국인과 실체 그리고 "이러한 내막을 아는 상황에서 확인된 개인 및 실체와 중대하게 교역을 진행하는" 외국 금융 기구가 국회에 보고하도록 요구했다. 이러한 법안에 근거해 미국 대통령은 보고서 중 거명된 개인 혹은 실체에 대해 재산 차단 제재를 가하고 거명된 개인에 비자 제재를 가했다. 미국 대통령은 보고서 중에 언급된 금융기구에 대해 미국 금융기관으로부터 대출을 받지 못하도록 하는 등 여러 가지 제재를 가했다.

트럼프 행정부의 신장 문제에 있어 중국의 내정 간섭도 커지고 있다. 2020년 6월 미국 대통령은 '위구르 인권 정책법'에 서명했다. 이 법안은 미국 정부의 신장과 관련된 문제에 북경에 압박 강도를 높이는 것 외에도 대통령이 반드시 '법안'이 발효된 후 180일 이내에 의회에 보고하고 중국 관리 명단을 열거해 제재를 해야 한다는 내용을 호소했다. 그 외에도 '법안'은 미 국무장관이 180일 이내에 다른 연방행정부체와 민간단체와 협의해 국회에 신장과 관련된 '인권침해실태보고서'를 국회에 제출해야 한다고 요구했다.

3. 새 시기 미중 관계 재구성의 버팀목

미소 냉전시대에 미중관계는 소련 패권주의에 공동 대처하는 버팀목이었다. 냉전 종식 초기에 미·중관계는 두 버팀목 즉 경제와 안보로 전환되었다. 현재 인문 교류는 미·중 관계의 세 번째 버팀목으로 확대되었다. 현재 일부 사람들은 미중이 '신냉전'으로 가고 있다고 생각하거나 심지어 미중 '신냉전'이 시작되었다는 얘기까지 나오고 있다. 미·중관계의 이 세 번째 버팀목은 양국이 이전의 미소 간의 '냉전'에 빠지지 않고 완전한 디커플링을 하지 않으며 미·중관계를 협조, 협력, 안정적으로 발전시켜 나가는 것이다.

1) 경제적 상호의존과 중국개혁개방은 미·중관계의 첫 번째 버팀목

미중 경제 무역 관계는 일찍이 미·중관계의 '밸러스트 스톤'과 '추진기'이다. 그러나 트럼프 행정부가 대중 무역전쟁을 발생시킨 이후 미중 경제무역 관계의 '밸러스트 스톤'과 '추진기'의 위상에 큰 도전이었지만 여전히 미·중관계의 버팀목 중 하나이다.

중국의 개혁개방은 미중이 외교 관계를 구축하는 것과 거의 동시에 일어났다. 1979년 1월 덩샤오핑의 미국 방문은 미·중 관계를 크게 발전시켰고 중국의 개혁개방을 크게 촉진했다. 중국의 개혁개방과 미·중관계의 발전은 상호 보완적이고 상호 촉진적이다. 중국의 개혁개방은 미·중관계의 발전을 촉진시키고 미·중관계의 발전은 중국의 개혁개방을 또한 촉진시켰다. 중국의 개혁개방과 미국이 중국의 발전을 지지하고 중국을 전후(战后) 국제체제 편입하도록 한 것은 사실상 미중 관계의 버팀목이 되고 있다.

2) 안보 이익과 전략적 안정 관계를 병행하는 것이 미·중관계의 두 번째 버팀목

미중은 모두 유엔 안보리 상임이사국으로 전 세계의 평화, 안보, 안정, 발전에 큰 책임이 있다. 두 나라는 수많은 안보 도전에 직면해 있고 많은 안보 업무에서 병행해도 모순되지 않는 이익이나 공동의 이익을 가지고 있다. 안보는 전통안보와 비전통안보 영역으로 나뉜다. 전통안보영역은 주로 군사안보를 뜻한다. 미중은 이 영역에서 많은 병행해도 모순되지 않는 안보이익을 가진다.

예를 들어 북핵 문제에 있어 중국은 한반도 비핵화와 한반도 평화 안정이라는 두 가지 목표를 가지고 있다. 그렇기 때문에 중국은 유엔 안전보장이사회의 대북제재 결의를 엄격히 집행했다. 미국은 북한의 핵무기를 해체하고 대규모 전쟁도 원치 않는다. 중국은 북핵 폐기를 추진하는 데 미국과 양호한 협력을 진행했다. 미중도 각종 비전통안보의 엄격한 도전을 함께 직면하고 있다. 양국은 협력을 해야만 공통적으로 이러한 비전통안보의 도전을 대응할 수 있다.

미중은 안보 협력에서 양국 전략적 안정 관계를 형성하는 것도 포함되어야 한다. 이러한 전략적 관계는 양국이 핵무기와 사이버 능력에서 상호 위협을 형성하는 것이 포함된다.

3) 두 사회 간의 인문 교류는 미·중 관계의 세 번째 버팀목

미중 수교 초기엔 주로 양국 정부 간의 교류였다. 40년간의 발전으로 미중은 이미 두 사회 간의 전면적인 인문 교류를 형성하여 미중관계에 있어 가장 깊은 기초가 되었다.

미중관계의 이 세 버팀목은 양국 관계가 시련에서 벗어나게 하며 궁극적으로 더욱 좋아져야하는 주요 요인이다.

4. 미·중관계의 전망

미·중관계는 이미 돌이킬 수 없다. 새로운 시기에 미·중관계는 재구성되는 과정에 직면했다. 이러한 재구성되는 과정은 바로 최종적으로 협조, 협력, 안정을 기반으로 하는 미·중관계를 궁극적으로 실현하는 것이다.

미중 양국이 1979년 수교된 이후 미·중관계는 세 차례나 기로에 섰다. 그중 지난 두 차례 미·중관계가 기로에서 벗어나면서 미·중관계가 한 단계 더 나아졌다.

미·중관계가 첫 번째 기로에 선 것은 1989년 베이징 정치 파동 이후 미국을 선두로 하는 서양국가가 중국에 제재를 가하면서부터이다. 1992년 덩샤오핑의 남순강화(南巡讲话)로 중국은 개혁개방에 박차를 가했다. 동시에 덩샤오핑이 제기한 "냉정히 관찰하고 침착하게 대응하며 자신을 확고히 하고 재능을 감추고 때를 기다려야 하며 능력을 발휘해 성과를 이룩해야 한다"등 대외관계 가이드라인에 따라 미·중관계를 개선해 서방국가의 제재를 타파하고 미·중관계를 기로에서 벗어나 클린턴 행정부로 하여금 중국에 대한 '포용' 정책(Engagement policy)을 펼칠 수 있도록 했다.

미·중관계의 두 번째 기로는 2001년 미중의 '비행기 충돌' 사건 이후이다. 9·11테러 이후 미국은 반테러를 국가안보전략의 가장 우선적인 전략적 사항으로 삼아 중국의 전략적 기회 연장에 유리한 외부적 환경을 제공했다. 중국은 세계무역기구(WTO) 가입을 통해 전 방위적인 대외 개방과 부도장치를 형성하여 국내 개혁과 개방의 강도를 높여 내수경제와 미중 경제무역 관계의 발전에 박차를 가했다. 미·중관계는 다시 기로에서 벗어났다. 조지 부시정부와 오바마 정부는 중국에 '견제와 관여'를 병용하는 '헤징(Hedging)' 정책을 폈다.

미중 수교 이후로 미·중관계는 세 번째 기로에 섰다. 미·중관계는 첫 번째 기로는 중국 국내 사건이었고 두 번째 기로는 미·

중관계에 있었다. 미·중관계가 세 번째 기로에 선 이유는 이전보다 더욱 복잡하다.

변증법적 유물론의 모순의 모순 법칙에 따라 만약 2017년까지의 미중수교가 미중관계의 긍정적인 단계라면 2018년 이후는 중미관계의 부정적 단계로 조정, 협력, 안정을 기조로 한 미중관계는 재구축을 이루는 과정 속에서 모순 중 모순의 단계로 접어든다.

미·중관계가 안정되고 건강한 방향으로의 발전은 중국의 현대화를 실현하는 외부적 조건 중 하나이다. 미·중관계의 재구성은 미·중관계의 재출발이다. 중국이 겸허한 자세와 전략적 역량을 갖고 전략적 지혜를 발휘한다면 미중 '신냉전'은 피할 수 있다. 미중 양국 국민은 실용적인 국민으로 모두가 미·중관계가 안정되기를 바란다. 미국은 1950년대 전반 '매카시즘(McCarthyism)'으로 대표되는 반공·배외운동(反共和排外运动)이 일어났고 이는 미국 정치, 교육과 문화 등과 연관되었다. 하지만 미국 사회의 실용문화와 미국 국민의 양심은 결국 '매카시즘'을 버렸다.

장기적(30년)으로 볼 때 두 나라의 실력이 더욱 균형을 이루게 될 것이고 쌍방은 '함께 발전'하게 될 것이다. 중국이 더 나아가 개혁개방을 통해 스스로를 바꾸고 현대화를 이루기 위해서는 미국도 반드시 스스로 새 시대에 적응하지 못하는 마음과 구조를 바꿔야 한다. 양국은 부정적이며 부정적인 과정을 거쳐 충돌 없이 상호 존중하고 협력하며 공존하는 새로운 대국관계 구축에 나설 것으로 보인다.

5. 현재 미·중관계가 동북아 정세에 미치는 영향

현재 동북아 정세는 중·일관계, 한·중관계, 북·중관계의 세 가지 개선, 한·일관계의 한 가지 악화, 미·중관계와 북핵 문제의 재기로 등 두 가지 기로가 있다. 미·중 무역전은 동북아 지역에 영향을 미치지만 영향은 크지 않다. 만약 미중이 이견을 관리하고 협조를 구한다면 동북아의 안정과 평화에 긍정적인 영향을 미칠 것이다.

한중 관계의 개선은 일대일로와 신북방정책과 교차하는 동북3성에서 더 많은 협력 기회를 모색할 것이다. 코로나19의 대유행은 한중이 함께 곤경을 헤쳐 나가자(同舟共济)는 생각을 강화시켰다. 코로나19 발생 상황에서 한중이 서로 도와주는 것은 함께 곤경을 헤쳐 나가자(同舟共济)는 정신을 보여주었다. 코로나19가 터지자 한국 각계는 적극적으로 중국이 전염병에 맞서 싸우도록 지지했다. 한국 정부는 중국에 500만 달러어치의 방역물자를 제공하기로 했다고 밝혔다. 한국의 많은 기업들도 중국에 기부금과 기부물자를 제공했다. 문재인 대통령은 이웃을 돕는 것이 곧 자기 자신을 돕는 것이라고 말했다. 유행병이 한국에서 퍼지자 중국 정부와 기업은 한국 측에 대량의 방역물자를 기증하고 물자 상자에 "서로 망을 보면서 도와주고(守望相助), 한 배를 타고 함께 강을 건너자(同舟共济)", "한국 힘내! 서로 진심으로 대하여(肝胆相照) 함께 난관을 극복하자(共渡难关)", "가까운 곳도 먼 곳도 없으며, 만리가 이웃이 된다(知无远近, 万里为邻)", "금빛의 수양버들, 두 연인은 헤어지기를 아쉬워한다(金入垂杨, 两情依依)", "청산과 함께 비바람을 이겨나가자(青山一道, 吴越同舟)" 등 한국을 위한 축복과 힘내라는 표어를 붙였다.

양국은 코로나 전염병 발생에 대한 공동 관리 통제 협력 체제를 세웠다. 양국 정상이 합의한 중요한 합의에 따라 한중은 우선적으로 외교 부처를 이끌어 여러 부처가 참여하는 연합방위협력 체제를 구축해 방역협력을 강화하여 효과를 거두었다. 한중 양국은 2020년 4월 29일에 제2차 유엔방위협력체계 화상회의를 열고 한중의 중요 비즈니스, 물류, 생산과 기술서비스, 급히 필요한 인원이 왕래할 수 있는 패스트 트랙(快捷通道)을 구축했다. 한중의 '패스트 트랙'의 배치는 총 원칙 대등호혜를 이룩하는 하나의 쾌거이다. 중국 10개 성시(省市)와 한국 전역에 한중 '패스트 트랙'이 적용되었다. 한중은 전염병이 우선적으로 종결된 국가로서 공공보건공동체를 결성하고 먼저 통상, 통항, 통관광을 할 수 있다. 한중은 또한 백신 공동체를 설립하여 백신이 부족한 상황에서 우선적으로 백신 공동체 국가의 요구를 만족할 수 있다. 한중의 정치 및 안보관계는 양호한 경제 무역 협력 기초 아래에 있다. 2018년 이후 한반도 핵문제가 다시 대화의 궤도에 올랐고 이는 한중이 안보 협력을 심화시키는 계기가 되었다. 그러나 최근 한반도 남북관계가 다시금 경색되면서 도널드 트럼프 미국 행정부는 한국을 미중경쟁으로 끌어들이려 하고 있다. 이는 중국과 한국에 정치와 안보 협력에 악영향을 끼치고 있다. 트럼프는 G7회의에 한국 문재인 대통령을 초청하여 한국을 난처하게 하여 한국이 어느 편에 설 것인지 촉구하고 있다. 주한미군과 한국 국방부는 2020년 5월 28일 밤늦게 발전기와 전기장비와 요격 미사일 등을 성주 '사드' 기지로 몰래 들여와 '사드' 기지 내에 기한이 지난 요격미사일을 교체했다. 미국은 본토의 코로나 전염이 심각한 상황에서 이렇게 하는 것은 지역 정세의 긴장을 증가시킨다.

현재 중일 관계 개선의 효과는 이와 같다. 첫째, 지역 발전의 각도에서 보자면, 세계 2위, 3위의 경제대국으로서 중일발전의 근간은 아시아에 있으며, 아시아 및 지리적으로 연결되어 있는 아시아 유럽 대륙에서도 양국의 미래 발전을 위한 넓은 공간을 제공할 것이다. 둘째, 과학기술 혁신의 각도에서 보자면, 중일은 혁신과 환경보호, 신에너지 등의 분야에서의 협력을 계속 추진하며, 협력은 아시아는 물론 세계에서도 서로의 강점을 유지하고 발전시킬 것이다. 셋째, 사회통치의 맥락에서 보자면, 현재 중일의 사회관리 분야의 협력은 주로 경제사회, 과학기술 발전으로 초래하는 부정적 문제에 초점을 맞춰 공동으로 가지고 있는 아시아 전통 문화에서 정신적 자원, 창조적 전환, 창조적 발전을 발굴하여 현시대에 적합한 아시아 가치관을 형성하고 있다.

동북아 지역 경제 통합 추진은 반드시 단계적 모델을 거쳐 점진적으로 이상적 모델에 도달해야 하는 상대적으로 긴 과정이다. 현재 한반도 정세가 완화되고 세계화가 여러 가지 문제와 도전에 직면해 있다. 동북아시아 각국 경제 협력과 연계를 더욱 긴밀하게 하여 지역 경제통합을 가속화시키는 것이 적절한 시기라고 할 수 있다.

번역 - 윤성원(중국인민대학교 국제관계학원 박사수료)

미중 패권 경쟁과 한중 관계

차창훈(부산대)

1. 들어가며, 중국의 부상과 미중 패권경쟁 시대

21세기 국제정치에서 가장 주목할 만한 관심을 불러일으키고 있는 주제는 역시 '중국의 부상'이다. 중국은 정치, 경제, 군사 등 모든 분야의 종합국력을 신장시키면서 미국에 대응하는 새로운 강대국으로 면모를 탈바꿈하고 있다. 최근에는 '일대일로(一帶一路)'의 국가대전략 등 중국이 주도하는 미래 국제질서에 대한 관심과 우려가 우리의 일상에서 쉽게 접할 수 있는 담론을 형성하고 있다. 사실, 중국의 부상이란 주제는 1990년대 중반 소비에트 블럭이 해체되고 미국이 주도하는 단극(unipolar) 패권질서 형성 무렵부터 시작되었다. '중국위협론(China threat)'이란 용어로 시작된, 당시에는 다가올 미래의 우려가 섞인 이 주제는 소련을 대체하는 새로운 미국의 적국을 찾으려는 미디어들의 호기심에서 출발하였다. 그러나 오늘날에는 일상적으로 중국의 국제적 영향력을 목도하고, 미중 무역 분쟁이 미치는 경제적 여파를 우려해야 하는 명백한 현실이 되었다.

반면 이러한 중국의 부상에 대응하는 미국의 대중국 정책도 본격적으로 공격적으로 전환하면서 국제정치사에 새로운 전기를 맞이하고 있다. 트럼프 행정부는 이전 오바마 행정부에 이르기까지 대중 정책의 전략적 포용 기조가 중국의 내부 변화를 추구하며 용인했던 방식이 실효를 거두고 있지 못했다는 평가 속에서 강한 전략적 압박정책을 실행해왔다.[1] 중국의 무역 불공정을 앞세우며 관세를 올려 무역협상을 이끌어내고, 군사 안보 분야에서도 인도 태평양 전략을 본격적으로 추진하면서 중국의 일대일로에 맞서는 정책을 추진하고 있다. 미국은 중국의 대미 수출품목에 관세를 부과하여 무역협상을 진행했고, 외국 기업에 대한 강제적인 기술이전 요구, 지적재산권 보호 등 미국이 지적해온 미중 간 무역불균형 문제와 불공정 무역 관행에 대한 시정 조치를 요구하였다. 인도 태평양 전략은 동아시아 지역에서 동맹국 및 안보 파트너들과의 협력을 강화하는 한편, 남중국해에서 '항행의 자유 작전'을 지속하며 이 지역에서 군사적 세력확대를 시도하는 중국을 압박하고 있다.

미중 간의 패권대립이 격화되고 있는 역사적 전환기에서 우리가 있는 지정학적 문제로 환원해보자. 중국의 부상은 21세기 한

---

1   Kurt Campbell and Ely Ratner, "The China Reckoning: How Beijing Defies American Expectations," *Foreign Affairs*, Vol.97, No.2(March/April), 2018, pp.60-70.

반도의 운명에 어떠한 영향을 줄 것인가? 한반도가 미국과 중국의 세계사적인 경쟁과 대립의 장(場)이 될 것인가? 비핵화를 둘러싼 북미 간의 갈등이 중국을 매개로 어떠한 결과를 가져올 것인가? 남북 간의 화해와 협력 그리고 평화와 번영의 여정에 중국은 어떠한 영향력을 가지고 있을까? 미중 간의 대결 그리고 북한의 핵과 미사일 개발로 불안정성이 증대하는 한반도에서 한국과 북한 그리고 그 주변국들의 평화와 번영을 어떻게 유지하고 성취할 수 있을까? 이 모든 질문은 물론 남북한, 미국, 그리고 중국 등 이해당사자 국가들 간의 복잡한 전략적 선택과 행동이 교차하는 다차원적인 결과가 내포되어 있다. 이러한 물음에 핵심적인 열쇠를 쥐고 있는 것은 바로 미중 관계와 한중 관계의 발전 방향일 것이다. 21세기 한반도를 둘러싼 국제정치의 역학관계와 그 동학은 미국과 중국을 중심으로 전개될 것이기 때문이다. 따라서 이 두 강대국과 일정한 관계를 맺고 있는 한국의 전략적인 선택은 매우 중요한 문제로 제기될 것이다. 미중 관계와 한중 관계, 언뜻 보기에 종속적일 것 같은 이 두 강대국과의 관계설정은 남북화해와 평화통일 그리고 나아가 한반도의 항구적인 평화체제의 정립을 위해서 매우 중요한 과제이다. 이 글은 한중 관계의 역사적 연원과 현재의 모습을 반추하고, 미중 관계의 대립이 격화되는 현실에서 한반도의 평화를 위한 전망을 모색하는 순서로 기술하고자 한다.

2. 한중 관계의 연원과 과제

1) 한중 수교와 전략적 협력 동반자관계

한중 관계는 1992년 한중수교를 기점으로 공식적인 국가관계를 맺기 시작하였다. 제2차 세계대전 후 강대국의 38선 분할과 한국전쟁으로 한반도에 남북한 분단 정부가 수립되고, 미국의 대공산주의 봉쇄정책의 구도 속에서 한국정부는 중국과의 국교를 정식으로 수립할 수 없었다. 더욱이 한국전쟁 시 적대적인 전쟁 상대국으로서의 역사적 경험은 한국과 중국의 관계를 단절시켰다. 반면 중국은 한국전쟁 이후 1961년 북한과 '조중 우호협조 및 호상 원조 조약(이하 북중우호조약)'을 체결하여 동맹관계를 수립하였다. 따라서 냉전시기 한국과 중국은 오랜 역사적·문화적 유대감에도 불구하고 적대적인 상태에 놓이게 되었다.

이러한 단절과 고립에 변화가 오게 된 계기는 중국의 개혁개방 정책과 냉전의 해체였다. 마오쩌둥 시기 사회주의 계획경제 정책과 대약진 및 문화대혁명의 실패로 극심한 혼란에 빠져 있던 중국은 1970년대 후반 개혁개방정책을 추진하였다. 중국은 덩샤오 핑의 집권으로 1978년부터 대외적인 개방으로 자본과 기술을 유입하고 대내적인 경제개혁 정책을 추진하면서, 시장을 경제정책의 주요 기제로서 도입하기 시작하였다. 따라서 덩샤오핑은 재정립된 국가이익의 방향 설정에 따라서 외교정책을 조정하기 시작하였는데, 1989년 냉전의 해체를 계기로 한국과의 수교를 검토하기 시작하였다. 중국은 홍콩, 대만, 싱가포르와 함께 아시아의 급속한 경제성장을 주도했던 한국의 자본과 기술을 필요로 하였던 것이다.[2]

한중 관계는 1992년 수교 이후 비약적인 발전을 하였다. 먼저 경제적인 측면에서 보면, 중국은 현재 이미 한국의 최대 교역대상국이자 수출대상국이며 또한 최대 투자대상국이 되었다. 수교 당시 50억 달러의 무역규모에서 2019년 2,434억 달러로 급성장해서 한국의 일본과 미국과의 무역액을 합친 규모를 상회하였다. 2019년까지 한국 기업은 중국의 현지에 약 600억 달러를 투자하였고, 양국은 연간 약 10여 차례의 경제각료회의를 개최하고 있다. 양국의 경제교역은 2016년 한국의 사드배치로 양적인 성장이 주춤하고 있는 현실이지만 서서히 회복되고 있다. 또한 교류의 정도를 가늠하는 항공편수를 보면, 현재 한국과 중국 간에는 매주 400회 이상의 항공편이 운항되고 있다. 7만 9천 명의 한국 학생이 중국에서 유학하고 있으며, 반대로 6만 8천 명의 중국 학생이 한국에서 공부하고 있다. 황해를 마주하고 약 130여 개의 자매도시가 활발히 교류하고 있다. 한류 열풍은 중국 내에서 한국의 문화를 알리고 한국기업들의 시장 진출에 기여하고 있으며, 중국은 한국에 약 17개의 공자학원을 설립하여 유교문명권의 부활시켜 자국의 영향력을 확대하고자 한다.

---

2   Samuel S. Kim, "The Making of China's Korea Policy in the Era of Reform," in David M. Lampton ed., *The Making of Chinese Foreign and Security Policy in the Era of Reform*, Standford: Stanford University Press, 2001, pp.371-408.

<표 1> 한중 양국의 교류 현황

시기	양국 관계	양국 교류	
		교역량	인적교류
수교(1992) 및 문민정부 (1993 ~ 1997)	"우호협력관계"	63.7억 달러 (92년)	13만 명 (92년)
국민의 정부 (1998 ~ 2002)	1998 김대중 대통령 방중 "협력동반자관계" 구축	411.5억 달러 (02년)	266만 명 (02년)
참여정부 (2003 ~ 2007)	2003 노무현 대통령 방중 "전면적 협력동반자관계" 구축	1,450억 달러 (07년)	585만 명 (07년)
이명박/박근혜 정부 (2008~)	2008 이명박 대통령 방중 "전략적 협력동반자관계" 구축	2,400억 달러 (17년)	1,042만 명 (15년)

자료출처: 외교통상부, 『중국개황 자료집』; 한국관광공사, 『중국국가여유국』

한중 관계의 공식적인 명칭도 교류와 협력의 비약적인 발전과 함께 변경되어 왔다. 수교이후 '우호 협력 관계'에서 1998년 김 대중 정부 시 '협력 동반자 관계', 2003년 노무현 정부 시 '전면적 협력 동반자 관계'를 거쳐 2008년 '전략적 협력 동반자 관계'로 격상되었다. 한중 양국은 경제, 통상, 문화 등 많은 분야에서 전면적이고 실질적인 발전을 이룩하여 왔으나, 2000년의 마늘파동, 2004년과 2006년의 중국 동북공정, 2016년 사드배치 등과 관련하여 양국 간의 중대한 위기가 발생하기도 하였다. 한국 내의 반(反)중국 감정과 중국 내 반(反)한 감정 등은 양국 간의 지속적인 발전을 가로막는 장애물이다. 특히 안보와 군사 분야에서의 제한적인 교류와 협력은 동북아시아의 항구적인 평화와 번영을 위하여 해결해야 할 과제이다. 중국은 북핵 6자회담을 중재하면서 한반도의 평화와 안정유지를 최우선적 목표로 설정하고 대화를 통하여 비핵화를 달성하고자 하였지만, 견고하게 유지되어온 한반도 냉전구조와 그 일부인 북중 동맹관계가 양국의 군사안보 분야의 발전과 협력을 가로막는 요인이다.

2) 한반도 냉전구조의 지속과 한중 관계의 과제

한중 관계는 한국전쟁 후에 형성된 안보구조가 지속적으로 견고하게 유지되면서 경제관계는 활발하지만 정치 안보 분야는 그 발전이 제약되었다(정냉경열; 政冷經熱). 미국은 제2차 세계대전 중 소련, 중국, 일본 등이 경쟁하고 있는 동북아시아 지역에서 자국의 영향력을 제고하기 위하여 한반도 문제에 대한 개입정책을 모색하였다. 일본의 패전으로 중국과 소련 등 공산주의자들의 영향력이 강하게 작용했던 동북아 지역에서 한반도 전체를 미국의 세력권으로 편입시키는 것이 불가능한 상황에서 제한된 영향권을 구축하여 중국 및 소련과의 균형적 이익을 추구하는 정책을 모색하게 되었다. 미국은 1945년 8월 한반도의 분할을 제의하였고, 소련이 이 제의를 받아들여 한반도는 38선을 중심으로 분할 점령되었다. 결국 한반도에는 해방정국 국내 정치세력의 좌우 이념대립으로 미국과 소련의 영향력 하에서 분단정부가 수립되었다. 1950년 6월 25일 한국전쟁이 발발하자 미국은 한반도에 적극적으로 군사적인 개입을 하였다. 미국은 일주일 이내에 지상군

파견 결정을 내렸고, 7월 초에 본격적인 참전이 이루어졌다. 한국정부와 공식적인 동맹조약도 없는 상태의 결정이었다. 한국전쟁 시 유엔군의 참전은 국제평화와 안보를 위한 집단안보 개입의 성격을 띠었으나, 미국의 한국전 참전은 한국과의 동맹의 성격이 강한 것이었다.[3] 이승만 대통령은 한국군의 작전지휘권을 맥아더 사령부에 이양하였고, 전시동맹관계를 가진 한국과 미국은 전쟁의 휴전 직후인 1953년 한미상호방위조약을 체결하여 공식적인 동맹관계를 수립하였다.

한미 동맹은 한국전쟁의 휴전협상 기간 동안 이승만 대통령의 끈질긴 상호방위 조약 체결 요구에도 불구하고 이루어지지 않았다. 아이젠하워 대통령이 1952년 11월 대통령선거의 공약으로 한국전쟁의 종결을 제시하면서 처음에 동맹조약의 체결을 반대하였던 이유는 조약 체결이 반공주의자였던 이승만 대통령의 북진 조국통일 의욕을 부추기는 결과를 초래할 뿐이라 생각했기 때문이다. 더불어 한미상호방위조약 체결이 한국전쟁 휴전 이후 중국, 소련, 북한의 북방삼각관계의 결속으로 이어져서 대항 동맹(counteralliance)을 체결하게 할 우려가 있기 때문이었다. 결국 이러한 우려에도 불구하고 한미상호방위조약은 동북아시아에서 공산주의 팽창 봉쇄, 북한 공산주의 재침 억지 및 재침 시 격퇴라

---

[3]   유엔군은 7월 7일 안보리 결의안에 의하여 결성 및 참전하였고, 미국은 이에 앞선 7월 초 일본에 주둔하고 있던 지상군을 파견하였다. 따라서 미군의 한국전 개입은 집단안보의 논리보다는 한국과의 동맹적 차원에서 시작되었다는 평가가 타당하다. 이에 대한 견해로는 김계동, "한미 동맹관계의 재조명: 동맹이론을 분석 틀로," 『국제정치논총』 제41집 2호, 2001, p.8.

는 공통의 이익이 작용하여 체결되었다.

　냉전의 안보구조는 1990년대 이후 북한의 핵개발 등 북한문제를 둘러싸고 한반도의 정세가 악화되면서 강고하게 지속될 수 있었다. 한미 동맹과 북중 관계가 기본축을 형성하고, 미중 관계가 대립의 축을 형성하는 과정에서 한중 관계는 정치 안보 분야의 교류와 발전이 제약되었던 것이다. 사드문제는 이러한 구조의 효과가 드러난 결과이다. 사드문제는 미중 간의 패권 경쟁과 갈등이 심화되는 상황에서 한미 동맹의 강화가 미국의 대중국 봉쇄로 비춰지고, 한중 관계의 심화가 대미/대중 등거리 외교로 인지되는 전략적 복잡성 속에서 발생한 사안이다. 한국의 사드 배치 결정은 중국의 부상으로 격화된 미중 세력 경쟁에 한국이 개입하여 중국의 전략적 이익을 훼손하는 결과를 가져온 것이다.

　중국의 사드문제에 대한 인식은 이러한 관점에 서 있다. 2018년 7월 6일 G20 정상회의를 앞두고 개최된 한중 정상회담에서 양국의 정상은 사드문제를 둘러싼 입장의 차이를 확인하는 데 그쳤다. 문재인 대통령은 한중 양국 간 경제, 문화, 인적 교류가 위축되고 있는 현실을 지적하고, 시진핑 주석의 관심을 당부하면서 우회적으로 한한령의 해제를 요청하였다. 나아가 사드문제는 한국의 주권 문제이고, 새로운 한국 정부의 북핵 문제 주도권 행사와 주변국들의 협력과 노력으로 이루어지는 비핵화 과정에서 자연스럽게 해결될 수 있을 것이라 설득하였다. 그러나 시진핑 국가주석은 사드 배치 결정 번복의 기존 입장을 고수하였다. 대북 압박과 제재에 대한 중국의 적극적인 역할을 강조한 문재인 대통령의 견해에 반대를 표명하고, "장강의 뒷물이 앞물을 밀어냅니다(長江後浪推前浪)."란 표현으로 사드배치의 철회를 우회적으로 권고하였다.

북핵 문제에 대한 중국의 관점도 한국과 상이하다. 북한은 지난 9월 3일 제6차 핵실험을 강행했고, 이어 유엔 안보리는 대북제재 2375호 결의문을 통과시켰다. 이 과정에서도 국제사회의 요구에 직면하여 중국은 대북원유제재 중단을 반대하고 제재일변도의 해법대신 대화를 통한 해결을 주장하였다. 중국은 핵보유국의 지위를 얻기 위한 김정은의 시도를 원유중단이라는 수단으로 막기를 원치 않으며, 나아가 북한과 거래하는 국가와 기업에 대한 제3자 제재(secondary boycott)도 반대하고 있다. 북한의 대외교역의 90%가 중국 기업을 통해서 이루어지기 때문이다. 중국은 오래전부터 6자회담 재개와 함께 한미 합동군사훈련과 북핵실험을 중단하는 '쌍잠정(雙暫停)'과 한반도 비핵화와 한반도 비핵화와 한반도 평화체제를 동시에 추진하는 '쌍궤병행(雙軌竝行)'을 제시해왔다.

3. 미중 패권 경쟁시대의 도래

1) 미중의 전략적 경쟁과 협력 시기

미중 관계는 1972년 닉슨 대통령의 중국 방문으로 마오쩌둥

주석과의 정상회담을 통해서 소련을 견제하기 위한 전략적 삼각 체제(strategic triangle)의 형성으로 시작되었다. 1979년 덩샤오핑의 개혁개방정책의 추진과 함께 미국과의 수교를 맺으면서 양국 관계는 공식적으로 발전하기 시작하였다. 경제발전을 위해서 대외개방 정책을 추진했던 중국 외교정책의 가장 커다란 목표는 평화로운 주변 환경의 조성이었고, 그 목적을 위한 가장 중요한 대외관계가 미중 관계였음은 주지의 사실이다. 미국과의 우호적인 관계설정이 없이 중국의 국제체제 편입과 경제발전은 성취할 수 없기 때문이다.

미중 관계는 1990년대 이후 최근까지 협력과 경쟁의 양상을 반복하여 왔다. 클린턴 행정부는 '건설적인 전략적 동반자(constructive strategic partnership)'의 관계를 강조하며 우호적인 측면을 강조하였다. 반면 부시 행정부는 중국을 '전략적 경쟁자(strategic competitor)'로 규정하며 잠재적 위협의 측면을 강조하였다. 오바마 행정부의 대중정책은 관여(engagement)와 헤징(hedging)을 강조하였는데, 중국을 전략적 협력자로 인식하면서 관여정책에 비중을 두었다. 미국의 대외정책의 기본 목표는 '시장'과 '민주주의'의 전 세계적인 확산이다. 따라서 중국과의 관계에서도 미중 국교정상화 이래로 중국 내부의 변화를 끌어내기 위한 노력으로 시장화와 세계화의 진전을 적극 고무해왔다. 지역 내에서는 미일 동맹, 한미 동맹 등을 통해 해외주둔 미군의 강력한 군사력을 바탕으로 군사적인 억지 정책을 추구하는 한편, 경제적 무역 자유화를 주도하면서 지역 내의 경제적 상호의존성을 증대하는 역할을 담당해왔다.

미국과 중국이 상호 공세적으로 대응할 경우에는 갈등적 양상이 드러난다. 미국은 중국을 의식한 정책으로서 미 · 일 동맹의 강화, 해외주둔미군의 전략적 재배치에 따른 주한미군의 전략적 유연성, 미사일 방어(MD) 정책의 추진, 인권 문제 제기, 무역투자 보호주의, 위안화 환율 개혁, 중국의 지적재산권 보호강화 및 대만 문제 등을 거론하여왔다. 반면 중국은 미국을 의식하여 중 · 러 관계 강화, 국방현대화 추진, 상하이협력기구의 확대, 주변국 외교 강화, 일대일로(一帶一路) 국가전략 등을 모색하여왔다. 양국은 중앙아시아에서도 영향력 확대 경쟁과 대만문제, 에너지 안보, 글로벌 기후 변화 거버넌스 등을 둘러싼 마찰을 겪어왔다. 2005년 미국이 중국을 책임 있는 이익상관자(a responsible stakeholder)로서 호칭하면서 국제사회에서 우호적인 파트너십을 강조하기 시작하고, G2의 개념으로 중국의 책임감과 부담을 분담할 것을 제안해 온 것은 갈등보다 협력의 중요성을 인식하기 때문이다. 미국과 중국은 양국의 주요한 현안문제를 논의하는 고위급대화와 경제전략대화를 결합하여 2009년부터 미 · 중 경제전략대화를 개최하고 있고, 이 대화를 통해서 기후변화, 북핵문제, 무역 및 환율 등 의제를 점차 넓혀 나가고 있다. 미중 관계는 21세기 가장 중요한 양자 관계 중 하나라는 공통의 인식을 기반으로 협력을 증대시키고자 하나, 미국과 중국은 사안에 따라서 갈등과 협력을 반복하여왔다.[4]

---

4   이러한 양상을 잘 보여주는 미중관계에 대한 연구로는 Thomas J. Christensen,

2) 트럼프 행정부의 대중국 압박

2017년 트럼프 행정부는 '미국 우선주의(America First)'를 강조하고 통상에 있어서 강력한 보호주의 정책을 내세우면서 중국과 무역전쟁도 불사하는 힘의 우위에 의한 정책을 추진하고 있다. 트럼프 대통령은 대통령 선거과정에서 중서부의 러스트 벨트 지역의 중하층 백인 유권자들의 지지를 얻고 당선되었다. 자신의 유권자들에게 약속한 대로 중국의 미국시장 진출로 잃은 일자리를 되찾기 위해서 강력한 대중국 무역압박 정책을 추진했다. 우선 북한의 핵과 미사일 위협이 고조되자 세컨더리 보이콧(secondary boycott)을 중국 기업과 금융기관에 적용하였다. 2017년 11월 미국 재무부는 북한의 자금세탁에 연루되었다는 이유로 중국 단둥은행을 미국의 금융시스템에서 퇴출하였다. 2018년 4월에는 미국 상무부가 중국의 통신업체 ZTE(中興)가 대북 및 대이란 제재 위반사항을 이유로 7년간 미국기업과의 거래를 금지시켰다. 2018년 7월 6일부터는 중국산 대미 수출 818개 품목들에 25%의 관세를 부과한 것을 기점으로 중국과의 무역전쟁에 돌입했다. 이러한 미국의 대중 무역 조치는 그동안 중국의 무역불공정 관행에 본격적인 제동을 걸은 것을 의미하고, 중국이 4차 산

Useful Adversaries, Princeton: Princeton University Press, 1996; David M. Lampton, Same Bed Different Dreams, Berkeley: University of California Press, 2001.

업혁명의 첨단기술 산업 육성 계획인 '중국제조 2025'에 대한 제어를 의미한다. 재무부는 다시 2019년 8월 중국을 환율조작국으로 공식 지정하였고, 추가 관세를 부과하였다. 중국은 자국 내 300여 개 희토류 업체를 대표하는 희토류산업협회가 중국 정부의 희토류 보복조치를 지지한다는 성명을 발표함으로써 양국의 무역 갈등은 고조되었다. 결국 미중 양국은 2019년 11월 1단계 무역협상에 합의했다.

중국과의 경제적 디커플링(decoupling)을 선언한 미국의 대중견제는 군사 안보 분야에서도 이어졌다.[5] 트럼프 행정부 시기 발표된 여러 공식 문서들, 국가안보전략(National Security Strategy, 201년 12월), 국방전략보고서(National Defense Strategy, 2018년 1월), 핵태세보고서(Nuclear Posture Review, 2018년 2월), 국방수권법(National Defense Authorization Act, 2019년 5월), 인도 태평양 전략보고서(Indo-Pacific Strategy Report, 2019년 6월) 등은 중국을 '전략적 경쟁자' 혹은 '적(adversary)'으로 규정하고, 중국에 대한 적극적인 봉쇄를 요청하고 있다. 펜스 부통령이나 폼페이오 국무부 장관은 중국을 공산주의 국가, 시진핑을 국가주석이 아닌 공산당 총서기로 지칭하면서 중국과의 이념 및 체제 대결의 성격을 점차 부각시키고 있다. 트럼프 행정부는 오바마 행정부의 '재균형 정책'보다 범위가 인도양까지 확대된 '인도 태평양 전략'을 추구하기 시작했다. 하와이의 태평양사령부(PACOM)을 인도 태평양 사

---

5   Robert D. Kaplan, "A New Cold War Has Begun," *Foreign Policy*, January 7, 2019.

령부(USINDOPACOM)로 확대 개편하였고, 중국이 세력을 확대하고 있는 남중국해에서 '항행의 자유 작전(Freedom of Navigation Operation)'을 지속하면서 중국의 군사력 팽창에 대응하는 정책을 추구하고 있다. 지난 2019년 1월 7일에는 남중국해 서사군도에서 미국 해군 맥캠벨 이지스급 구축함이 항행의 자유 작전을 실시하였고, 14일에는 영국 해군 아가일 프리깃함과 함께 연합으로 해상작전을 실시하였다.[6]

아울러 트럼프 행정부는 이전의 행정부들이 다소 유보했던 중국 내 인권과 민주주의 문제도 본격적으로 제기하고 있다. 미국 국무부는 '2017 인신매매보고서'를 발표하여 중국을 최악 등급으로 분류시켰다. 트럼프 행정부는 중국의 아킬레스건이라 할 수 있는 타이완, 티베트, 신장위구르 지역에 대한 입법을 통해서 중국을 압박하기 시작했다. 우선 그동안 미국이 암묵적으로 묵인해주던 '하나의 중국' 원칙을 깨뜨리기 시작했다. 2018년 타이완 여행법(Taiwan Travel Act)이 미 의회에서 통과되어 미국과 타이완의 정치지도자 등의 교류가 가능해졌다. 실제 차이잉원 총통은 2018년 8월 천수이볜 총통이후 15년 만에 미국을 방문하였다. 2019년 5월에는 2019 타이완 보증법(Taiwan Assurance)을 통과시키면서 타이완 방위를 위해 미국의 무기판매가 정례화될 수 있는 가능성을 열어 놓았다. 2017년 12월에는 미국 타이완 간 해

---

6   Ben Westcott, "US, UK hold rare joint drills in the South China Sea" CNN(January 17, 2019) 〈https://edition.cnn.com/2019/01/16/asia/uk-us-south-china-sea-intl/index.himl〉

군과 해군 함정이 서로 상륙 및 기항할 수 있다는 내용이 명시된 NDAA 2018이 의회에서 통과되었다. 미국 의회는 2018년 11월 위구르족 인권 정책법을, 2019년 11월과 12월에는 홍콩인권과 민주주의법과 티베트 정책과 지지법을 각각 통과시키면서 중국 내 인권과 소수민족 문제에 대한 미국의 견제 의사를 명확하게 표시하였다. 미국의 이러한 조치들은 향후 중국과의 무역 및 기술 패권 경쟁뿐만 아니라 중국의 정치체제를 직접적으로 문제시하면서 미국과 함께할 수 있는 동맹국과 파트너 국가들과의 연대를 위한 이념적인 명분으로 삼을 것이다.

3) 중국 외교정책과 시진핑 지도부의 대응

탈냉전 후 미국 중심의 단극질서가 G2 시대로 이행하는 과정에서 국제질서는 어떠한 변화가 도래할 것인가? 중국의 계속되는 경제성장으로 2016년 중국의 국내총생산(GDP) 규모는 구매력 기준으로 환산하면 이미 미국을 추월하였다. 중국의 대외정책 근간은 지속적인 경제발전을 위한 평화로운 주변 환경의 조성이다. 특히 가장 강력한 리더십을 행사하는 미국의 견제에 대응하고 자국의 경제발전과 영향력 확대를 견지하는 과정에서 모든 세부적인 주요 정책과 현안을 검토하고 재조정하는 길을 밟아왔다. 잘 알려진 덩샤오핑의 대외정책인 '도광양회(韜光養晦)'와 '유소작위(有所作爲)'는 과거 마오쩌둥의 모험주의적인 외교정책을 되풀이하지 말라는 유훈을 제시한 것이며, 중국의 부국강병을

위한 외교정책의 일반적인 가이드라인이라 할 수 있다. 중국외교
정책은 경로의존적(pathdependent)인 진화의 과정을 밟았는데, 덩
샤오핑의 유훈의 틀 내에서 국제정치의 환경 변화, 예를 들면 세
계화, 경제적 상호의존의 심화, 다자주의 국제제도의 발전 등 새
로운 국면이 전개되는 상황 속에서 중국의 국가이익을 실현하는
방향으로 탐색, 조정, 변화되었다.

중국의 대외정책 변화의 몇 가지 특징을 거론하면 다음과 같
다. 첫째, 중국은 1990년대 중반 이후로 다자주의 국제제도에 적
극적인 참여를 하고 있다는 점이다. 양국관계를 중시하던 전통
적인 중국의 태도는 ARF(ASEAN Regional Forum)에 참여하면서 다
자주의 국제제도의 유용성을 인식하게 되고 참여를 중시하게 되
었다.[7] 이러한 변화과정에서 '유소작위'의 변용적인 개념으로 '책
임대국론(負責任的大國)'[8]이 제기된 것인데, 중국의 국제기구 운용
사례로는 상하이협력기구와 아시아인프라투자은행(AIIB)를 예
로 들 수 있다. 둘째, 중국의 행위 차원의 변화 이면에 존재하는
중국적 세계관의 이론적 논리를 검토해볼 필요가 있다. 국제질
서에 대한 마오쩌둥의 '양대진영론'이나 '3개세계론', 그리고 저
우언라이의 중국외교정책 '평화공존 5원칙'도 중국적 세계관을
담고 있다. 후진타오 정부 역시 '조화세계론(和諧世界)'을 제시하

---

7   Alastair Iain Johnston, *Social States: China in International Institutions*,
1980-2000, Princeton and Oxford, Princeton University Press, 2008.

8   唐世平, "中國的崛起與地域安全." 『當代亞太』 제3기, 2003, pp.14-18. Xia
Liping, "China: a responsible great power." *Journal of Contemporary China*,
Vol.10, No.26, February 2001, pp.17-26.

고 있는데, 서구세계가 부여했던 베스트팔렌의 국제질서 개념을 그대로 수용하지 않고, 고유한 국제질서에 대한 논리를 개발하고 있다. 셋째, 중국은 다른 국가들이 중국의 영향력 혹은 리더십에 자발적인 내재적 동의를 구하는 데 관심을 갖기 시작하였다. 나이(Nye)의 소프트 파워에 대한 관심이 제고되고, 국제사회에서 존중을 받고 매력적인 국가가 되려는 모색을 하고 있다. 중국은 미국의 패권국가 등장에서 수반했던 '민주주의'와 '인권'과 같은 보편적인 가치의 발굴과 확산이라는 도덕적 정당성을 통해서 국제사회에 기여하는 측면이 평가받을 때 리더십을 획득할 수 있을 것이다.[9] 중국이 안고 있는 국내정치의 불안정성(부패문제, 불균등한 성장에 따른 계층과 지역격차, 정치개혁의 지연 등)은 국제적 위상과 연동해서 중국의 이미지를 창출할 것이기 때문에 중국이 소프트 파워를 현실화시키기에는 오랜 세월이 필요할 것이다.

이와 같은 대외정책 기조와 함께 시진핑 지도는 트럼프 행정부의 대중국 압박에 적극 대응하였다. 2017년 10월 중국 공산당 19차 당대회에서 총서기로 재선출된 시진핑 주석은 대국외교의 신형국제관계와 인류공동운명체라는 비전을 제시하면서 중국의 주권과 국익 수호 의지를 표명하였다. 2020년까지 전면적인 샤오캉(小康)사회 달성과 2050년까지 사회주의 현대화 강국을 목표로 미국과의 전략경쟁에서 중국의 국방력을 현대화하고 있다.

9   스인홍, "중국의 소프트 파워와 화평굴기: 중국이 가진 것과 갖지 못한 것, 현재의 도전에 대한 논의," 김진영·차창훈 공편, 『현대중국의 정치개혁과 경제발전』, 서울: 오름, 2009.

중국이 제1호 항공모함인 랴오닝호에 이어 2019년 12월에는 두 번째 항공모함인 산둥함이 하이난성 싼야 해군기지에서 취역식을 열었다. 중국은 남중국해와 동중국해의 영토분쟁 지역에서 자국의 주권이 핵심이익임을 강조하였다. 2016년 이미 7대 군구를 5대 전구로 개편하고 군수 병참을 총괄하는 연근보장부대를 신설하며, 제2포병대를 로켓군으로 재편하는 등 군사체계를 일신하였다. 특히 타이완이나 티베트 등 미국이 인권문제를 제기할 때마다 '하나의 중국' 원칙을 견지하며 어떠한 국가 분열 행위도 용납할 수 없음을 천명하여왔다. 시진핑 지도부는 공세적인 트럼프 행정부에 대응하여 미중 간의 치열한 패권경쟁이 가속화되는 시점에서 자신의 권력을 강화하는 명분으로 삼았고, 대내적으로는 만연된 부패와 뉴노멀시대의 경제 연착륙을 지휘하는 책임을 강화시켰다. 중국 내 애국 민족주의가 시진핑 지도부의 권위와 정통성을 부여하는 상황에서 '분발유위(奮發有爲)'로 중국의 외교정책이 진화하고 있다.

4. 결어, 한반도 평화프로세스와 미중 관계

한미 동맹은 북한에 대한 억지력의 근간을 제공하여왔으며, 현재까지 유럽의 나토(NATO)와 함께 가장 성공적인 동맹관계라는 평가를 받아왔다. 세계적 냉전질서에 기초하여 형성되었던 한미 동맹은 한국이 보수적인 군부독재에서 다원화된 민주주의 국내

정치의 이행과정에서 확장되고, 시험받았으며, 발전되어왔다. 한국 내 미국에 대한 이미지는 때로는 정치적인 이행과정에서 반미 감정을 양산하기도 하였지만, 안정된 안보 공공재를 제공함으로써 한국 경제성장을 뒷받침하였다. 한중 관계의 괄목할 만한 발전을 주도하였던 동력은 경제적인 협력과 교류였다. 한중 관계의 발전과정에서 양국은 서로의 외교정책을 상호 승인하였다. 중국은 2개의 한반도정책을 수용했으며, 한국은 하나의 중국정책을 지지하고 있다. 지난 20여 년간 양국은 정치, 경제, 외교관계를 확립하였고, 현재 양국관계를 '전략적 협력 동반자관계'로 격상시켜오면서 동북아 지역에서의 안정과 번영 및 평화의 정신을 서로 확인하였다.

먼 미래에 대한 전망에 앞서 동북아 지역 내에서 미중관계의 협력이 필요로 하는 당장 시급한 문제는 북핵문제이다. 북핵문제를 계기로 한·미·중 삼각관계에게 동북아 지역에서 다자간의 대화와 협력을 통한 새로운 기회를 창출해야 한다. 북핵문제에 대한 한·미·중의 공유된 이해관계(한반도 비핵화)는 북한의 핵포기를 통한 개혁개방정책을 유도하고 안정과 평화를 위한 보다 새로운 안보질서를 구축할 수 있는 전기가 될 수 있다. 미국의 개입은 대량살상무기(WMD)의 확산방지를 위해 근본적이지만 중국은 회담 참여국들이 수용할 수 있는 결과를 결정하는 데 중요한 역할을 할 것이다. 북핵문제의 해결을 넘어 한반도의 가장 불안정한 현실은 한국과 중국은 각각 한미 동맹과 북중 동맹을 통해서 조약의 형태로 그 행동이 구속되어 있다는 점이다.

만약 북미, 남북 혹은 미중 간의 분쟁에 의하여 한국과 중국은 동맹의 딜레마(alliance's security dilemma)의 한 형태로 동맹의 연루(entrapment)에 처할 위험이 존재한다. 연루는 자국의 국가이익에 무관하게 또는 경미한 동맹상대국의 이익 때문에 원치 않는 갈등에 이끌려가는 것을 의미한다. 원하지 않지만 동맹국과의 관계 유지가 절실한 경우 동맹의 유지를 선택하면서 이러한 제3국과 원하지 않은 갈등적 상황에 연루되는 것이다.[10] 따라서 미중 양국은 이 동맹의 연루와 방기의 딜레마를 극복할 수 있는 방안을 공동의 노력으로 모색할 때, 지역 내에서 '경쟁'의 축보다 '협력'의 축을 강화시킬 수 있을 것이다.

현재 직면하고 있는 한중 관계의 갈등은 양국의 정치와 안보 영역의 이익과 경제 영역의 이익이 불일치하면서 발생하는 피할 수 없는 구조적 요인에 기인한다. 따라서 한중 관계의 현안을 장기적으로 관리하면서 개선시켜 나가야 한다. 한중 양국은 새로운 25년을 위한 비전을 공유하는 작업이 시급하다. 문재인 대통령의 한반도 신경제지도와 신북방정책이 139조 원에 달하는 실크로드 기금의 일대일로 구상과 접점을 찾는다면 양국은 새로운 번영의 기회를 창출할 수 있다. 이러한 공동 번영을 위한 양국의 경제적 협력이 사드 배치로 촉발된 정치 안보적 이해관계의 재조정을 가져올 수 있는 계기가 될 수 있도록 양국이 지혜를 모아야 한다. 아울러 북핵 및 북한 문제에 대응하는 양국의 전략적 대화

---

10 Glen Snyder, "Alliance Theory: A Neorealist First Cut," *Journal of International Affairs*, No.44, Spring/Summer 1990, pp.112-17.

와 협력 역시 필수불가결하다.

2017~2018년에 이르는 기간 동안 문재인 정부의 대북 관여정책의 천명으로 시작된 남북 관계의 진전, 3차례의 북미 정상 간의 만남 등은 북한 및 북핵문제가 해결되고 한반도에 평화의 봄이 도래함을 기대케 하였다. 70여 년간 견고하게 지속된 한반도의 냉전구조의 해체가 시작되었다는 생각을 갖게 하였다. 그러나 북미 비핵화 협상이 양국 간의 이해관계 불일치로 무산 지연되고, 이 과정에서 북중 관계가 복원되면서 미중 간의 세력 경쟁이 한반도의 냉전구조 해체에 역행하는 결과를 초래하는 양상을 목도하였다. 한반도의 복잡한 이해관계가 미중 두 강대국의 계산과 남북한의 협력과 결속을 제어하는 결과를 가져온 것이다. 이는 한반도 냉전구조 해체가 남북한 당사자와 주변 강대국의 협력을 필요불가결한 선결조건으로 작용하여야 한다는 것을 의미한다. 따라서 미중 두 강대국의 패권 경쟁이 격화되는 이 시점에서 해결의 실타래를 위한 새로운 모색이 필요한 시점이 도래한 셈이다.

한국 내에는 한반도가 미중 간 세력경쟁의 각축장이 될 수도 있다는 점에서, 또한 한국 경제에서 중국이 차지하는 비중이 미국을 추월함에 따라서 한중 관계가 한미 관계를 대체해야 한다는 주장 혹은 대체될 수도 있다는 우려가 커져왔다. 역사적으로 강대국 사이에서 외교력으로 생존 모색의 성공적 경험이 취약했기에 이러한 우려를 낳게 한다. 그러나 이를 양자택일의 문제로 접근한다면 한국의 선택지는 매우 제한되고 그 운신의 폭도 매우 좁아진다. 양자를 대체제로 인식하지 않고 보완제로 접근해야 하는 방식을 모색해야 한다. 정치 군사 및 안보는 한미동맹에 의존하고 경제는 한중관계에 치중하는 기형적인 구조를 쇄신할 수 있는 새로운 모형과 구조를 모색해야 한다. 아울러 한반도의 냉전구조 해체를 위한 북미관계와 남북관계를 개선과 발전을 위한 노력을 경주해야 한다. 이를 위해서는 미중 간의 세력경쟁을 완충시킬 수 있는 제도와 구조를 한반도에 정착시켜야 한다. 미국과 중국 두 극의 구심력에 휘말리지 않는 동북아의 새로운 안보구조를 정립해 나가야 한다. 남북관계의 발전과 북핵 문제의 해결은 이 접근 방향의 출발점이 되어야 한다.

한반도 신경제지도 구상과 일대일로의 연계협력 방안
:한반도-중국 경제회랑 구축[1]

원동욱(동아대)

1. 시진핑 집권 2기 중국의 강대국 외교와 일대일로

1) 시진핑 집권 2기 중국의 강대국 외교

G2로의 부상과 함께 출범한 중국의 시진핑 정부는 '중화민족의 위대한 부흥'이라는 중국의 꿈(中國夢)을 실현하기 위한 국가

---

[1] 본고는 2019년에 삭성한 것으로서, 코로나19 이후의 새로운 상황을 반영하고 있지 않다. 포스트 코로나시대라는 전대미문의 충격으로 인해 초국경 협력을 핵심으로 하는 중국의 일대일로 역시 새로운 형태로의 전환의 필요성이 제기되고 있으며, 기존 일대일로 모델에서 '건강실크로드'의 모델을 한층 부각시키고 있으며, 신형 인프라 건설에 대한 정책 방향을 결정했고, 지능형 교통인프라를 확대하여 일대일로 사업에 적용할 준비를 진행하고 있다. 포스트 코로나시대는 기존의 대면 인적 교류방식에서 방역+경제, 비대면 온라인화, 스마트화, 무인 로봇형 경제 등으로 탈바꿈할 것으로 전망되며, 이러한 상황에서 한반도 신경제지도와 일대일로의 협력방안으로 제시된 한반도-중국 경제회랑은 초국경 방역협력을 중심으로 새롭게 조정될 필요가 있다고 판단된다.

대전략에 모든 에너지를 투입해왔다. 특히 시진핑 집권 2기에 들어와 중국은 미국 중심의 국제질서에 순응하기보다는 미국과의 충돌을 우회하면서 중국의 비전과 의지가 반영된 새로운 국제질서 규범을 창출하려는 '강대국 개혁주의(great power reformism)'를 적극 표출해왔다. 일정한 한계를 드러낸 미국 주도의 국제정치경제질서의 빈틈을 메꾸고 미국의 예봉을 피하면서 동시에 국제사회에서 자신의 지분과 지위를 상승시키려는 의도로 해석된다.[2]

집권 2기에 들어선 시진핑 정부는 2017년 19차 당대회를 통해 '신시대 시진핑 중국 특색의 사회주의 사상'을 지도이념으로 채택하였고, 3연임을 제한하는 헌법 조항의 개정을 포함한 국가기구 개편 등을 통해 국내적으로 권력기반의 확대와 공고화를 이루었다. 이는 시진핑 개인의 권력의지가 작용한 측면도 있지만, 무엇보다 국내외적으로 직면한 위기 속에서 국가 핵심정책의 연속성과 추진력을 확보하기 위해, 또한 강대국으로 부상하려는 '중국의 꿈'을 실현하고 국제사회의 영향력을 확대하기 위해 보다 강력한 리더십이 필요하다는 지도부 내부의 컨센서스로 이해할 수 있다. 시진핑 집권 2기 중국은 국내적으로 뉴노멀 시기에 들어와 그간 성장신화 속에 인위적으로 눌려왔던 다양한 사회적 욕구와 불만, 누적된 문제들을 적절히 처리해야 하며, 또한 인민들의 그 어느 때보다도 높아진 기대에 부응하면서 공산당의 집권 정당성을 새롭게 확보해야 하는 만만찮은 과제에 직면해 있

---

2 서정경, "중국공산당 제19차 전국대표대회를 통해 본 중국 외교: 대미외교와 주변외교 전망", 『성균차이나브리프』, 2017, p.52.

다. 외교적으로는 일대일로, AIIB, 항저우 G20회의, APEC 정상회담 등의 성공적 실행과 함께 후퇴하는 자유무역질서의 제창자이자 선도자로서 국제사회의 위상을 높이는 성과를 거두기도 하였지만, 미국과의 무역분쟁과 함께 서방세계의 반중(反中)연대에 직면하였으며 중국 부상에 대한 주변국들의 우려와 경계심이 여전히 작동하고 있는 게 현실이다.

집권 2기 시진핑 정부의 강대국 외교는 더욱 과감하고 세련되어졌다. 19차 당대회를 통해 중국은 강대국으로서의 입지를 더욱 넓혀가려는 강한 의지를 표출했다. 주변국 대상의 '운명공동체'를 '인류운명공동체'로 확대하고 '신형대국관계'를 그보다 상위개념인 '신형국제관계' 범주 안에 포함하여 전체를 아우르는 진정한 강대국임을 드러내었다. 이러한 분위기 속에서 강대국으로의 부상과 그 자신감에 충만한 대중들의 도전적 열기가 존재하기는 했지만, 반면 미국과의 국력 차이에 대한 현실적 인식과 자체적 강대국 부상의 시간표에 따라 중국 정부는 미국을 자극시켰던 신형대국관계나 해양대국 담론을 수면 아래로 끌어내리고, '투키디데스의 함정(Thucydides's Trap)'에 빠지지 않기 위해 정작 미국과의 직접적 충돌을 최대한 회피하겠다는 신중한 의도를 명확히 했다. 특히 최근 미국과의 무역분쟁을 통해 드러난 강대국으로서의 한계에 대한 현실주의적 접근에 따라 정부차원에서는 타협을 통한 갈등 해소의 신호를 발신하고 있다고 보여진다.[3]

---

3   중국은 국내정치적으로는 트럼프 정부의 공세에 굴복하고 있다는 인상을 주지 않으려 하면서 오히려 한편으로는 내부통합을 위해서는 저강도의 '외부긴장'

2) 일대일로와 신동북진흥전략

　중국이 지역강대국을 넘어 세계 강대국으로 부상하는 가운데 기존 패권국 미국과의 충돌을 회피하겠다는 의도는 다른 한편 이를 우회하여 자신의 독자적 전략공간 혹은 세력권을 형성하려 한다는 점에서 과거와 다르게 주변외교에 대한 특별한 중시로 나타난다. 특히 2009년 이후 중국의 부상과 세력확대에 따른 공세적 행태로 인해 주변국가들과의 영토(영해)분쟁과 모순이 격화되고, 이를 기화로 '아시아재균형전략'과 같은 미국의 대중 압박과 견제가 실행되었다. 이러한 상황에서 중국은 주변외교에 대한 새로운 정책조정을 통해 미국 및 그 동맹국들과의 충돌을 우회하며 지속적 부상을 위한 해법을 강구하게 되었다. 시진핑 시기 중국의 주변외교는 그 전략적 위상이 현격히 제고되었고, 과거와 다른 새로운 이념에 따른 정책적 변화가 읽히고 있다. 미국 등 주요 강대국이 중국에 압력을 가하는 기본 매개가 바로 중국의 '주변'이라는 인식에 따라 '운명공동체', '친·성·혜·용(親誠惠容)'이라는 주변외교의 새로운 이념과 함께 시진핑 시기 국가대전략인 '일대일로'전략구상을 통해 그 돌파구를 마련하고자 했다.[4]

을 활용하려는 의도도 있어 보인다.

4　'운명공동체', '친성혜용'이라는 주변외교의 담론은 그 추상성에도 불구하고 하나의 통일적 체계를 가지고 주변 안정과 경제협력을 위주로 하던 과거의 행위 패턴에서 경제, 정치 그리고 안보 심지어 문화 등의 영역에 이르기까지 전면적으로 주변을 경략하려는 중국정부의 의도인 셈이다. 원동욱, "중국의 지정학과 주변

특히 동북아지역에 대한 중국의 기본입장은 중국을 견제, 봉쇄하려는 미국과 일본을 중심으로 하는 동맹체제와 그 확산을 저지하고 중국 주도의 다자간 협력체제를 구축하는 것에 있다.[5] 시진핑 시기 중국의 주변외교에서 한반도를 포함하는 '동북아'는 지정학적 갈등과 충돌이 집중되어 있고 미국과의 세력경쟁이 첨예하게 격돌하는 지역으로 미국과의 직접적 충돌을 피하기 위한 시진핑 정부의 내부적, 지정학적 고려가 읽힌다. 이러한 고려 속에서 전방위적 경제협력을 표방하고 있는 '일대일로'의 경우, 그 대표적 프로젝트라 할 수 있는 초국경 경제회랑 구축과 관련해서 여타 주변지역 및 국가들과 6대 경제회랑이 추진되어온 것과 달리 그간 동북아는 배제되어온 것이 사실이다.[6] 주변국들과의 초국경 경제회랑 혹은 경제벨트 건설은 '일대일로' 건설 추진의 전략적 배치이자 구성부분이며, 주변외교 실행에 중요한 전략적 의미와 경제적 의미를 동시에 갖는다. 하지만 중국의 주변지

외교: '일대일로'를 중심으로", 『현대중국연구』 제17집 2호, p.316.

5 기본적으로 중국은 미국과의 전략적 경쟁 혹은 패권경쟁이 이루어지는 핵심 지역으로서 동북아지역을 설정하고 있다. 동북아지역을 둘러싼 중국과 미국과의 전략적 모순과 갈등은 세력전이에 따른 피하기 어려운 장기적 추세라 할 수 있다. 특히 한반도는 이러한 중미 간 모순과 갈등이 첨예하게 대립하는 곳으로 탈냉전 시기에 와서도 오랫동안 동북아 정세의 긴장을 고조시키는 역할을 해온 것이 사실이다.

6 2015년 3월에 국가발전개혁위, 외교부, 상무부 공동으로 발표한 "실크로드 경제벨트와 21세기 해상실크로드 공동 구축 추진을 위한 비전과 행동"이란 공식 문건에서 '동북아경제회랑'은 제시되지 않았다. 이는 당시 북핵문제로 인한 한반도의 정세 불안, 일본 아베정부의 우경화, 미국의 아시아재균형전략 등 동북아 정세에 대한 중국정부의 종합적 고려에 따른 것으로 파악된다.

역을 살펴보면 중앙아시아, 남아시아, 동남아 지역과 달리 동북아지역은 여러 역사적, 국제정치적 원인은 물론이고 북핵문제 등으로 인한 미국과의 충돌 가능성을 고려하여 '일대일로' 협력권에서 단층과 공백현상을 보여왔다.

한편 2018년 유례없는 남북, 북미, 북중 정상회담이 연이어 진행되는 가운데 비핵화 평화프로세스의 진전 등 한반도 정세의 급격한 대전환이 이루어지면서 중국의 동북아 전략에 변화가 감지되었다. 사드문제로 악화되었던 한중관계의 복원과 남북관계의 개선 노력에 따라 역사적인 남북정상회담이 개최되었고, 남북관계 개선과 협력논의를 기반으로 한반도 비핵화와 평화프로세스가 작동하면서 대결을 넘어 전쟁 직전까지 다가갔던 북미관계도 1차 정상회담에 이어 2차 정상회담이 개최되는 등 대화 국면으로 급전환하였다. 또한 최근 동북아의 양자관계를 규정짓는 미중관계 또한 여러 갈등의 소지를 남겨두고 있지만 2020년 1월 대결과 충돌로 치닫던 무역분쟁에서 벗어나 1단계 합의를 이루었다. 중일관계 또한 미국의 신고립주의에 기반한 무역보호주의 대응차원에서 공조하는 모습을 보이며 경제협력을 본격 추진하는 등 관계개선의 징후가 뚜렷해 보인다. 이처럼 한반도를 둘러싼 양자관계의 개선 및 협력적 복원과 함께 동북아의 선순환적 질서가 가동되면서 중국의 동북아 전략이 점차 변화해온 것이 사실이다.

이러한 변화는 우선 최근 시진핑 중국 국가주석의 동북아 협력과 관련한 발언에서 발견된다. 시진핑 중국 국가주석은 2018년

9월 12일 제4회 동방경제포럼 전체 회의에서 "극동발전의 새로운 기회를 공동으로 향유하고 동북아의 아름다운 새 미래를 열어나가자(共享远东发展新机遇 开创东北亚美好新未来)"는 제목의 연설을 통해 동북아 다자협력에 대한 중국의 입장을 발표하였다.[7] 이 연설문에서 시진핑 주석은 중러 협력을 언급함과 동시에 전체 지역으로 눈을 돌려 동북아 평화와 안정, 발전과 번영을 공동으로 촉진시키자는 4가지 주장을 하였다. 즉, 상호신뢰 증진을 통한 지역 평화안정 유지, 협력 심화를 통한 역내 각국의 상호이익과 공영 실현, 상호 학습과 배움을 통한 민간 전통우호관계의 공고화, 장기적 시각에 기초한 종합적 협력발전 실현으로 요약된다.[8]

동북아 역내 각국의 호혜공영과 관련하여 시진핑 주석은 각국의 발전전략과의 연계를 적극적으로 전개하여 정책소통과 협력

---

7 习近平, "共享远东发展新机遇 开创东北亚美好新未来", 在第四届东方经济论坛全会上的致辞(2018年9月12日, 符拉迪沃斯托克), http://cpc.people.com.cn/n1/2018/0913/c64094-30289798.html (검색일: 2018.11.10.)

8 이러한 시진핑 주석의 연설문은 동북아 전략, 즉 다자협력에 대한 중국의 입장을 공식적으로는 처음으로 드러낸 것으로 볼 수 있다. 동북아지역의 가장 큰 특성은 지정학적 요인이 매우 두드러진다는 점이며, 동남아 등 타 지역과 비교할 때 경제통합의 진전이 매우 지체되어 있다는 점이다. 하지만 최근 들어 한반도 및 동북아정세의 완화추세가 이어지고 있는 새로운 상황에서 시진핑 주석의 동북아 지역협력에 대한 주장은 외부세계에 중요한 신호를 던져주는 것으로 볼 수 있다. 그는 중국이 동북아지역의 일원으로서 평화발전의 이념을 견지하면서 우호적 주변환경을 조성하기 위해 노력해왔으며, 상호존중의 정신에 기초하여 건설적 모습으로 각국의 이해를 고려하면서 지역협력에 참여하겠다는 의지를 피력하였다. 또한 역내 각국과의 단결을 공고히 하고 상호신뢰를 증진하여 동북아의 평화와 안정의 효과적 방도를 공동으로 모색함으로써 이 지역의 평화, 안정, 발전의 실현을 위해 노력하겠다는 입장임을 강조하였다.

을 강화하겠다는 의지를 표명하였다. 즉 '일대일로' 추진과 관련하여 그동안 공백과 단층을 보여왔던 동북아지역에 주목하여 초국경 기초인프라의 상호연계와 소통, 무역과 투자의 자유화 수준의 제고를 통해 개방형 지역경제를 공동으로 구축하고, 소다자협력과 소지역(sub regional)협력을 적극 추진하면서 실제적인 프로젝트의 실행을 전개하겠다는 것이다. 현재 동북아 지역협력은 중러 간 일대일로와 유라시아경제연합의 연계가 추진되어 이미 중요한 성과를 거두고 있고, 중몽러 경제회랑 구축이 대체로 순조롭게 진전되고 있으며, 한중관계나 북중관계, 중일관계도 정상적 궤도에 진입하는 등 한중일, 남북중, 남북러, 남북중러 소다자간 지역협력의 조건이 대체로 갖추어진 상태로 볼 수 있다. 이러한 점에서 역내 각국의 정책적 협력의 필요성이 증가하고 있는데, 예로써 한중일 화물이 시베리아횡단철도(TSR)를 통해 어떻게 유럽으로 나아가는가와 관련하여 국경통과절차, 항만기초인프라 건설 등의 문제와 관련하여 구체적 협력의 필요성을 제기한 것으로 볼 수 있다. 또한 글로벌 경제의 침체가 진행되는 가운데 상대적으로 경제성장의 활력을 유지하고 있는 동북아지역에서 소다자협력이나 소지역협력을 추진함으로써 역내 안정, 발전, 공영의 다자협력을 촉진하고 나아가 글로벌 차원의 내생적 동력을 확보하고자 하는 의도로 읽힌다.

또한 이러한 시진핑 주석의 동북아 지역협력에 대한 언급 직전, 중국은 동북아지역에서 '일대일로' 구상을 중심으로 북중 나아가 남북중 경제협력의 가능성을 제고하는 모습을 보인 바 있다. 2018년 8월 27일 랴오닝성 정부는 '랴오닝성 일대일로 종합 실험구 건설 총체방안'에서 '동북아경제회랑'구축을 언급하였는데, 기존의 중몽러 경제회랑과 한반도 및 일본을 연계하는 초국경 경제회랑으로서 '일대일로' 협력권의 공백과 단층현상을 보여왔던 동북아가 그 대상이다. 이후 2018년 9월 8~11일 사이 중국 리잔수(栗战书) 전국인민대표대회 상무위원장이 북한의 정부수립 기념일인 9·9절을 축하하기 위해 시진핑 당 총서기 겸 국가주석의 특별대표 자격으로 방북하던 시기인 9월 10일 랴오닝일보는 바로 이 '방안'을 다시 기사화하였다.[9] 또한 시진핑 주석은 9월 28일 '동북진흥 심화 추진 좌담회'에서 동북진흥의 심화 추진을 위한 6개 요구사항을 제안하였는데, 그중 5번째가 일대일로 공동건설에 심도 있게 결합하고 개방협력의 고지를 건설하자는 것이었다(五是深度融入共建"一帶一路", 建设开放合作高地).[10] 2018년 세 차례에 걸친 북중정상회담, 리잔수 상무위원장의 방북과 랴오닝성 정부의 일대일로와 한반도 나아가 일본을 연결하려는 동북아경제회랑 계획의 발표 등은 신동북진흥전략 추진에 따라 북중 경제협력 및 중국의 일대일로가 한반도 및 동북아 전체로 확대될 수 있는 가능성을 염두에 두고 있다는 것을 알 수 있다.

---

9 辽宁日报, 2018.9.10.

10 시진핑 주석은 제4차 동방경제포럼 참석 이후 2018년 9월 25~28일 사이 동북아협력의 거점지역에 해당하는 동북3성을 직접 방문하여 28일 랴오닝성 선양에서 '동북진흥 심화 추진 좌담회'를 개최하였다. 新华网, "习近平: 以新气象新担当新作为推进东北振兴", http://www.xinhuanet.com/politics/leaders/2018-09/28/c_1123499376.htm (검색일: 2018.11.13.)

다른 한편 중국은 한반도 비핵화와 평화프로세스의 진전에 따른 동북아 정세의 완화와 협력분위기 조성을 위해 북중 경제협력은 물론이고 동북아 다자간 경제협력을 위한 플랫폼 구축에 본격 나설 것으로 전망된다. 현재 UN 및 미국의 대북제재가 작동하고 있는 것이 현실이지만, 향후 대북제재의 완화 및 해소에 대비하여 중국은 대북협력과 동북아협력의 거점에 해당하는 동북지역을 중심으로 중국 주도의 관련 계획을 입안하여 실행하고 있다.[11] 이는 동북지역 성(省) 차원의 계획으로 이해할 수도 있으나, 경기침체를 겪고 있는 동북지역의 새로운 진흥(신동북진흥전략)을 위한 중국 중앙정부와의 정책적 교감에 따른 것으로 파악된다.

앞에서도 언급한 '랴오닝성 일대일로 종합실험구 건설 총체방안'에서는 북한의 신의주 개발 의지에 조응하여 단둥 특구와의 연계 개발을 고려하고 있으며, 북한과의 철도, 도로, 통신 등의 인프라 연계를 통해 일대일로의 중몽러 경제회랑을 한반도 및 일본으로 확대하는 '동북아 경제회랑' 구축을 제시하고 있다. '동

---

11 2018년 10월 24일 중국의 민간싱크탱크인 차하얼학회(察哈尔学会)가 발표한 〈한반도 긴장 완화와 동북지역 경제발전의 기회〉라는 보고서에서는 "지린성 및 랴오닝성과 접한 북한지역에 홍콩을 모델로 한 100년 기한의 조차지와 자유무역구를 겸한 국제자유무역지대나 자유항을 도입할 필요가 있으며, 이 경우 조차지의 최고 관리권은 북한이 현대화된 관리 경험을 보유하지 못했기 때문에 중국이 갖고, 북한은 간접적으로 관리에 참여하는 방식이 되어야 할 것"이라고 주장한 바 있다. 中国新闻网, "察哈尔学会发布《朝鲜半岛形势缓和对东北经济发展的机遇》报告", https://baijiahao.baidu.com/s?id=1615268728647721644&wfr=spider&for=pc (검색일: 2018.12.2.)

북아 경제회랑'은 기존의 중몽러 경제회랑과 한중일+α형태의 다자협력, 북한과의 협력 등 중국과 랴오닝성 정부가 추진하고 있는 대외협력 전략을 융합시켜 구체화한 새로운 동북아 경제협력 방안으로서, 랴오닝성을 거점으로 중국, 러시아, 한국, 일본, 북한, 몽골이 함께 동북아 경제권을 구축하기 위한 인프라를 중심으로 하는 다양한 협력 분야를 제시하고 있다.

창지투 선도구 개발계획 등 두만강유역의 동북아 다자간 경제협력을 추진해왔던 지린성의 경우도, 일대일로와 관련한 북방 개방의 중요 창구를 목표로 대외개방 협력협동발전센터, 한중일 경제협력 및 중몽러 경제회랑의 중요 허브, 그리고 중러 협력의 중요 교두보로서, 초국경 경제협력구, 국제협력시범구, 유라시아물류허브구, 초국경 전자상거래 종합시험구 등 4대 개방 플랫폼을 구축해 나갈 계획이다.[12] 이를 위해 개방적 국제협력을 통한 동북아의 우수기업 및 중대 프로젝트를 끌어오기 위한 노력을 꾀하고 있으며, 특히 일본과 한국 기업과의 교역상담회를 적극 추진해 나갈 계획이다. 또한 '일대일로', 특히 그 가운데 중몽러 경제회랑 구축을 매개로 동쪽으로는 두만강유역의 훈춘을 중심으로 차항출해(借港出海)를 활용한 동북아 출해통로를 확보하고, 서쪽으로는 몽골, 러시아와의 연계를 통한 국제수송로[프리모리예 2: (몽골)울란바토르-초이발산-(중국)아얼산-바이청-창춘-지린-훈춘-(러시아)자루비노 혹은 (북한)나진] 연결사업을 주요 역점사업으

12   吉林省政府网, "吉林省召开推进"一带一路"建设工作领导小组会议", https://www.yidaiyilu.gov.cn/xwzx/dfdt/74019.htm (검색일:2019.1.3.)

로 추진해 나갈 예정이다. 그리고 이를 위해 광역두만강개발계획
(GTI) 정부 간 협상위원회 장관급회의와 동북아지사성장회의 등
동북아 다자간 협력의 플랫폼을 적극 활용해 나갈 전망이다.

2. 한국의 신북방정책과 한반도 신경제지도 구상

1) 신북방정책과 한반도 신경제지도 구상의 배경

기존 박근혜 정부의 '유라시아 이니셔티브'는 유라시아지역을
한반도의 '평화'와 '번영'을 달성하기 위한 전략공간으로 설정
한 것은 바람직하지만 북한을 협력으로 이끄는 방안이 결여 혹
은 배제되었다는 점에서 근본적 한계를 드러냈다. 또한 '유라시
아'가 유럽까지 포함하는 너무 광범위한 지역으로 설정되어 집
중과 선택이 이루어지지 않았을 뿐만 아니라 가시적 성과 도출
에도 한계를 노정하였다. 특히 유라시아 대륙 내 주요국들이 추
진 중인 주요 정책(중국의 '일대일로', 러시아 주도의 '신동방정책' 및 유
라시아경제연합(EAEU), 카자흐스탄의 대규모 인프라 투자 계획인 '광명의
길(Nurly Zhol)', 몽골의 '초원의 길(Stepp Road)' 등)과의 정책적 연
계가 무엇보다 중요한 과제였으나, 이를 위한 구체적인 협력사업
발굴이 이루어지지 않았다. 실제로 나진-하산 프로젝트 외에는
'유라시아 이니셔티브'의 실질적 사업이 이루어지지 않았으며, 이
조차 미국의 대러 제재국면이 시작되면서 협력이 중단되었다.

문재인 정부의 신북방정책은 신남방정책과 함께 국정과제인 '동북아플러스책임공동체 구상'의 한 축으로서 이러한 '유라시아 이니셔티브'의 긍정적 측면을 계승하면서도 그 한계에 주목하면서 북방 및 유라시아 경제협력을 위한 기존 정책의 해체와 재구성의 의미를 갖는다. 한국이 유라시아대륙과 태평양을 연결하는 교량국가(해륙복합국가)를 지향한다면, 일차적으로 대륙과 연결될 수 있는 벡터의 전환과 집중이 필요하다. 이를 위해서는 북한에 대한 일정한 영향력을 지닌 중국, 러시아 등과의 긴밀한 북방 경제협력을 통해 북한의 개혁·개방을 유도하고, 남북경제통합을 진전시켜나감으로써 한반도에 잔존하고 있는 냉전적 질서를 해체하는 것이 필수적이다. 이렇듯 신북방정책은 한반도의 지정학적 딜레마 혹은 저주를 풀기 위한 기본 방책이자 해륙복합국가로 나아가기 위한 전략구상으로서, 유라시아를 한국의 외교역량을 투사하는 전략적 협력공간으로 설정하고 과거 북방정책과 대북화해 및 포용정책 등을 통해 한반도의 분절선을 넘어 대륙으로 뻗어가고자 하는 의도이다.

에너지, 원자재 가격의 하락, 세계 교역의 마이너스 성장, 세계 경제성장의 둔화 등 글로벌 경제환경의 불확실성이 커져가는 가운데 새로운 성장동력 창출을 위한 기회공간이자 대서양주의에 도전하는 유라시아주의 및 신대륙주의에 부응하는 경제공간으로서 북방지역에 대한 개척은 한국은 물론 북방지역 국가들에게도 긴요한 과제이다. 특히 한반도 접경 주요국들이 낙후 지역의 사회·경제 인프라 개발 및 초국경협력을 통해 경제성장의 새로

운 동력을 창출하려는 흐름(중국의 신동북진흥전략, 러시아의 신동방
정책 및 극동지역개발, 북한의 경제특구개발 등)에 주목하여 이를 적극
활용할 필요가 있다. 한, 중, 러 3국의 이해관계가 중첩('3N': 한반
도 新경제지도/新북방정책, 新동북진흥전략, 新동방정책)되고 접속되는
초국경 협력공간이 열리고 있으며, 이 모든 공간이 북한을 매개
로 연계된다는 것을 고려한다면 'H-形'구조의 한반도신경제지도
구상과 '3-N'의 중첩지대를 고려한 북방경제협력은 결코 분리될
수 없는 동질적인 요소라 할 수 있다.

2) 신북방정책과 한반도 신경제지도 구상의 목표와 비전

문재인 정부의 신북방정책의 목표는 유라시아 대륙 국가들과
의 교통물류 및 에너지 인프라 연계를 통해 새로운 성장 공간
을 확보하고 공동 번영을 도모하는 데 있다. 궁극적으로는 한반
도와 유라시아 대륙을 잇는 유라시아 실크로드(KOR-EURASIAN
BELT)로 확장해 가는 비전을 갖는다. 신남방정책과 함께 신북방
정책은 대륙-해양 복합국가로 새로운 일자리 창출 및 지속성장
을 견인, 차세대 먹거리를 견인할 경제성장의 동력을 확보하는
데 주요 목표를 설정하고 있다. 이를 통해 한국은 중국, 러시아
는 물론이고 아세안(ASEAN), 중앙아시아, 몽골, 인도 등과 연대
하여 유라시아 실크로드 공동구축을 위한 가교국가(link state)의
역할을 수행할 수 있을 것으로 기대된다.

현재와 같은 남북 분단체제 하에서 한국은 사실상의 '섬'국가 상태에 머물러 있는 것이 사실이다. 21세기에는 해양과 대륙의 가교로서 한반도의 지정학적(역사적) 성격을 복원하는 의미에서 해륙복합국가로의 전환이 필요하며, 신북방정책은 새롭게 부상하는 유라시아 대륙에 대한 관심과 이해에 기초하여, 정치·경제·안보·문화 영역에서 이들 지역 국가들과의 전면적인 협력 강화를 통해 한국의 활동 공간을 확장하는 개방형 복합국가 발전전략이라 할 수 있다. 남북경제협력의 복원 및 남북한을 포함한 중국, 러시아, 몽골 등 북방지역 국가들과의 다자적 국제협력(3자·4자 등)을 통해 북방경제협력의 블루오션을 개척하는 것이며, 남북접경지역 개발, 남·북·중·러 초국경 지역 경제협력(북방경제협력) 벨트 구축으로 국민경제생활과 국가경제의 공간을 대륙으로 확장하는 것을 의미한다.

우선 신북방정책은 우리나라의 신성장동력 및 지속가능한 경제발전 동력을 창출하는 전략이다. 북방지역은 거대한 소비시장이며, 특히 중국은 동아시아에서 가장 역동적으로 발전하는 국가이자 한국의 최대 교역국으로서 신북방정책의 핵심적 대상지역이다. 중국 외에도 향후 러시아, 몽골, 나아가 중앙아시아 등 유라시아대륙 국가들은 비교적 안정적인 경제성장을 지속할 것으로 예측되는데, 이들 지역의 거대한 소비수요는 한국과의 교역을 증대시키고, 교역·투자 관계의 확대는 국내 산업성장 및 경제발전의 동력이 될 것으로 예상된다. 또한 북방지역은 자원의 안정적인 공급지이기도 하다. 러시아, 몽골, 중앙아시아, 북한 등에 풍부한 에너지 광물자원이 매장되어 있으며, 자원이 절대적으로 부족한 한국이 지속가능한 발전을 구가하기 위해서는 이러한 에너지 광물자원의 안정적인 공급처 확보가 필수적이다. 문제의 핵심은 윈-윈 구도하의 자원개발과 동시에 최적의 자원 수송로를 확보하는 것이 필요한데, 향후 북방협력이 활발해질 경우 국내에 새로운 산업활동(자원개발, 운송기계 제작, 물류 서비스 등) 및 해외투자가 활성화될 것이고, 이것은 노동시장의 공간적 확대를 가져오면서 국내외에 새로운 일자리를 창출하게 될 것으로 예상된다.

또한 신북방정책은 한반도의 분단체제 극복과 함께 한반도 신경제지도를 구축하는 전략구상이다. 즉 남북경제협력은 신북방정책의 핵심이자 출발점이라 할 수 있다. '북한'의 참여가 없는, 혹은 '북한'을 우회하는 북방협력이 기능적으로 가능하기는 하지만, 북방협력의 잠재력을 극대화하기 위해서는 반드시 북한과의 공동 협력이 필요하다. 이를 위해서는 남북의 긴장·갈등관계를 근본적으로 화해·협력관계의 틀로 바꾸는 패러다임의 전환이 요구된다. 남북경제협력은 남북한이 통합된 상생의 단일경제공간을 구축하고, 비교우위의 최적 결합으로 공동번영을 추구하는 것을 의미하며, 이는 문재인정부의 한반도 신경제지도 구상으로 나타난다.

북한은 동북아 통합교통물류체계 구축에서 일종의 '진공' 상태에 해당한다. 이러한 상태는 남-북, 동-서 축의 원활한 물류에 커다란 저해 요인으로 작용하고 있다. 즉 그만큼 북한의 전략적 위상이 높다는 것을 의미하며, 반대로 한국은 북방으로 가는 육상교통물류의 '진공' 상태를 종식시키기 위해서는 대전략이 필요하다. 이러한 측면에서 남북한 철도·도로 연결, 대륙횡단철도(TSR, TCR, TMR, TMGR 등) 연결이 이루어져야 하며, 지금까지 한국에서 중국 동북3성이나 러시아 극동연해주 지역이 다소 멀게 느껴지는 것은 통일 한반도를 가정할 경우에 사실상의 접경국임에도 이를 제대로 인식하지 못하고 있기 때문이다.

결론적으로 남북경제협력에 기초한 한반도 신경제지도 구상은 북방협력의 실현을 위한 토대라 할 수 있다. 신북방정책은 일정한 국면에서 북한을 협력·대화로 유도하고 그들을 개혁·개방 기조로 유인하기 위해 잠정적으로 중국과 러시아를 경유하는 우회로를 사용하기도 하지만, 중장기적으로는 남한에서 북한을 관통하여 북-중, 북-러로 연결되는 삼각협력의 벨트를 구축하는 의미이다. 이런 의미에서 신북방정책은 일종의 통일정책이며, 통일 한반도를 내다보고 남북한 경제통합과 동북아 경제협력의 동시적 발전을 추구하는 개방형 민족경제로서의 한반도 신경제지도를 전제로 하고 있다.

3. 한반도 신경제구상과 일대일로의 연계 협력방안

일대일로와 신동북진흥전략을 추진하는 가운데 중국의 동북아전략은 기본적으로 패권국 미국과의 충돌을 피하면서 미일동맹을 축으로 동맹네트워크의 확산을 통한 미국의 반중(反中) 연대를 저지하고 중국의 강대국화를 위한 자국 주도의 우호적 협력환경의 조성을 목표로 하고 있다. 시진핑 시기 사드배치를 둘러싼 한국과의 갈등 시기에도 중국은 미국의 미사일 방어체계(MD) 추진이 자국의 대미 핵 억지력을 심각히 훼손하고 자국에 불리한 역내 안보 질서를 초래할 것으로 인식하면서도 실제 대응에서는 위협의 정도와 핵심이익에 대한 우선순위를 고려하면서 한국에 대한 제재와 보복과 달리 미국과는 직접적 마찰을 회피하는 전략을 펴왔다. 따라서 중국이 진정으로 우려하는 것은 사드 배치 그 자체에 있다기보다는 이로 인해 한국이 중국을 겨냥하는 미국의 미사일 방어체계에 완전히 귀속됨으로써 한국이 미일동맹의 하부로 편제되는 것에 있었다고 보인다.[13]

한편 한국은 중국과의 수교 이후 중국의 고도성장 바람을 타고 동반성장을 이룩해왔으며, "안보는 미국, 경제는 중국(安美經中)"이라는 다분히 이분법적인 외교행보를 취해왔던 것이 사실이다. 하지만 사드배치 갈등을 겪으면서 한국은 중국의 영향력 증대와 함께, 더 이상 미중 사이에서 '안미경중'의 메커니즘이 작동

---

13 중국은 사드의 한국 배치에 대해 한국과 미국에 대해 각기 다른 대응을 보였다. 한국에 대해서는 정치적, 외교적 압박뿐만 아니라 군사적 대응조치의 실행을 거론하거나 경제적 보복을 행사하면서도 미국에 대해서는 외교적인 반대 의사를 강하게 표명하였을 뿐 실질적 대응은 자제하였다. 이러한 이중적 대응은 상대국의 힘의 크기에 따른 중국의 상이한 조치로 보이지만, 다른 한편으로는 사드 배치 자체가 중국의 핵심이익에 대한 임박한 위협은 아니거나, 중국이 이미 자체적으로 사드의 한국배치 가능성을 상정하고 면밀히 대비해왔다고도 추론할 수 있다.

하기 어렵다는 것을 실감하게 되었다. 특히 이명박, 박근혜 시기 대중정책은 국익과 실리를 기초로 하는 국제정치 현실을 도외시하고 대북 압박과 붕괴를 전제로 하는 한미동맹에 결속되어 균형감을 상실하였고, 이는 결국 사드배치 결정에 따른 한중관계의 파국을 낳는 결과를 초래하였다. 향후 미중 간 국력 격차 축소와 전략적 불신 심화, 시진핑의 리더십 및 대외정책 기조의 변화 등 변수들이 미중 양국 간 전략적 경쟁을 조장하는 요인이라는 측면에서 한반도 및 동북아를 둘러싼 미중간 패권경쟁의 심화 가능성에 대비하여, 중국과의 전략적 소통을 더욱 강화하는 동시에 '가교국가(link state)' 전략에 따른 주체적이고 균형감 있는 외교를 전개해 나가야 할 것이다.

2017년 12월 중국은 이미 한국과 정상회담을 통해 북핵문제 및 한반도 평화체제와 관련해 ▲한반도에서의 전쟁 불용 ▲한반도의 비핵화 원칙 견지 ▲북한문제의 대화와 협상을 통한 평화적 해결 ▲남북한 간의 관계 개선을 통한 한반도 문제 해결 등의 4대 원칙에 합의한 바 있다. 또한 2018년 3차례의 남북정상회담과 그 안에서 이루어진 공동 합의에 대해 적극적인 이해와 지지를 표명하였다. 동년 6월에 개최된 북미정상회담과 정상간 합의문에 대해서도 당시 왕이(王毅) 중국 외교부장은 "새로운 역사의 장을 여는 합의문을 작성한 것이며, 트럼프 대통령과 김정은 위원장이 상호 동등하고 평등한 위치에서 마주 앉아 대화를 나눈 것이 가장 큰 성과"라고 평가하면서 적극적인 환영과 지지의 공식적 견해를 밝힌 바 있다. 이와 함께 중국은 한반도 비핵화와 평화체제 구축의 중요성을 강조하면서, 그 해결방식에 있어 상대방의 안보를 전혀 고려하지 않는 '제로섬' 방식이 아닌 북한의 안보적 우려도 동시에 해결할 수 있는 중국식 공동안보 해결방안을 제시하고 있다. 이는 기본적으로 한국정부의 한반도 비핵화 및 평화프로세스 입장과 궤를 함께한다고 할 수 있다. 한반도 비핵화를 위해서는 북한의 안보적 우려의 해결은 물론이고 대북제재 해소 및 대규모 경제지원 등과 관련한 중국 등 주변 당사자들의 적극적 협력이 필요하다는 점에서 중국을 배제한 남북미 3자 구도의 종전선언과 평화체제 논의는 현실적이지도 그리고 바람직하다고 볼 수 없다. 더욱이 2차 북미정상회담이 합의문 도출에 실패하면서 향후 북미대화에 적신호를 보이는 등 한반도 비핵화 평화프로세스가 불확실성이 커지고 있는 현 상황에서 중국의 역할은 더욱 중요할 수밖에 없다.

사실상 중국이 한반도 문제의 '이해당사자'로서의 역할을 수행하는 것은 긍정적, 부정적 측면을 모두 가지고 있다. 긍정적 요소로는 중국이 북핵문제와 관련해 기존의 방관 혹은 소극적 개입에서 벗어나 '이해당사자'로서 북핵문제의 평화적 해결과 완전한 비핵화 과정에서 수반되는 대북 경제지원 등 상당한 역할을 할 수 있다는 점이다. 또한 정전협정의 체결국으로서 한반도 비핵화 프로세스와 평화체제 구축에 있어 적극적 중재자 역할을 기대할 수 있다. 하지만 한반도 문제의 당사자라는 역할의 목표가 '비핵화'보다는 북핵 협상을 통한 '한미 주도의 현상변경' 혹은 '북한의 친미화' 저지라고 한다면, 중국은 북핵 해결의 방해꾼으로 비칠 수 있다. 실제로 1차 북미정상회담 이후 북핵협상의 구체적 성과가 미진한 가운데 그 책임에 대한 공방으로 '중국 배후설'이 제기되는 근거이기도 하다. 따라서 중국의 한반도 비핵화 정책은 과거처럼 북한과 북핵문제를 분리하여 처리하는 것이 아니라, 북핵문제를 당면과제로 인식하여 적극적인 기여를 통해 이 문제의 해결에 나서도록 하는 것이 필요하다. 또한 비핵화 과정이 구조화되기 위해서는 비핵화 조치의 진행과 병행하여 북한체제의 개혁개방으로의 연착륙, 한반도 평화체제의 수립, 그리고 심지어는 한반도 통일까지도 긴밀히 연계성을 갖고 전개되어야 한다. 이 과정에서 중국의 역할과 한중 양국간의 긴밀한 협력이 매우 중요할 수밖에 없다.

이러한 점에서 한국은 중국과의 긴밀한 공조를 통해 한반도 비핵화와 평화 프로세스의 진전을 위해 노력해야 하며, 중국이 선호하는 남북미중 4자 대화 나아가 남북미중일러 6자 대화 등과 같은 동북아 다자간 협의체를 적극 추진해 나가는 과감한 정책적 전환이 필요하다고 판단된다. 비록 2019년 2월 27~28일에 개최된 2차 북미정상회담에서 합의문 도출이 이루어지지 않았고, 무역분쟁을 둘러싼 미중 간 갈등이 아직 완전히 해소되지 않았지만, 한국정부는 남북관계를 주도적으로 펼쳐나가는 것뿐만 아니라 중국과의 전략적 소통을 강화하여 남북미중 4자 대화를 통한 비핵화의 진전과 함께 종전선언과 평화체제 구축 논의로 협력의 지평을 확대해 나갈 필요가 있다. 특히 중국의 '책임대국'의 위상과 한반도 문제의 '이해당사자'라는 역할을 다자간의 틀 안에서 한반도 비핵화와 평화 안착 과정에 활용할 필요가 있다. 즉, 다자간의 합의에 중국이 걸림돌이 될 것이라는 인식의 접근보다는 한국이 주도하는 다자간의 합의 틀에 중국을 참여시켜 합의사항을 지키게 하는 방식이 필요하다. 특히 장기적으로 북한에 대한 보상과 자구의 단계로 진입하게 되면 중국과의 긴밀한 협력은 더욱 중요해질 수밖에 없다. 한중 간 역할분담과 구조적 협력 기반을 순조롭게 구축하기 위해서는 중국과의 전략 대화와 협력기제를 내실화하고 체계화하는 작업이 진행되어야 한다. 이를 위해 사드 봉합 이후에도 여전히 정체상태에 머물러 있는 한중간 실질적 '전략적' 관계를 조속히 회복시키는 것이 중요하다.

다른 한편으로 중국의 '일대일로' 협력권에서 단층과 공백현상을 보여왔던 한반도 및 동북아지역이 한반도 비핵화와 평화 프로세스의 진전에 따라 새롭게 주목받고 있는 점에 주목할 필요가 있다. 한중 양국은 이미 2015년 10월 유라시아 이니셔티브와 일대일로 협력 MOU를 체결한 바 있으며, 최근 문재인 정부에 들어와 한중 간에는 일대일로와 신북방, 신남방정책을 연계하기로 하였으며, 신북방정책과 일대일로의 접점이라 할 수 있는 중국 동북3성 지역과 관련한 거점별 협력방안을 마련하기로 합의한 바 있다. 또한 2018년 4·27 판문점 선언에서 남북정상 간 합의된 경의선, 동해선 연결사업은 물론이고 같은 해 8·15 경축사에서 문재인 대통령이 제안한 '동아시아 철도공동체 구상'은 남북을 H형으로 연계하는 한반도 신경제지도 구상의 일

환으로 남북 간 철도연결을 통해 남북경제공동체 구축을 실현하는 핵심적 프로젝트이다. 또한 이 구상은 남북 연결을 넘어 중국 동북지역 및 러시아 극동지역으로 협력의 공간을 확대함으로써 남북중, 남북러 3각협력을 전제로 하는 것이며, 몽골, 일본 외에도 역외국가이지만 동북아의 이해당사자인 미국을 끌어당겨 공동번영을 추구함으로써 궁극적으로 동북아의 냉전적 질서를 해체하고 평화안보공동체를 구축하는 장기적 비전이라 할 수 있다.

한중 간, 그리고 남북중 3자 간 경제협력의 모델로서 한반도 신경제지도와 일대일로의 연계협력은 여전히 작동하고 있는 대북제재라는 객관적 환경을 고려하여 단계적으로 진행될 필요가 있다. 우선 대북제재가 유지되는 현 상황에서는 한중 협력을 중심으로 일대일로 사업의 동반진출을 통한 협력 경험을 축적하면서 동시에 북방 경제협력의 핵심거점을 확보해 나가는 것이 필요하다. 특히 한반도와 맞닿은 동북지역을 중심으로 경협거점을 확보하는 사업이 전개되는 것이 바람직한데, 이는 앞에서 살펴본 바와 같이 중국의 대북협력과 동북아협력의 거점이라 할 수 있는 압록강 유역의 단둥-선양(-다롄)벨트(랴오닝연해벨트), 두만강유역의 훈춘-창춘벨트(창지투벨트)가 이에 적합한 지역이라 할 수 있다. 그리고 대북제재가 완화되는 시점에 와서는 이를 확대하여 남북접경지역(개성, 금강산)의 협력개발과 연동해서 단둥-신의주(황금평·위화도), 훈춘-나선 초국경 협력개발로 확대하여 남북중 3각협력으로 추진하는 것이 필요하다. 마지막으로 대북제재가 해제되는 시점에서는 남북접경지역과 북중접경지역의 종축 벨트를 잇는 한반도-중국 경제회랑 구축을 통해 한반도 신경제지도와 일대일로의 정합적 연계를 완성하는 것이다.

최근까지 동북아지역의 협력이 북핵 문제와 같은 안보딜레마

한반도 신경제지도 구상

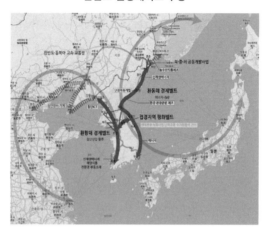

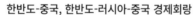
한반도-중국, 한반도-러시아-중국 경제회랑

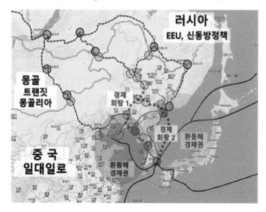

로 인해 별다른 진전을 보이고 있지 못했지만 남북관계 개선과 북미대화에 따라 한반도 평화프로세스가 작동하고 있는 현 상황에서 그 발전과 성장 가능성을 감안할 때 한반도-중국 경제회랑은 한국의 '한반도신경제지도구상'과 중국의 '일대일로'의 협력을 현실화, 구체화할 수 있는 매우 유력한 방안이라 할 수 있다. 이는 동시에 한중관계의 발전에 따라 북중, 한중, 남북한 경제협력과 동북진흥계획이 서로 연계 발전하는 선순환의 계기를 마련해줄 수 있을 것으로 기대된다. 대북제재가 유지되는 상황에서는 일정한 한계를 가지고 있지만 남북중 3국이 서로 동의한다면 곧바로 협력을 위한 초기 행동에 들어갈 수 있을 것이다. 즉 두 구상간의 연계협력을 위한 한중간 공동연구가 추진되는 것이 바람직하며, 남북경협을 매개로 향후 북한이 참여하는 남북중 3자 협의체를 구성하여 구체적 사업을 협의하고 확정해 나가는 것이 필요해 보인다.

또한 한반도-중국 경제회랑은 북한의 '전면적 경제강국' 건설 방침과도 서로 연계될 수 있다. 북한은 2013년 이후 '전면적 경제강국' 건설의 역사적 새로운 단계에 진입하였다고 자칭하며, '우리식의 경제관리개선방법'으로 경제의 고속성장을 추진하겠다고 주장한 바 있으며, 한반도-중국 경제회랑 건설은 이런 점에서 북한의 국가이익과 전략적 수요에도 부합하다고 판단된다. 북한의 개방전략은 '4점 2선'으로 요약되는데, 남선은 금강산관광지구와 개성공업지구 두 개의 중점으로 한국을 향해 있으며, 북선은 나선경제특구와 신의주(황금평, 위화도) 경제특구 두 개의 중점으로 중국, 러시아를 향해 있다. 이러한 북한의 개방전략 배치는 현재 남선과 북선이 각기 독립적으로 분리되어 추진되고 있지만, 만일 한반도-중국 경제회랑이 현실화될 수 있다면 북한은 국제적으로 고립된 지역에서 벗어나 동북아 지역협력에 참여하여 북중, 북러, 남북한 나아가 동북아 차원의 교류와 협력으로 나아갈 수 있는 계기가 될 것이다. 한반도-중국 경제회랑 건설은 또한 우리가 추진하고 있는 '한반도 신경제지도 구상'과 '신북방정책'을 실현할 수 있는 유력한 방안이며, 남북 간 운송회랑 구축을 중심으로 교통물류, 통신, 전력, 광케이블 등의 인프라 협력에서 나아가 남북경제공동체, 동북아 경제공동체를 견인해가는 모멘텀을 제공해 줄 수 있을 것으로 기대된다.

한반도-중국 경제회랑은 궁극적으로 한반도 비핵화와 평화 프로세스가 정상적으로 작동되는 가운데 대북제재의 해제를 통해 북한의 적극적 참여는 물론이고 주변 4강의 이해관계를 조정하는 기초 위에 이와 관련한 다자간 협력 패키지 사업으로 전개되어 나가야 한다. 이를 위해 미국을 포함한 동아시아 철도공동체, 동북아 다자간 협력체인 GTI 등이 주요한 협력기제로 활용될 수 있으며, 특히 경제회랑 구축을 위한 재정확보 차원에서 아시아인프라투자은행(AIIB)의 적극적 활용과 함께 미국, 일본이 공동으로 참여하는 새로운 국제개발(금융)기구의 발족을 모색하는 것이 필요하다. 남북중 경협사업이 자칫 미국, 일본을 배제하는 방식으로 오해되거나 비핵화 프로세스를 가로막는 요인으로 작용하지 않도록 하기 위해 사업에 따라 미국, 일본을 포함한 다국적 자본의 참여를 허용함으로써 '개방적 협력구조'를 형성해 나갈 필요가 있으며, 비핵화의 진전에 따른 사업의 전개가 이루어질 수 있도록 단계적이고 보다 유연한 접근이 요구된다.[14]

---

14 미국이 중국의 일대일로를 바라보는 시각이 부정적이라는 점에서 현재의 한반도 비핵화와 평화 안착 과정에서 미국의 역할과 영향력을 감안할 때 한국은 물론 역내 국가들의 일대일로 참여에 정치적 부담이 될 것이라는 일부 전문가의 견해도 있지만, 일본이 그동안 중국의 일대일로에 반대 의견을 보여왔다가 2018년 10월 아베총리의 방중을 계기로 일대일로에 공동 참여하기로 한 점 등을 감안하면, 적극적으로 아니 우리 주도의 한반도-중국 경제회랑을 적극 제안하는 것이 필요할 것이다.

북미 비핵화 협상에 대한 평가와 중국의 입장
: 상하이와 부산을 중심으로 본 한중 도시협력의 전망[1]

리우밍(상하이사회과학원)

1. 2018년 북미정상회담 후 한반도 정세변화 추이

1) 실리보다 명분 찾기에 바빴던 싱가포르 회담

2018년 6월 12일 싱가포르에서 진행된 북미 간 첫 번째 정상회담은 전례가 없었던 파격 그 자체였다. 양측의 불신이 극심하고 공동이익을 쉽게 예측하기 힘든 상황에서 회담이 열린다는 사실은 ㄱ 시작부터 적지 않은 정치적 리스크가 내재하고 있음

---

1   본 논문은 2018년부터 2019년까지 진행된 한반도 비핵화 협상 과정을 평가한다. 그중에서도 특히, 회담 과정에서 드러난 북한과 미국의 입장 차이와 한국과 중국의 역할을 확인하고, 향후 전망에 대한 필자의 생각을 담고 있다. 동시에 한중 경제협력에서 도시차원의 역할이 가지는 현재와 미래의 가능성을 한국의 부산과 중국의 상하이를 통해 가늠한다. 이러한 분석과 생각 그리고 제안이 북미·북중·남북한·한중관계에 대한 중국의 시각을 제공하고, 다양한 접근방식의 연구와 더불어 한중 간 사고의 폭을 넓히는 데 도움이 될 수 있길 기대한다.

이 분명했다.[2]

싱가포르 정상회담에서 실질적인 결실을 기대하기 어려웠던 이유는 다양한 측면에서 찾을 수 있다. 첫째, 북미 간에는 과거 '제네바 기본합의서'와 6자회담 '9·19공동성명'을 포함하여 다수의 협력 실패사례가 존재했기 때문이다. 25년 가까이 지속해 온 북핵 문제를 몇 시간에 불과한 정상회담을 통해 완전히 해결한다는 것은 거의 불가능했다. 따라서 첫 회동의 실질적인 목적은 협상의 전반적인 기조와 원칙을 정하는 것에 한정되었다고 보는 것이 타당할 것이다.

둘째, 협상이 시작하지도 않은 상황에서 북한의 선제적인 비핵화 프로세스 가동 선언은 기대하기 어려웠다. 비핵화 프로세스의 가동 여부는 북미 간 신뢰 관계의 진전 여부에 달려 있으며, 북한 정권 내부의 완전한 공감대가 필요하다.

셋째, 미국이 정상회담에서 김정은 위원장의 핵포기 선언을 기대하지 않았던 이유는 김정은 위원장이 다양한 정치 세력이 공존하고 있는 북한 정권 내부에서 비핵화를 위해 군부를 설득할 시

---

2   미국 전 국방장관이자 CIA 국장이었던 리언 패네타(Leon Panetta)는 미국 협상단이 계획했던 목표를 달성하지 못한 이유를 다음과 같이 설명하였다. 미국 측은 북핵을 협상하기 위한 준비 작업이 매우 부족했으며, 이번 정상회담으로 한반도 비핵화의 기본적인 문제를 안정적으로 다루기에는 역부족이었다. 미국 전 국무부 차관보 대행이자 한국학회 회장 에반스 리비어(Evans Revere)는 김정은 위원장이 트럼프 대통령에게 회담을 제의한 것과 관련하여, 그것은 마치 오래된 병에 오래된 술을 담은 것과 같다고 말했다. 그가 생각하는 북미 간 회담은 마라톤을 하듯이 장기적으로 봐야 하는데, 양측의 관계가 복잡하므로 비핵화 문제는 빠르게 해결되기 어렵다는 것이다. 참조: Liu Ming, "트럼프 대통령·김정은 위원장 회담과 북미중 3자 간 이익의 상호작용", 『금융시보(金融时报)』 2018년 4월 16일.

간이 필요하다고 보았기 때문이다.[3]

　싱가포르 정상회담 이후, 북한과 미국은 제한적이나 적극적으로 상호작용을 하는 모습을 보여주었다. ① 2018년에 예정되었던 한미 군사훈련은 중단되었고, 2019년에도 한국과 미국은 '키리졸브', '독수리'라고 명명했던 연합훈련을 중단하기로 결정했다. 물론, 한국과 미국이 연합훈련을 완전히 중단한 것은 아니었다. 기존의 연합훈련은 동맹 국가 간 공동 작전 능력 향상이라는 새로운 이름으로 대체하여 진행되기도 하였다. ② 북한은 한국전쟁에서 전사한 미국 장병 유해 55구를 미국에 송환하였다. ③ 북한은 2018년 7월부터 8월 초까지 서해 위성발사기지 시설물(동창리 미사일발사대 및 엔진시험장)을 부분 철거하였다. ④ 미국은 판문점과 뉴욕채널 및 CIA와 북한 통일전선부 간 실무협의를 확대하였고, 북미정상회담 이후 미 국무장관 폼페이오는 북한을 두 차례나 방문했다. 3차 방북 때 폼페이오는 6개월에서 8개월 내에 북한이 가진 핵무기 중에서 60~70%를 미국 혹은 제3의 국가에 넘겨 달라고 요구하는 비핵화 시간표를 북한에 제의했다.[4] 북한은 미국이 제시한 비핵화 시간표는 강도와 같은 행동이자 사고방식이라고 맹렬히 비난하며 미국의 제의를 거절했다. 그러

3　Jim Michaels, "North Korea's Change of Tone: Is Kim Jong Un in total Control?" *USA TODAY*, Published on May 25, 2018.

4　일본 외무상 고노 다로(河野太郎)에 따르면, "미국은 북측에 47개의 요구를 제시했으며, 만약 이러한 의미에서의 전면적인 비핵화 요구가 충족되지 않는다면, 대북 제재는 풀리지 않을 것이다"라고 했다. 참조: 러시아 이타르타스통신 2018년 6월 17일 보도, 일본 외무상 고노 다로 NHK 방송 인터뷰 내용.

나 이후, 4차 방북에서 폼페이오는 김정은 위원장과의 면담을 통해 북한 미사일 엔진시험장과 풍계리 핵실험장 시찰에 원칙적인 합의를 이끌어냈으며, 나아가 2차 북미정상회담 개최 합의까지 약속하는 성과를 올렸다.

2018년 하반기 미국은 반년 가까이 북한 동향 살피기에 매진하면서 협상의 밑그림만을 그리는 데 시간을 보냈고 북한의 긍정적인 반응을 확인하지 못하자 낙담하고 있었다. 그러던 중 김정은 위원장이 전략적 정책 전환과 경제 회복 의지를 통해 북미관계를 긍정적으로 개선하려는 변화된 시도를 보이자, 미국은 이를 지렛대로 삼아 북핵문제를 해결하고자 하였다. 미국은 2019년 하노이 정상회담에서 핵 전면 폐기 계획(탄도미사일과 생화학무기 폐기 포함)을 북한에 제의했다. 하지만 북한은 미국이 제시한 핵 전면 폐기 계획을 단호하게 거절했고 결국 협상은 결렬됐다.

2) 기존 대결구도를 넘어선 남북관계

지금까지의 남북관계는 북미관계와 보조를 맞추기가 어려웠다. 그러나 2018년 남북관계는 과거와는 다른 모습으로 전개되었다. 여기에는 김정은 위원장과의 관계 개선을 위해 성의 있는 노력을 보인 문재인 대통령의 역할이 중요하게 작용했다. 또한 남북은 북핵의 굴레에서 벗어나 함께 문제를 해결하고자 하는 노력을 보였다. 한국은 북핵문제 해결보다 남북관계 개선에 더욱 관심을 기울였다. 적극적인 남북관계 발전을 지지하는 문재인 대통령의 의지는 김대중 전 대통령과 노무현 전 대통령의 대북이념을 계승한 것이다. 이들이 추구하는 대북이념은 대북 경제 지원과 남북경제협력 그리고 신뢰할 수 있는 정치·군사관계 구축을 통해 북한의 국제사회 편입과 개혁개방을 촉진하고, 북한 주민의 경제 수준과 정치적 권리 향상을 야기하여, 북한이 핵무기 개발을 중심에 두었던 강군노선을 점차 포기하도록 함으로써 궁극적으로 남한과 북한의 단계적 통일을 이루겠다는 것이다.

남북한 두 정상의 강력한 의지에 힘입어 문재인 대통령과 김정은 위원장은 2018년 9월 제3차 남북 정상회담을 열고 6개 항목이 담긴 '평양공동선언(평양선언)'을 채택했다. 그중에서도 가장 중요한 내용은 군사적 긴장을 완화하고, 한반도 전역의 실질적인 전쟁 위협을 제거하며, 적대관계를 근본적으로 해소한다는 것이다. 양측 국방장관은 평양공동선언의 핵심인 '판문점선언 이행을 위한 군사분야 합의서'에 서명했다. 이러한 조치는 남북 간 '불가침 선언'이나 '종전 선언'과 다름이 없다고 봐도 무방하다. 해당 합의서는 한미연합의 공동기능과 동시적 군사행동의 프레임을 사실상 넘어선 것으로서 한반도 군사 정세와 구조에 근본적 변화를 예고하고 있다.

2. 하노이 정상회담 결렬의 원인: 북미 간 목표, 방법, 이익 차이

2018년 6월 싱가포르 정상회담부터 2019년 2월 28일 무산된 하노이 정상회담까지 북미관계는 냉탕과 온탕을 반복적으로 오고 가며 이들의 향방을 쉽게 예측하기 힘들었고, 양측은 북핵문제 해결의 방법과 목표에 심각한 차이가 있음을 보여주었다.

1) 초기 협상 대상과 내용의 차이

북한은 처음부터 종전선언 채택과 영변 핵시설의 영구 폐기 그리고 미국의 경제제재 완화를 북미 간 신뢰 구축의 첫 단계로 간주하고 있었다. 그러다가 2018년 9월 북한은 종전선언을 보류한 채, 영변 핵시설의 영구 폐기를 강조하며 미국의 경제제재 완화를 받아내고자 했다.

비핵화 로드맵과 핵시설 리스트 제공 등 비핵화 초기 행동에 대한 미국의 입장은 분명했다. 김정은 위원장은 트럼프 대통령에게 여러 차례 비핵화 의지를 밝혔으나, 미국이 요구하는 비핵화 로드맵과 핵시설 리스트를 제공하는 방식의 비핵화 프로세스에 대해서는 줄곧 회피하는 태도를 보였다. 북한은 기본적으로 미국이 안보보장과 경제지원을 약속하기 전에 자신들이 가진 카드를 내어주는 것을 원치 않았다. 그래서 비핵화 로드맵과 핵시설 리스트 제공은 북한의 입장에서는 수용하기 어려운 조건이라 할 수 있다.

북핵 문제가 이미 20여 년 동안 전개되었던 점을 고려할 때, 미국에게 영변 핵시설은 이제 더 이상 비핵화 문제의 주요 대상이 아니었다. 미국은 아직 공개되지 않은 우라늄 농축 시설, 탄도미사일 시스템과 탄두의 제조 및 저장소를 북한이 포기하지 않는다면, 영변 핵시설의 영구적인 폐기만으로 종전선언과 경제제재 완화 요구를 받아들이지 않을 것이다.

2) 비핵화 실현 원칙과 추진 방법 비교

트럼프 행정부는 조지 W. 부시 전 대통령 시절에도 언급한 바 있는 '전면적이고, 검증 가능하며, 돌이킬 수 없는 핵폐기(CVID: Complete, Verifiable, Irreversible Dismantlement)'라는 기본 원칙을 고수하고 있다. 미국이 제시한 핵폐기 원칙에는 북한의 플루토늄, 고농축 우라늄 등 핵물질 포기와 핵과 미사일 시설 폐기뿐만 아니라, 대륙 간 탄도미사일(ICBM)과 장거리미사일, 중거리미사일 및 민용 인지로의 핵물질, 핵실험 데이터와 자료, 생화학무기 등을 모두 포함하고 있다. 미국은 여기에서 다시 한 발 더 나가, 모든 폐기된 핵무기와 탄도미사일을 미국 테네사주 오크리지 국립연구소에 보내 최종적으로 검증할 것과 더불어 북한의 핵개발 연구자로 하여금 직업 전환까지 요구한다는 내용을 비핵화 원칙에 담았다.

이러한 미국의 요구는 북한의 완강한 반대를 불러일으켰고 미국은 싱가포르 회담에 앞서 '최종적이고 완전하게 검증된 비핵화(FFVD: Final, Fully Verified Denuclearization)'를 언급함으로써 이것을 새로운 핵폐기 원칙으로 대체했다. 그러나 이전의 CVID와 비교해 보았을 때 FFVD가 실질적으로 달라졌다고 보기는 힘들다. 오히려 미국은 말장난만 늘어놓음으로써 북핵문제 해결을 위한 진정성 있는 모습을 보이지 못했다. 미국이 제시한 새로운 원칙에는 아마도 다음과 같은 내용이 포함되었을 것으로 예상된다. ① 비핵화는 검증이 필요하고, 북한의 핵 프로그램에 일말의 가능성을 남겨두지 않을 것 ② 북한 핵무기와 탄도미사일을 모두 해체한 이후 북한에서 반출시킬 것인지에 대한 여부와 함께 핵폐기 검증의 정도와 방식, 비핵화의 범위 설정이 그것이다. 미국은 협상의 여지를 남겨두었지만 핵폐기에 대한 입장은 근본적으로 변화하지 않았다.

북한은 지금까지 CVID와 FFVD를 수용하겠다고 약속하지 않았다. 여기에는 북한의 복잡한 계산이 깔려 있기 때문이다.

첫째, 북한은 동아시아 국가 중에서 어느 정도 국방력을 갖춘 중등국가이다. 북한은 그들의 군사수준이 핵 개발 이전 시절로 후퇴하길 원하지 않을 것이다. 이러한 상황에서 한미일에 대한 억지력을 확보하게 하는 대규모 살상무기를 북한이 완전히 포기하기는 어렵다. 만약 핵을 완전히 포기한다면 수십 년 동안 운영해온 핵시설과 핵 개발능력 그리고 핵무기와 관련된 자료와 데이터뿐만 아니라 민용과 공유하고 있는 핵 기술, 핵 연구기관, 핵 개발 연구원 등이 모두 사라지는 결과를 초래하기 때문에, 북한에게 완전한 핵포기란 결코 달갑지 않은 일이다.

둘째, 북한은 비핵화에 전면 동의하더라도 강국에 대한 패전국의 모습으로 핵탄두, 핵시설, 핵장비, 핵물질을 모두 반출했던 과거 '리비아식 모델'과 같은 굴욕적인 형태의 비핵화에는 동의할 수 없다는 입장이다. 북한이 끝내 핵 폐기에 동의한다고 하더라도 그 방식은 반드시 북한 내부상황을 고려하여 정권의 안정과 그들이 말하는 '지도자의 최고 존엄'을 보장해주어야 할 것이다.

3) 비핵화 시간표, 검증의 입장 차이 그리고 기타 요인

양측의 핵포기에 대한 그 외 잠재적 갈등과 대립도 주의 깊게 살펴봐야 한다. 첫째, 핵을 포기하는 데까지 걸리는 시간에 대한 문제다. 트럼프 대통령은 당초 "2년, 3년, 5개월 걸리든 상관 없다"며 "핵실험과 미사일 시험발사를 하지 않는 것이 중요하다"고 하면서 "미국은 서두를 게 없다"고 7차례나 강조하여 말하였다.[5] 그러나 실상을 들여다보면, 2018에서 2019년 사이만 하더라도 트럼프 대통령의 안보팀은 북한의 비핵화 목표를 2021년 1월까지 달성할 수 있을 것으로 기대했다. 이는 트럼프 대통령의 발언이 북핵 문제 해결을 위한 진정성을 담고 있는 것이 아니라, 북한의 비핵화를 자신의 재선에 유리하게 활용하려 했다는 의도를 반증하고 있다.

---

5 가오빙빙(高冰冰), "트럼프 대통령, 북한이 대북제재 완화를 원한다면 그에 상응하는 조치를 보여야 한다", 한국 『아주일보』, 2018년 11월 8일.

둘째는 신고와 검증의 문제다. 미국은 북한의 핵분열 물질, 핵탄두의 양과 그 위치 등 기본적인 북한의 핵 실태를 파악하기 전에는 다음 비핵화 프로세스를 진행할 수 없다고 판단하고 있다.[6] 미국이 비핵화 로드맵을 확정하고 북한이 핵 리스트를 제공하면, 미국은 검증에 착수하게 될 것이나, 실상 이것은 북미 간 또 다른 갈등을 야기할 것으로 여겨진다.

3. 비핵화와 평화체제 구축에 대한 북중과 미중 간 상호작용

북한의 비핵화와 미래의 한반도 평화체제 구축은 사실상 북미 양자관계만으로 매듭지어질 수 있는 문제가 아니다. 한반도의 당사자이자 관계 당사자인 한국과 중국의 참여와 더불어 북중·한미·북중러·남북미일·북중미 등 3자 및 4자의 다자간 공조와 협력이 이루어져야 비로소 안정적인 발전 방향과 궁극적 해결방안 등이 모색될 수 있다.

---

6   Jessica T. Mathews, "What Happened in Hanoi?", *The New York Review*, April 18, 2019, (https://www.nybooks.com/articles/2019/04/18/trump-kim-korea-meeting-hanoi)

1) 북중 밀월관계의 회복이 북핵 문제 해결에 미치는 영향

김정은 위원장의 네 차례 방문과 시진핑의 한 차례 답방을 통해 볼 때, 한반도 비핵화 유지와 평화체제 구축 문제에서 북중 간 전략적 협력과 신뢰 강화는 중요한 변수로 작용하고 있음을 유추할 수 있다. 북핵 문제에 대한 논의가 진전될수록 중국 역할의 중요성과 영향력은 재평가되고 점차 강화될 것으로 보인다. 앞으로의 북미 협상이나 남북 교류협력과 상관없이 북중 간 소통과 전략적 조율은 계속될 것이며, 이점은 북한이 미국과의 협상 과정에서 어느 정도 유리한 고지를 확보할 수 있을 것으로 여겨진다.

북한과 중국이 상호보완적 관계 발전으로 나아가는 것은 북한이 미국과 보다 대등한 위치에서 비핵화 논의를 진행하는 데는 분명 도움이 될 것이다. 그러나 이러한 균형적 관계가 유지되기 위해서는 매우 중요하고 근본적인 두 가지 전제조건이 있다. 첫째, 북한 비핵화 프로세스는 반드시 진전되어야 하며, 이러한 진전은 실질적인 진전이어야 한다. 중국 역시 북한이 2016~2017년 상태로 돌아가는 것을 원하지 않는다. 둘째, 중국은 북한을 미국과의 대결과 무역 경쟁에서 우위를 점하기 위한 카드로 삼아 북중관계와 미중관계 발전을 연동시키지는 않겠으나, 중국의 기본 이익, 국제 의무, 외교 원칙을 양자 발전의 기초와 출발점으로 삼을 것은 자명하다.

2) 북미 간 비핵화 핑퐁게임에서 미중 상호작용

북미 간 비핵화가 진전되지 않은 주된 이유는 양국 사이에 신뢰가 부족하기 때문이다. 제3자의 개입이 두 국가에 뿌리 깊게 자리 잡은 심각한 불신의 상태를 회복하는 기제가 되기는 어렵다. 중국이 6자회담을 주도하는 과정과 그로 인해 파생된 효과를 고려할 때, 중국의 적극적인 중재 역할이 이들 사이의 심각한 갈등을 완전히 해소시키는 것은 어렵다고 판단된다. 따라서 중국이 현 단계에서 더 많은 역할을 담당하는 것은 중국 스스로도 감당하기 어렵고 불필요하다. 무엇보다 중요한 것은 북한과 미국 모두 스스로 협상을 통해 문제를 해결하기 원할 것이며, 다른 외부의 개입은 오히려 협상을 복잡하게 만들 수 있다는 점이다. 앞으로 중국은 외부적인 역할을 담당하며, 비핵화 촉진을 위한 응원과 격려를 보내는 것에 더 관심을 기울일 것이다.

미중 간 전략 및 경제 경쟁이 앞으로 더욱 치열해질 것이라는 분위기와 상호 신뢰가 심각하게 결여된 상황에서 미국은 북핵 문제와 관련하여 더 이상 중국에 의존할 수도 없다. 또한 미국은 중국이 비핵화 문제해결을 위하여 그들과 뜻을 같이하며 협력을 지속할 것이라고 믿지 않을 것이며, 중국이 북한 카드를 지렛대로 삼아 미중관계를 흔드는 상황은 더더욱 원하지 않을 것이다. 그러나 미국과 중국은 동북아 지역에 영향력을 행사할 수 있는 두 강대국으로서 비핵화의 추진 방식, 책임과 비용분담, 감시와 관리에 대해 협의할 의무가 있다. 평화체제 구축은 비핵화 완성과 지속가능성을 확보하기 위한 필요조건이다. 중국은 정전협정 서명 당사자이자 남북한 평화공존을 지지하는 외부자이고, 한반도의 중요한 이웃으로서 미래 평화체제 구축에 동참해야 하며, 미국과 중국도 이 의제에 대해서 논의해야 한다.

4. 한중협력에서 상하이와 부산의 역할

북한의 비핵화와 한반도 평화체제 구축은 장기적인 관점에서 보아야 한다. 비핵화 진전 여부와 상관없이 한반도 주변국과의 합리적인 협력과 교류는 꾸준히 지속해야 할 것이다. 특히 한국과 중국의 전면적인 협력은 매우 중요하며, 그 잠재력 역시 무한하다. 2018년 문재인 대통령은 한반도 경제협력의 청사진을 제시한 바 있다. 남북한 공동특구(서해경제공동특구·동해관광공동특구)를 건설함으로써 동아시아 철도공동체 및 신북방정책을 실천하겠다는 계획을 갖고 있다. 특히 신북방정책은 천연가스·철도·항만·전력·북극항로·조선·농업·수산·공단 등 9개 분야의 협력을 정책 추진의 기조로 삼고 있다. 정책의 내용과 지리적인 측면에서 볼 때, 이러한 내용은 중국의 일대일로 구상 및 지역의 전략적 발전 구상과 서로 맞닿아 있음을 알 수 있다.

부산과 상하이는 한국과 중국의 주요 경제 중심 도시이다. 이 두 도시는 국가전략을 바탕으로 신종 코로나바이러스 감염증

팬데믹 상황 속에서 전 세계적인 가치사슬 및 공급사슬 조정과 물류 변화를 돌파구로 삼아 협력의 범위를 확대하여 다양한 협력 모델과 메커니즘을 창조해낼 수 있다. 상하이는 현재 주요 경제 정책으로 양쯔강 삼각주 일체화 프로젝트를 추진하고 있으며, 양쯔강 삼각주에 기본 공공서비스를 위한 편의 공유메커니즘을 구축하고, 중국(상하이)자유무역시험지구와 국제금융센터 건설을 가속화하면서 국내 대(경제)순환과 국내외 이중순환 신구도의 중추점으로 부상하고 있다. 상하이의 주요 특징으로는 첨단기술·금융·항만·선진제조업 등 26개 특화산업단지를 건설할 계획을 가지고 있으며, 신소재·로봇·스마트제조·의약 바이오·집적회로·인공지능·빅데이터·클라우드 컴퓨팅·항공우주 등 다양한 분야를 망라한 투자를 계획하고 있다. 이러한 새로운 산업단지와 자유무역시험지구 건설 과정에서 부산과 상하이는 특구 성격의 협력단지를 조성하거나 합작 플랫폼을 만들어 시장 요소, 자본 요소, 기타 자원 요소를 한데 모으는 새로운 메커니즘을 창조할 수 있을 것이다. 그 가운데 두 도시는 중앙정부의 지원을 받은 양쯔강 삼각주에서 상호보완적 우위가 있는 산업분야의 가치사슬을 탐색하여, 다른 도시와 동남아시아로 확대할 수 있겠다.

이와 동시에 서비스 무역과 스마트 시티 건설 방면에서도 협력 플랫폼과 메커니즘 구축을 통하여 두 도시의 협력 확대를 기대할 수 있다 (예를 들어 ① 관광업계 국제 크루즈선 추진 ② 해양서비스 협력 ③ 국민복지 측면에서 상대 국가에서 방문한 기업인과 그 가정에 양로

원 및 의료 건강서비스 제공 ④ 상하이 관광 축제, 상하이 영화제, 부산 영화제, 각종 스포츠경기 등). 양측의 시 정부와 지역구는 사회관리·공공서비스·도시운행·주택보장·항만 관리 운영·관광사업 발전·해양경제·생태경제·공무원 양성 등 다양한 방면의 관리 경험을 정기적으로 교류할 필요가 있다. 이는 협력의 기회를 찾는 한편, 자신의 관리 수준을 높이는 기제로 작용할 수 있을 것이다. 매년 상하이에서 개최되는 중국 국제 수입 박람회에서도 부산기업의 참여를 확대해야 한다.

5. 맺음말

판문점에서 열린 남북정상회담 그리고 싱가포르와 하노이에서 진행된 북미정상회담 이후 한반도 정세가 다시 교착상태로 접어들었고, 비핵화 문제 역시 여러 가지 문제에 봉착했다. 이렇게 복잡하게 얽힌 상황이 장기화될 가능성은 얼마든지 있으나 한국과 중국의 경제 및 정치 협력은 멈추지 말아야 한다. 국가 발전 전략에는 여러 가지 공통점이 있는데, 여러 분야에 걸친 경제협력을 확대 및 추진해야 그 효과를 볼 수 있을 것이다. 그중에서도 부산과 상하이는 협력의 잠재력과 상호 발전할 가능성이 매우 크기 때문에, 쌍방의 경제를 지역의 산업 가치사슬에 융합시켜 구성하는 등 현 상황을 돌파할 방법과 협력의 구심점을 찾는 데 중심적인 역할을 해야 한다. 앞서 제시한 방법으로 접근한다면 한중 간의 교류협력은 더욱 확대하여 두 국가는 새로운 수준에 다다를 수 있을 것이다.

번역 – 서수정(베이징대학교 국제관계학과 박사수료)

제2부

한중 경제관계와
부산–상하이 협력

한중관계를 바탕으로 하는
상하이-부산 간 미래 협력관계[1]

자오훙쥐안(상하이사범대)

　상하이-부산 간 자매도시 관계는 1993년에 시작되었는데, 1992년 중한수교보다 1년 늦은 편이지만 지금까지 장장 27년이라는 영광된 역사를 갖고 있다. 필자는 오늘날 매우 중요한 시점에서 상하이시와 부산시 모두 지난 27년 간 자매도시로서 협력의 경험과 역사를 되돌아보고 그 경험을 총결산해보아야 한다고 생각한다. 그렇게 해야만 비로소 다음 27년간의 미래협력 관계를 전망할 수 있을 것이다. 과거 27년간의 두 도시의 자매도시 관계를 회고해보면, 우리들은 28년 동안 이어져온 중한관계의 발전 과정과 이를 배경으로 진행되어온 상하이시와 부산시 사이의 자매도시 관계를 무시할 수 없다. 그런 까닭에, 본

1　필자는 2018년 10월 12~14일 중국 통지대와 한국 부산 동서대가 개최한 제3회 상하이-부산 협력 포럼에 초청돼 이 글을 발표하고 참석자들과 교류했었다. 해당 포럼에 참석한 먼훙화 통지대 외교국제관계학원장, 샤리핑 교수, 왕춘강 부원장, 중전밍 부교수, 저우톈용 공산당 중앙당교 교수, 신정승 전 주중 한국대사, 정상기 한국 단국대 교수 등에게 감사를 표한다.

문에서는 두 가지 각도에서 이 주제에 대한 토론을 전개하고자 한다. 첫째, 우리는 먼저 대한민국 주상하이총영사관이 관할하는 상하이시, 장쑤성, 저장성, 안후이성 등을 포괄하는 각 지방정부들과 한국 간 경제무역관계의 현황을 고찰하고, 동시에 이러한 관점을 근거로 상하이와 부산 간 도시협력의 미래를 고찰하고자 한다. 둘째, 우리는 지난 상하이-부산 자매도시관계를 28년 동안 이어진 중한관계를 근거로 고찰해보고자 한다. 동시에 이 두 가지 요소가 중국과 한국 사이의 학술교류 및 무역에 끼친 영향을 조망해보고자 한다. 마지막으로, 우리는 상하이와 부산 사이의 미래 협력을 보다 심화시키기 위해 몇 가지 정책적인 제언을 내놓고자 한다.

1. 창장삼각주 지역에서의 중한관계 현황

〈표 1〉은 2018년 대한민국 주상하이총영사관이 관할하는 창장삼각주 지역에 속하는 지방정부들과 한국 사이의 관계 현황을 보여준다. 이 표로 알 수 있는 점은 다음과 같다.

1) 상하이시가 중한관계에서 중요한 역할을 담당했다

그중에서 2018년 상하이와 한국 사이의 무역액은 창장삼각주 지역 전체와 한국 사이의 무역액의 20.31% 정도의 비중을 차지하고, 한국(기업들)이 상하이에 투자한 액수는 전체 액수의 8.7%를 차지하고 있으며, 상하이에 있는 한국 교민들의 숫자는 창장삼각지구 내 전체 한국인 교민의 56.33%를 차지한다. 이러한 통계로 분명히 알 수 있는 것은 상하이가 한국의 창장삼각주 지역에서 무역 및 투자의 중추도시로서의 지위를 확고하게 유지하고 있다는 점이다. 동시에, 상하이시의 이러한 지위는 상하이시가 창장삼각주 지역의 여러 도시클러스터 중에서 중심적인 역할을 맡고 있다는 점과 부합한다.

<표 1> 대한민국 주상하이총영사관의 관점에서 본 중한관계

	상하이	장쑤	저장	안후이
역사유적(개)	2	1	4	0
한국과 상하이시 간 무역액(억 달러)	257.8	805.8	176.1	29.7
한국의 대창장삼각주 지역 수출액(억 달러)	197.4	575.7	92.6	20.3
창장삼각주 지역의 대한국 수출액(억 달러)	60.4	230.1	83.5	9.4
한국의 투자액(억 달러)	1.68	16.19	1.65	0.14
한국인 교민(인)	32,000	16,500	6,900	1,401
자매결연도시	부산, 전라남도, 전라북도	전라남도, 충청남도, 강원도	전라남도, 충청남도 금산군, 서울시	강원도

출처: 한국무역협회, 한국수출입은행, 대한민국주상하이총영사관 홈페이지.
http://overseas.mofa.go.kr/cn-shanghai-zh/wpge/m_500/contents.do.

2) 상하이와 부산의 협력관계가 매우 밀접해지다

창장삼각주 지역의 각 지방정부들과 한국의 자매결연 지역의 분포 현황을 살펴보면, 상하이시와 부산시 간의 관계가 매우 밀접한데, 이러한 관계는 두 도시가 (다른 지방에 비하여) 비교적 일찍 자매결연을 맺게 된 계기가 된다. 그와 동시에, 창장삼각주 지역과 한국과의 관계는 보편적으로 밀접하며, 중한 양국의 개별 지방정부 간 우호협력관계가 중첩되는 현상이 일어난다. 예를 들어, 장쑤성과 저장성이 한국의 전라남도, 충청남도와 모두 비교적 긴밀한 관계를 맺고 있다. 그리고 안후이성과 한국의 우호관계는 주로 강원도를 통해서 유지되고 있는데, 이 또한 장쑤성과 중복된다. 상하이시, 장쑤성, 저장성 모두 한국의 전라남도와 비교적 긴밀한 관계를 맺고 있는데, 이 또한 어느 정도 중복 현상을 보이고 있다. 이러한 현상이 의미하는 것은 상하이시와 부산시 사이의 협력관계가 어느 정도 독특한 우위를 보이면서 창장삼각주 지역의 지방정부들과 한국의 협력관계를 두고 일정한 경쟁을 하는 구도를 보이고 있다는 점이다. 그뿐만 아니라 양국의 지방정부들 사이에 보다 광범위한 협력의 가능성이 열려 있다는 점을 보여준다. 상하이시와 부산시가 앞으로도 진일보한 협력관계를 유지할 수 있으며, 더 나아가 보다 높은 차원의 협력관계를 구축할 수 있다는 구체적인 이유를 보여준다.

3) 상하이-부산 미래협력의 전망은 밝다

상하이-부산 간 도시협력의 단계라는 측면에서 보면, 두 도시의 미래협력관계의 전망은 매우 밝다. 예를 들어, 두 도시는 각각 중국과 한국의 주요 항구도시이며, 주변지역을 아우르는 교통과 경제의 중심도시이기도 하다. 또한, 두 도시 모두 주변지역과 경제, 산업, 무역, 금융 물류, 인문교류, 교육, 과학기술 등 각 분야에서 매우 광범위한 관계를 맺고 있다. 동시에, 부산시가 소재한 지방과 상하이시가 소재한 지방은 모두 한국과 중국의 경제 중심지이자 해외투자, 무역, 전시, 교육 및 과학기술 교류의 중심들 중 하나이기도 하다. 그러므로 두 도시 간에 협력관계를 보다 심화 발전시켜서 상하이-뉴욕, 상하이-런던 및 상하이-프랑크푸르트 사이의 협력관계와 유사하게 협력의 단계를 광범위하게 하고 협력의 수준도 높아지게 하며 질적으로도 향상되도록 해야 한다.

2. 중한관계를 바탕으로 하는 상하이-부산 간 협력관계

1) 중한수교 이후 28년 동안 양국의 무역관계가 부단히 강화되다

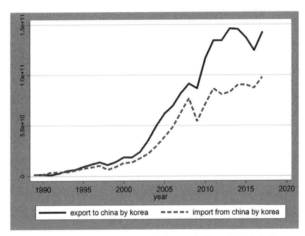

<도표 1> 1989~2017년 사이 중국과 한국의 무역관계

출처 : comtrade database

〈도표 1〉은 1989년부터 2017년 사이의 기간 동안 중국과 한국 사이의 무역관계의 발전과 변화의 상황을 보여주고 있다.

상기 도표에서 알 수 있듯이, 지난 28년 동안, 한국의 대중국 수출과 대중국 수입 모두 매우 크게 증가해왔다. 1989년을 기준 삼아 지난 28년 동안 한국의 대중국 수출액은 107.63배 증가했고, 대중국 수입액은 72.7배 증가했다. 이는 중한 수교가 중한 양국의 민의에 순응하고, 중한 양국의 무역 관계와 경제 관계가 장기적으로 발전하는 대세에 부합했음을 나타낸다. 동시에 양국 간에 계속 늘어나는 무역액이 상징하는 것은 양국 간의 무역 성장이 서로의 비교 우위에 부합한다는 것을 나타낸다. 그 이유는 양국 간 수출입이 모두 끊임없이 증가하며, 상대적 균형 상태를 유지했기 때문이다.

2) 중한수교 28년 동안 중한 무역 관계는 평온하지 않았다

양국 교역액의 절대치는 양국 경제교역 관계의 전반적인 추세를 크게 반영하고 있다. 그러나 양국 교역관계의 안정 여부는 수출입 무역액의 증가와 변화에서 알 수 있다. 〈도표 2〉는 1989~2017년 사이 한중 수출액이 전 분기 대비 증가했음을 보여주고 있으며, 이 도표에서는 한국의 대중국 수출과 한국의 대중국 수입 현황을 예시로 보여주고 있다. 한중 교역은 전반적으로 안정적으로 증가했지만, 파동의 폭은 비교적 컸음을 알 수 있다. 1990년내 조반 수출과 수입이 크게 늘어난 원인은 중한수교라는 정책적 보너스가 있었기 때문이다. 1998년 무역관계가 20~40% 하락하자 그해 11월 김대중 대통령이 중국을 방문한 이후 한중 교역관계는 호전됐다. 2009년 다시 마이너스 성장으로 추락한 한중 무역관계는 그해 4월 리창춘(李長春) 당 정치국 상무위원과 12월 시진핑(習近平) 중국 공산당 정치국 상무위원이 각

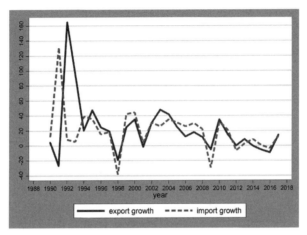

<도표 2> 1989~2018년 사이 중한 수출입 성장 현황

출처: Comtrade database.

각 한국을 공식 방문했었다. 그러나 이후 남북 관계와 중일 관계, 사드(THAAD, 고고도미사일방어체계)의 여파로 교역액은 계속 줄었다. 2016년 이후 양국의 무역 관계가 조금씩 나아지고 있지만 1997~2007년 사이의 비교적 안정된 황금기의 관계를 완전히 회복하지는 못했다.

중국과 한국의 무역관계의 파동을 분석한 결과, 현재 중한 무역관계는 경색돼 있고 남북관계, 중일관계, 사드 사태 등 정치적인 요인에 큰 영향을 받는 것으로 나타났다. 따라서 중한 무역관계가 발전하려면 남북관계와 중일관계, 사드 사태 등이 해결되어야 하며 그렇지 않으면 정치적 영향에서 벗어나기 어렵다.

3) 상하이–부산 간 자매도시 학술문화교류가 증가했다

〈도표 3〉은 1989~2018년 중국의 논문검색사이트 '즈왕(知網, CNKI)'에 발표된 '부산' 및 '부산–상하이' 관련 문헌 발표 편수이다.

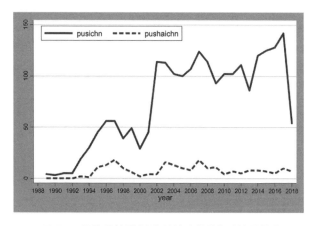

<도표 3> 중문 문헌 중 부산-상하이 협력에 관한 문헌 수

출처: CNKI 데이터베이스

이 자료로부터 알 수 있는 것은 중국 국내에서 부산에 대한 연구가 빠르게 증가하고 있다는 점이다. 그리고 이러한 증가세는 중국과 한국 사이에 무역이 성장하던 시기와 일치한다. 이러한 패턴은 중한관계의 개선이 양국의 무역관계와 학술연구 및 교류 증진에 중요한 전제가 된다는 점을 상기시켜준다. 중한수교 이전에는 중국 국내에서 부산을 주제로 한 학술연구가 별로 없었다. 동시에 이 도표에서 우리가 알 수 있는 것은 중국 측 문헌에서 '부산-상하이'를 주제로 한 연구가 기복이 있다는 점이다. 이러한 현상은 '부산-상하이'를 주제로 한 연구 동향이 남북관계, 중일관계 및 사드 문제 등 비교적 민감한 정치적 사건들에 의해 큰 영향을 받는다는 점을 보여주고 있다.

4) 양국의 지도자의 상호 작용 및 학술 성과와 양국 간 수출입 무역이 정비례 관계를 맺고 있다

중국과 한국 사이의 문화교류와 외교관계의 관계를 보다 명확하게 설명하기 위해, 우리는 중국과 한국의 고위지도자가 상호 방문한 횟수와 중국 국내에서 '부산' 또는 '상하이-부산'과 관련된 학술연구 성과 발표 횟수의 관계를 각각 〈도표 4a〉와 〈도표 4b〉로 나타내보았다.

이 도표들로부터 알 수 있는 것은 중국의 고위급 지도자가 방한한 횟수(chnvist)와 중국에서 '부산' 또는 '상하이-부산' 관련 연구결과가 발표된 횟수 사이에 정비례하는 상관관계가 있다는 것이다. 이러한 결과는 중국의 고위급 지도자와 고위 관료들의 방한이 중국과 한국 사이의 문화교류와 관련된 학술연구를 촉진하는 작용을 한다는 점을 보여준다.

이와 유사하게, 우리들은 한국의 고위급 지도자가 방중한 횟수(korvist)와 한국의 대중국 수출액(export) 그리고 한국의 대중국 수입액(import) 관계를 〈도표 5a〉와 〈도표 5b〉에서처럼 산포도로

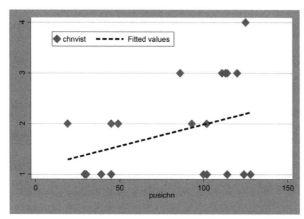

<도표 4a> 중국 고위급 지도자의 방한과 중국 국내의 '부산' 관련
연구성과와의 관계 산포도

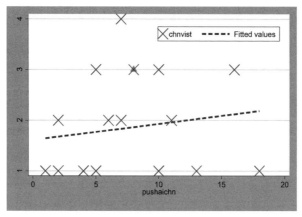

<도표 4b> 중국 고위급 지도자의 방한과 중국 국내의 '상하이-
부산' 관련 연구성과의 관계 산포도

자료출처: CNKI 데이터베이스, 도형은 필자 제작

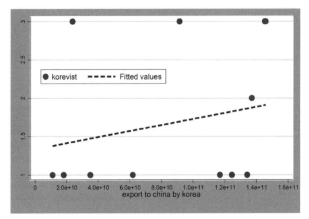

<도표 5a> 한국 고위급 지도자의 방중과
한국의 대중국 수출과의 관계

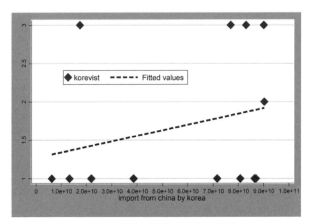

<도표 5b> 한국 고위급 지도자의 방중과
한국의 대중국 수입과의 관계

자료출처: CNKI 데이터베이스, 도형은 필자 제작

그려보았다. 이 도표들에게서 알 수 있는 점은 한국의 고위급 지도자의 방중과 한국의 대중국 수출입액 사이에 비교적 명확하게 정비례하는 상관관계가 나타난다는 점이다. 물론, 중국의 경우와 비교해보았을 때 상관관계의 정도가 비교적 약하다는 차이가 있다.

3. 향후 25년간 상하이-부산 협력 대책 건의

본문에서는 지금까지의 분석을 바탕으로 상하이-부산 간 협력을 더욱 강화하기 위한 대책을 제시하고자 한다.

1) 두 도시는 코로나바이러스를 대비하기 위해 의료 및 과학연구 협력을 강화해야 한다

최근 발생한 코로나바이러스는 중국과 한국 모두에게 크나큰 영향을 미쳤다. 그렇지만 중국과 한국 모두 유가 사상을 바탕으로 애국, 애민, 법질서 준수, 성실 등 문화적인 기반을 근거로 하여 새로운 전염병의 확산에 성공적으로 대처한 아시아 국가가 되었다. 특히, 중국과 한국은 코로나바이러스가 확산되던 상황에서도 서로에게 도움의 손길을 내밀었다. 현재 코로나바이러스가 아직 완전히 퇴치되지 않은 상황에서 두 나라는 바이러스 방호, 치료, 중의약 연구개발, 백신 개발 등의 측면에서 협력을 강화해야 한다. 양국은 노력과 협력을 통해 한중 의료건강운명공동체를 구축하고, 이를 바탕으로 동북아 의료과학 분야에서의 실질적인 협력을 이끌어내야 한다.

2) 중한 양국의 국가지도자와 두 도시의 고위급지도자 간에 상호교류를 강화하고, 상하이-부산 자매도시 협력관계를 강화하며, 두 도시의 협력을 보다 심층적이고 높은 수준으로 강화하여 실질적인 진전이 있도록 해야 한다

예를 들어, 상하이시의 현대화된 농업 및 고급과학기술을 활용한 농업이 매우 빠르게 발전하고 있는데, 이 방면에서 부산과의 협력을 추진할 수 있을 것이다. 그리고 상하이시의 조선업도 비교적 발달해 있는데, 부산의 조선업이 한국에서도 최첨단을 달리는 수준이므로 이 분야에서도 두 도시 사이에 협력을 추진하여 동북아시아 지역의 조선업 연구개발 및 제조기지로 만들 수 있다. 그 외에, 두 도시는 해양과학, 해양수산연구 및 고등교육 방면에서도 협력사업을 시행할 수 있다. 도시 관리의 정보화 방면에서도 심도 있는 협력이 가능하다. 예를 들어, 상하이시는 모바일결제와 전자상거래 등의 분야가 잘 발전했는데, 부산시가 이러한 분야에서 상하이시와 협력을 할 수 있다. 그리고 교통체증관리 방면에 있어서, 부산시에서 시행하고 있는 일부 정책 역시 상하이시에서 참고할 만하다.

3) 상하이–부산 간 우호협력관계를 견지하기 위해 외부 악재의 영향을 최소화하고, 두 도시 간 경제 협력을 추진한다

그동안 북미 관계, 중일 관계 등 상하이와 부산의 협력관계를 방해하는 외부 악재가 존재하고 있다. 그러나 이들 외부 관계는 현재 어느 정도 완화되고 있어 상하이–부산 간 경제협력 심화에 영향을 끼치는 외부 조건은 점차 좋아지고 있다. 현재의 중미 통상마찰, 중미 관계 경색은 상하이–부산 협력 심화에 장애물이 돼서도 안 되고, 중한 협력에 장애가 돼서도 안 된다. 상하이와 부산의 경제협력은 브레이크를 밟지 않고도 좀 더 실용적이고 온건하게 전개될 수 있으며, 미국의 대국 쇼비니즘의 희생물이 되어서는 안 된다.

4) 상하이와 부산은 창장삼각주 지역의 일체화 발전 기회를 충분히 이용해야 한다

현재 창장삼각주 지역은 질 좋은 일체화 건설을 추진하고 있으며, 해당 지역 내 인프라 및 사회서비스가 더 좋아지고 밀접하게 연계되어 있다. 그리고 지역 간 협업과 관리, 공동 발전 형세가 강화되고 있다. 따라서 부산시는 이런 유리한 기회를 포착해 상하이시와 더욱 긴밀히 협력해야 한다. 상하이와의 협력을 강화

한다는 것은 곧 창장삼각주 지역과의 협력 강화를 의미한다. 따라서 부산의 상하이시와의 협력은 중국의 해당 지역과 고속, 고준위, 고품질 발전의 급행열차를 타는 것과 같다.

5) 상하이와 부산은 '일대일로' 발전 기회를 충분히 활용해야 한다

상해는 해상 실크로드의 시작점 중 하나로, 창장 경제 벨트의 우두머리이며 '일대일로'의 중요한 교두보이다. 부산이 상하이와 협력을 강화하면 중국의 '일대일로'를 타고 중국 내륙지역과 연선 국가들과 연동되어 부산은 물론 한국의 경제발전을 이끌 수 있다. 중국에게도 일대일로 중 해상 실크로드를 활성화하는 데 도움이 된다. 그 이유는 한국이라는 근린(近隣)의 중요한 지점이 없으면 버팀목이 없어 중국의 장기적인 성장에 도움이 되지 않기 때문이다.

6) 상하이와 부산은 쌍방 합작 플랫폼이나 기구를 설립해야 한다

상하이-부산 우호도시 간의 상호 작용과 협력을 내실 있게 추진하려면 이 관계가 서류 더미에 머물지 않도록 관련 기관이나 플랫폼을 조속히 조율해야 한다. 고려해볼 수 있는 플랫폼 형태는 정부의 지도와 감독 하에 외사부문의 지도자, 정부의 관계부처 및 연구기관들이 참여하여 사무실을 만들고 이 사무실이 두 도시 간의 심화협력을 책임지고 추진하도록 하는 것이다. 아니면 각자의 무역발전국, 발전개혁위원회(발개위)와 외사부문이 협력하여 특정한 기구를 만들어서 관련 대학들의 협력을 얻어 협력을 강화하는 방법이 있다.

번역 - 양한수(중국인민대학교 경제학원 박사수료)

한중 경제관계와
부산-상하이 협력방안 제언

장정재(부산연구원)

1. 서론

중국 상하이는 한국 사람들에게 이미 익숙한 도시이다. 역사적으로는 일제강점기 대한민국 임시정부로서 독립운동이 활발히 전개된 역사 속 현장이기 때문이다. 지리상으로도 우리나라 공항에서 2시간 정도이면 도착할 수 있는 가까운 거리에 있어서 접근이 편리하다. 무엇보다도 상하이는 중국 경제 성장을 주도하는 세계에서 가장 다이내믹한 도시 중 하나로 국내 기업들이 많이 진출하였다.

1993년 부산은 상하이와의 자매결연 이후 행정·문화예술·체육·청소년 분야 등 다방면에서 교류가 이루어졌다. 부산은 자매협력 26개 도시, 우호협력 11개 도시 등 총 37개 도시와 자매우호협력 관계를 맺고 있다. 이 중에서 부산시는 2020년 현재 중국의 6개 주요도시와 자매도시(상하이) 또는 우호협력도시(선전·

텐진·충칭·베이징·광저우) 관계를 맺고 있다. 그러나 자매도시 및 우호도시 결연사업은 증가하고 있으나 여전히 실효성이 부족한 현실이다. 대부분 인적교류 중심으로 교류협력의 효과 및 성과가 가시적이지 못한 실정이다. 따라서 중국 상하이와의 교류협력 효과를 극대화하기 위한 다양한 방안 마련이 더욱 절실히 요구되는 시점이다.

본 연구의 목적은 부산과 상하이의 국제교류 현황과 당면한 문제점을 고찰하는 데 있다. 이를 위해 부산의 대중국 교역현황, 교류협력 사례 등을 분석하고 부산과 중국의 교류협력에 대한 전문가들의 의견을 반영하였다.

2. 이론적 배경과 분석방법

1) 교류협력의 의미 및 의의

국제교류(International Exchange)란 개념은 목적에 따라 다양하게 정의될 수 있다. 우선 사전적 의미로는 국제와 교류라는 명사의 합성어로 국제(국가) 간의 인적, 물적, 정보, 문화 등의 교류로 정의 할 수 있다. 이러한 개념 역시 시대적 흐름에 따라 다양하게 변화를 반영해왔다. 즉 통신과 교통수단의 발달로 인해 교류의 형태도 전자통신(e-mail)을 비롯하여 교류를 눈으로 확인할 수 없는 형태가 이루어지기도 한다.

한국 지방자치단체 국제화 재단에서 정의한 국제교류란 양국 가간의 쌍방향 흐름을 뜻하므로 수직적인 차원이 아니라 수평적인 차원의 흐름으로서 과거처럼 국가가 전체를 대변하고 독점하는 형태가 아니라 경계·인종·민족·종교·언어·체제·이념 등의 차이를 초월하여 개인, 집단, 기관, 국가 등 다양한 주체들이 각각의 우호, 협력, 이해증진 및 공동이익 도모 등을 목적으로 관련주체 상호간에 공식·비공식적으로 추진하는 대등한 협력관계라고 한다. 특히, 지자체에 있어서의 국제교류란 지자체가 외국의 지자체 내지는 지역과 인적 또는 문화적으로 교류하는 것을 말하며, 구체적으로는 지자체를 단위로 하여 외국의 지자체와 자매도시의 결연관계를 맺고, 인적·문화적으로 교류하는 것, 또는 외국의 경우와 같이 규모가 큰 지자체에서는 중소기업진흥을 위한 직원을 해외 사무소에 파견하거나 하여 해외 주재원을 두는 것을 말한다. 이와 같이 국제교류의 개념은 다양하게 정의되고 있으나 간략히 요약하면, "국가 간 차이를 초월하여 다양한 행위주체가 다양한 목적을 실현하기 위해 공식 또는 비공식적으로 추진하는 협력관계"로 정의할 수 있다.[1]

2) 교류협력의 유형

이전에는 국가의 정체성으로 인해 우방이라는 개념을 중심으로 행해지던 교류가 이를 넘어선 교류로 확대되고 있다. 요즈음

은 인터넷의 발달로 인해 공간과 이념, 심지어 시간을 넘어선 교류까지도 가능하게 되었다. 이러한 국제교류를 형태를 대표적 유형으로 나누어 보면 다음과 같이 정리될 수 있다.

<표 1> 국제교류의 유형

주체별	내용별	형태별
- 국가 간 교류 - 자치단체 간 교류 - 민간단체 간 교류 - 개인 간 교류	- 경제교류 - 문화교류 - 체육교류 - 인적교류 - 종교교류 - 기타교류	- 방문교류 - 물품교류 - 정보교류 - 정책(행정)교류

자매결연이란 당사자 상호 간에 인적 · 물적 교류는 물론 다양한 형태의 종합적인 교류를 위해 지방자치단체 또는 도시 사이에 형제(자매) 관계를 맺는 것을 의미한다. 자매결연 사업은 자치단체 상호 간의 인적 · 물적 교류로 시작되어 국가적인 차원에서의 다각적인 국제교류 사업으로 발전될 수 있는 장점을 지니고 있다.[2]

도시 간 자매결연은 호혜성 원칙에 입각하여 상대도시의 여러 분야에 대한 비교 · 분석이 필요하다. 이러한 과정 속에서 공통 요인을 찾고 발전가능성에 대한 연구도 병행되어야 한다. 상대도시 선정과정에서는 면적 · 인구 및 재정규모 등 지역여건의 유사성, 지역산업의 공통점 및 상호 보완성, 본격적인 교류를 통한

---

2   신종호(2010), p.15.

<표 2> 자매결연사업의 유형 및 종류

유형	교류분야	교류내용
경제협력 사업	산업기술 협력	• 산업연수생의 선진 기업 또는 연구기관 파견 • 산업관련 전문기관 간의 교류 • 우수기능 보유자의 벤치마킹 • 전문인 또는 근로자 노동력의 교환(노동부 협조) 등
	경제 및 통상 협력	• 경제인 대표단 파견(경제협력 기반조성), 경제유관기관(상공회의소등) 간의 자매결연 • 유치단 파견(직·간접 투자), 기업 간 합작투자(Joint Venture) • 시장개척단 파견, 자매결연지역이 개최하는 국제박람회 참가, 우수바이어 초청 및 상담지원, 무역관(사무소)설치, 교민대상 명예통상관제 운영(기본활동비 지원) • 기업인 현지출장 지원(상대지역 정부 또는 명예통상관 등) • 양 지역 간 경제협력추진협의회 구성
	경제 및 산업 정보 협력	• 지역 간 기업 데이터베이스 구축(통상정보 교환) • 인터넷 홈페이지를 매개로한 연계기능 활용(경제협력 콘텐츠의 다양화 모색) 등
우호교류 사업	인적교류	• 공무원 대표단 파견(단기), 공무원 파견연수(장기) • 의회 대표단 및 민간단체대표단(대부분 직능별) 파견 • 청소년(학생) 교류 등
	문화 및 스포츠 교류	• 향토 문화예술단의 파견 • 각종 스포츠 교류(교환경기) • 미술 • 사진 전시 등
	기타	• 재해원조 • 자매결연지역 공원조성 • 유학생 • 장학생 지원 • 단체장 취임 • 기념일에 축하사절 파견 등
이벤트 사업	문화 및 홍보 관련	• 전통문화예술 공연 • 전통공원 조성 • 상설홍보관 설치 • 자매결연 기념대회: 기념행사, 스포츠 경기, 자매결연 지역의 날 개최 등

경제관련	• 특산품 판매 전시회(고유음식 시식코너 운영 포함) • 바이어 초청 상담회 • 외국 간 투자유치 설명회 • 자매결연 우호국가 및 권역 내 지역경제인 심포지엄
학술행사 관련	• 공동 학술세미나(자매결연 유명인사 초청 강연회 포함) • 공동 학술연구 사업 등

자료: 김재익(2007), p.19.

효과증대 여부, 문화·역사적 배경과 지리적 환경 등을 고려할 수 있다.

자매결연사업은 크게 경제협력사업, 우호교류사업으로 나눌 수 있는데, 경우에 따라 이벤트 사업을 별도로 구분하기도 한다. 경제협력사업은 자매결연을 하는 도시들의 가장 큰 목적이자 강조되는 분야이다. 상대지역에 대한 비교우위 분야를 개척하여 경제적 실익을 확대하는 것으로 시작된다. 그러나 어느 한쪽의 일방적인 이익추구는 상대도시의 거부감을 일으키기 때문에, 양도시간의 상호 보완관계에서 조화로운 협력방안을 모색하는 것이 필요하다. 우호교류 사업은 비교적 쉽게 공감대를 형성하고 교류 빈도가 높은 분야이다. 공무원 교류와 청소년 교류 프로그램이 대표적인 예로써 대부분의 지자체 프로그램이 여기에 집중되어 있다.[3]

---

3   장정재(2012), p.26.

3) 연구범위 및 차별성

국제화와 지방화 시대의 도래로 지방정부의 국제교류 중요성이 증대되고 있다. 기존의 중앙정부 차원에서 전개되던 외교활동은 주체가 명확하고 정치 · 경제적 실효익이 가장 크게 고려되었다. 반면에 지방정부 차원의 국제교류는 대상과 교류방식이 다원화되었으며, 교류의 기회가 폭넓어졌다. 그러나 국내 대다수의 지자체는 도시 간 교류 형태가 비슷하고 단순 우호관계에 머물러 있는 실정이다. 문헌연구에서도 이러한 점이 공통적인 문제점으로 제기되고 있으며, 향후 실효성 있는 교류 프로그램을 개발하기 위한 연구에 집중되고 있다.

구효진(2010)은 자매도시결연이 관광산업에 미치는 효과를 측정하기 위하여 전주시(전북)와 가나자와시(일본 이시가와현)를 연구대상으로 삼았다. 전주시와 가나자와시 모두 자매도시결연이 두 도시의 관광객 수에는 유의미한 영향을 미치지는 않았으며, 국제교류를 관광에 활용하기 위한 적극적인 노력이 필요하다고 주장한다.

신중호(2010)는 경기도의 국제교류 협력 현황과 특징 및 문제점을 파악하였으며 이를 기반으로 한 경기도의 국제교류 비전과 목표를 제시하고 있다. 경기도의 국제교류협력 문제점은 국제교류에 대한 낮은 인식, 국제교류협력의 장기 비전 및 전략 부재, 국제교류협력을 위한 법적 · 제도적 지원체계 미비와 전문성 부족, 국제교류협력사업의 지속성 부족, 국제교류협력 지역 편중과 협소한 사업 범위, 대내적 국제교류협력 사업 부재, 국제기구에 대한 관심 부족, 민간부문의 참여 미흡 등을 제기하고 있다. 경기도 국제교류 협력의 비전과 목표 달성을 위해 체계화·실용화·네트워크화·다각화와 다양화 등 4대 추진전략을 제시하였다.

김계태·유미선(2019)은 한중 지방정부 간의 교류현황을 분석을 통해 향후 군산시와 중국 지방정부 간 진전된 교류협력방안을 제안하고 있다.

<표 3> 국제 교류협력 관련 선행연구

1	과제명	구효진(2010), "관광산업 활성화를 위한 자매도시결연의 효과에 관한 연구", 『한일어문논집』 제14집
	주요내용	• 전주시(전북)와 가나자와시(일본 이시가와현)가 연구대상 • 전주시와 가나자와시 모두 자매도시결연이 두 도시의 관광객 수에는 유의미한 영향을 미치지는 않음
2	과제명	신종호(2010), "경기도 국제교류 협력 기본계획 연구", 경기개발연구원
	주요내용	• 경기도의 국제교류 협력 현황과 특징 및 문제점을 분석 • 경기도 국제교류 협력의 비전과 목표 달성을 위해 체계화·실용화·네트워크화·다각화와 다양화 등 4대 추진전략 제시
3	과제명	김계태·유미선(2019), "군산과 중국 지방정부간 교류협력 방안 소고"
	주요내용	• 현행 국제교류에 대한 분석을 통해 군산시와 중국 지방정부 교류협력방안을 모색 • 자치단체장의 적극적 정책추진, 중장기 계획수립, 실효성 있는 내실화, 각계 계층과의 유기적 협조 등을 협력방안으로 제안

본 연구에서는 부산과 상하이의 교류협력관계를 분석하고, 통합적 협력관계로 발전하는 시너지 제고 방안을 모색하였다. 연

구방법으로는 기존 문헌연구, 국제교류 관련 실무담당자 인터뷰를 병행하였다. 실무담당자의 부산과 중국 도시와의 교류 평가는 향후 교류협력 프로그램 발전방향 제시에 기여할 수 있다.

3. 한중 경제교류와 부산시 교류협력의 문제점

1) 한중 경제교류

중국은 한국의 최대 교역 대상국이고 한국은 중국의 최대 수입 대상국이다. 한·중 양국 간 교역 규모가 1992년 63억 달러에서 2019년 2,434억 달러로 39배 증가하였다. 2019년 한국은 중국의 제3위 교역 대상국으로 한국은 대중 수출 1,362억 달러, 수입 1,072억 달러를 기록했다. 한국의 대중국 주요 수출 품목은 집적회로, 석유와 역청유, 나프타, 액정디바이스, 반도체 등으로 전체 수출의 약 41%를 차지한다. 한국의 대중국 주요 수입 품목은 집적회로, 전화기, 자동자료처리기기, 기계부품, 절연전선·광섬유 케이블 등 5대 품목이 전체 수입의 약 30.3%를 차지한다.[4]

2020년 7월 부산의 수출은 전년도 동월대비 23.5% 감소하였고, 수입은 13.6% 감소하는 등 코로나19 영향이 계속되고 있다. 품목별 수출은 원동기 및 펌프(0.1%)는 증가하였으나, 철강판(△

---

4   주중국 한국대사관, http://overseas.mofa.go.kr/cn-ko/wpge/m_1226/contents.do(검색일: 2020.9.7.)

8.2%), 철강관 및 철강선(△22.9%) 등 대부분의 주요 품목에서 감소하고 있다. 품목별 수입에서는 자동차부품(43.4%)이 증가하였으나, 어류(△2.9%), 철강판(△26.6%) 등은 감소하였다. 국가별 수출에서는 부산의 주요 수출 대상국들의 하락세가 뚜렷하다. 부산의 최대 수출국인 중국 수출액은 전년도 동월 대비 32.5% 감소하였고, 미국과 일본은 각각 43.7%, 15.5% 감소하였다. 수입에서도 중국으로부터 11.4% 감소하였고, 일본과 미국도 각각 12.3%, 8.8% 감소하였다.

<그림 1> 부산의 전체 수출입 및 대중국 수출입 동향

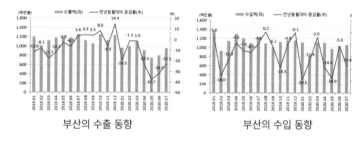

부산의 수출 동향   부산의 수입 동향

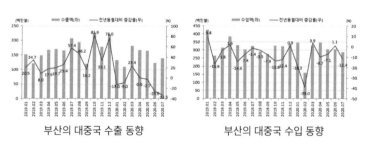

부산의 대중국 수출 동향   부산의 대중국 수입 동향

자료: 한국무역협회 부산지역본부

부산의 수출은 아시아(-9.3%), 북미(-43.2%), 유럽(-18.0%), 중남미(-22.6%), 중동(-7.1%) 등 등 모든 대륙에서 감소하였다. 부산의 대중국 수출은 전년 대비 11.0% 감소한 881백만 달러였다. 부산의 대중국 수출 1위 품목은 동광(1억 5,431만 달러, 825.0%)이며, 화장품 3위(90.1%), 기타산업기계 5위(5.2%) 등 분야에서 수출이 증가하였다. 그러나 선박용엔진 및 그 부품 2위(-16.7%), 원동기 4위(-15.2%) 등은 감소하였다.

<표 4> 부산지역 대륙별 수출 동향

(단위: 백만 달러, %)

구분	2019년 7월			2020년 7월			2019년 1~7월			2020년 1~7월		
	수출액	증감률	비중	수출액	증감률	비중	수출액	증감률	비중	수출액	증감률	비중
총 수 출	1,252	3.6	100.0	958	-23.5	100.0	8,138	-8.3	100.0	6,478	-20.4	100.0
아시아	611	12.1	48.8	490	-19.8	51.1	3,848	3.6	47.3	3,424	-11.0	52.9
중국(1)	207	57.4	16.5	140	-32.5	14.6	1,130	25.6	13.9	1,020	-9.7	15.7
일본(3)	119	-4.4	9.5	101	-15.5	10.5	776	-4.1	9.5	706	-9.0	10.9
베트남(4)	90	-10.9	7.2	82	-9.7	8.6	603	-15.0	7.4	548	-9.2	8.5
싱가포르(7)	25	-15.6	2.0	27	6.0	2.8	191	13.5	2.3	163	-14.7	2.5
인도네시아(8)	35	5.2	2.8	26	-27.1	2.7	268	15.4	3.3	206	-23.1	3.2
태국(10)	30	30.5	2.4	21	-30.3	2.2	176	1.1	2.2	143	-18.7	2.2
유럽	205	19.2	16.4	170	-17.1	17.7	1,293	-15.6	15.9	1,061	-17.9	16.4
러시아(6)	29	23.8	2.3	40	40.5	4.2	182	12.2	2.2	195	7.2	3.0
북미	258	-17.4	20.6	146	-43.4	15.2	1,869	-16.5	23.0	1,062	-43.2	16.4
미국(2)	247	-17.9	19.7	139	-43.7	14.5	1,799	-17.0	22.1	999	-44.5	15.4
중동	69	19.2	5.5	49	-28.0	5.1	368	-22.5	4.5	328	-10.9	5.0
중남미	79	-5.5	6.3	67	-1.5	7.0	513	-24.0	6.3	403	-21.5	6.2
멕시코(5)	44	-14.1	3.5	44	0.2	4.6	282	-20.9	3.5	228	-19.2	3.5
대양주	24	-22.3	1.9	30	24.8	3.1	185	0.7	2.3	164	-11.6	2.5
호주(9)	16	-27.1	1.3	23	45.9	2.4	123	-3.2	1.5	117	-4.9	1.8
아프리카	7	-8.6	0.6	6	-13.7	0.6	61	19.4	0.7	36	-41.4	0.6
기타지역	0	-27.9	0.0	0	33.3	0.0	0	-47.5	0.0	0	118.4	0.0

주1: ( ) 내는 2020년 당월 수출액 기준 국가별 순위
주2 : 증감률은 전년동기비 증감률

자료: 한국무역협회 부산지역본부

<표 5> 부산의 對중국 품목별 수출입 현황(2020년 7월)

단위 : 천 달러, %

순위	수출			수입		
	품목	금액	증감률	품목	금액	증감률
-	총계	139,627	-32.5	총계	288,369	-11.4
1	선박해양구조물및부품	11,498	-52.5	자동차부품	15,484	60.6
2	원동기및펌프	10,424	35.3	연체동물	14,057	15.0
3	철강관및철강선	10,108	38.5	철강관및철강선	13,263	-39.8
4	기타산업기계	9,098	69.6	기계요소	12,232	-7.8
5	기계요소	7,292	-1.3	어류	11,946	4.5
6	어류	6,020	-7.4	주단조품	11,662	-0.3
7	주단조품	5,528	30.3	철강판	9,693	-64.9
8	비누치약및화장품	4,666	80.1	선박해양구조물및부품	8,662	75.6
9	산업용 전기기기	4,165	7.0	신변잡화	7,988	-4.0
10	기구부품	4,023	-33.4	산업용 전기기기	7,332	-28.1

주: 품목은 MTI 3단위 기준

자료: 한국무역협회 부산지역본부

2) 부산시 교류협력 실태

1992년 한중 수교 직후, 한국 정부는 자치단체들의 중국 도시와의 자매결연을 권장하였다. 그리고 1993년 8월, 부산과 상하이는 자매우호도시 협약을 체결하였다. 협약 체결 이후 부산과 상하이는 한중 양국의 제2도시이자 항구도시라는 공통점 아래 민관 분야 중심으로 교류 활동이 전개되었다. 민간에서는 2001년부터 양 도시의 청소년 교류(홈스테이, 학교 간 자매결연)를 시작으로 예술단 공연, 스포츠 교류 및 아동 우호 그림전 등을 통해 지속적인 관계를 유지하고 있다. 양 도시는 관(官) 중심의 친선

행사 방문, 공무원 교류 방문, 무역 박람회 사절단 방문 등 행정 교류를 활발하게 진행해왔다. 올 해에도 '부산시 의회-상하이 인민대표대회', '부산시 교육청-상하이 교육위원회', '부산경찰청-상하이 공안국' 등에서 교류협력이 추진되었다.

부산은 자매협력 26개 도시, 우호협력 11개 도시 등 총 37개 도시와 자매우호협력 관계를 맺고 있다. 부산시는 국제교류 내실화 목표아래 전략적 국제협력 강화, 글로벌도시 브랜드 마케팅 강화, 외국인이 살기 좋은 환경조성, 동북아 최고 전시컨벤션 조성을 중점 추진하고 있다. 중국 도시들과 전략적 국제협력 강화를 위해 세일즈 마케팅 외교 및 교류영역을 확대하였다. 중국 투자기업 유치를 위한 세일즈 마케팅을 산시성·헤룽장성에서 진행하였으며 지린성·헤룽장성을 북방 거점도시 시장으로 개척하고 있다. 또 중국 자매우호도시의 공무원 초청을 통한 부산 경제·산업·관광 현황을 소개하는 기회로 활용하고 있다.[5]

부산과 상하이의 교류협력에 대한 양 도시의 국제교류 관련 실무담당자 인터뷰를 진행하였다.[6] 당시의 전문가들은 양 도시의 업무담당자, 연구자 및 기업 관계자들로서 오랫동안 관련 업무에 종사한 사람들이였다. 이들은 부산이 중국과의 교류협력에 대한 적극적인 노력을 긍정적인 평가의 첫 번째로 언급하였

5 　부산광역시 국제교류사업, https://www.busan.go.kr/bhbusiness01(검색일: 2020.9.4.)

6 　부산-상하이 교류협력 활성화 방안조사(2012), 부산-상하이 경제협력 간담회(2014), 부산-상하이 협력포럼(2019) 등의 연구내용을 종합함.

<표 6> 부산의 자매우호협력 현황

37 (우호 11)	아시아태평양 22(9)	중남미 3(1)	북미 3	아프리카 2	중동 2(1)	유럽 4
자매도시 (23개국 26개 도시)	가오슝(1966.6.30), 로스앤젤레스(1967.12.18), 시모노세키(1976.10.11), 바르셀로나(1983.10.25), 리우데자네이루(1985.9.23), 블라디보스토크(1992.6.30), 상하이(1993.8.24), 수라바야(1994.8.29), 빅토리아주(1994.10.17), 티후아나(1995.1.17), 호찌민(1995.11.3), 오클랜드(1996.4.22), 발파라이소(1999.1.27), 웨스턴케이프주(2000.6.5), 몬트리올(2000.9.19), 이스탄불(2002.6.4), 두바이(2006.11.13), 후쿠오카(2007.2.2), 시카고(2007.5.7) 상트페테르부르크(2008.6.11), 프놈펜(2009.6.11), 뭄바이(2009.11.19), 데살로니키(2010.3.8), 카사블랑카(2011.4.26), 세부주(2011.12.16), 양곤시(2013.1.4)					
우호협력 도시 (6개국 11개 도시)	선전(2007.5.17), 텐진(2007.7.23), 오사카(2008.5.21), 충칭(2010.12.2), 방콕(2011.7.11), 베이징(2013.8.14), 나가사키현(2014.3.25), 반다르아바스(2016.5.30.), 울란바토르(2016.8.3.), 파나마시티(2016.9.28.), 광저우(2019.11.1)					

자료: 부산광역시, https://www.busan.go.kr/bhintexc03(검색일: 2020.9.7.)

다. 한중 수교와 동시에 부산은 선제적으로 상하이와 자매결연을 맺고 상하이무역사무소를 설치하는 등 적극적으로 對중국 교류 및 협력에 적극적으로 추진하였다. 그리고 상하이와 자매도시 결연뿐만 아니라 중국의 다른 도시까지 우호협력도시를 확대해서 부산기업의 대중국 진출과 투자유치에도 노력하였다. 베이징, 톈진, 충칭, 광저우까지 우호협력도시 관계를 맺고 있으며 부산시 산하 기초자치단체들 차원에서도 중국 지방정부들과 자매결연을 체결하였다. 다음으로, 여전히 보완될 점이 많기는 하지만 초량에 '차이나타운'이 건설되어서 대외적으로 친중국 도시라는 이미지를 형성한 점을 긍정적으로 평가하였다. 1999년 차이나타운으로 지정하고 혼란스러운 거리를 정비와 함께 지역경제 활성화를 유도하는 관광 명소로 탈바꿈했다. 마지막으로 부산은 중국인관광객 유치를 위해 다양한 노력을 계속하고 있다는 점이었다. 중국인 관광객을 위한 관광 인프라 개선, 현지 수요조사 및 홍보마케팅 전개에 지속적인 노력을 해오고 있다.

한편에서는 부정적 평가도 제기되었다. 첫째, 양 도시는 상대방에 대한 체계적인 조사·연구가 부족하고 관련 정보를 지속적으로 모니터링하는 노력이 부족하다. 특히, 부산은 중국 전문가 집단 운용을 통한 상시적인 자문 및 조사연구도 부족하다. 중국 시장이 광활하고 경영환경이 급변하기 때문에 체계적인 조사가 필수적이나 부산의 현실은 그렇지 못하다. 둘째, 교류협력 관련 행사 및 정책이 일회성으로 끝나는 경우가 많다. 지속적이지 못한 행사는 양 도시 시민들의 관심에서도 멀어지고 실질적인 결과물을 기대하기도 어렵다. 셋째, 교류협력 관련해서 일관되고 체계적인 전략 수립 및 정책 추진이 부재되어 있다. 부산은 중국 관련 현안에 대한 각 부서들의 유기적인 협력 및 통합 관리가 부족하다. 사업에 대한 조직적이고 체계적인 것이 아니라 현안에 따라 부서별로 진행돼서 기대효과도 크지 않다. 무엇보다도 담당자들의 짧은 근무기간으로 향후 지속적인 업무 추진에도 장애가 된다. 중국 담당자는 계속 오랫동안 본연의 업무를 하지만 부산의 실무담당자는 해가 바뀌면 교체가 된다는 점이 문제로 제기되었다.

4. 부산시의 대상하이 교류협력 활성화 방안

부산이 중국 도시들과 교류협력을 더욱 활성화시키고 경제분야로 확대하기 위해서, 부정적인 측면에 대한 실현 가능한 개선방안을 모색해야 한다. 첫째, 상하이와 진전된 교류활동을 위해 학술교류를 시작하고 여기서 경제협력 모델 발굴을 시도해야 한다. 부산은 '상하이-타이페이 도시포럼'과 같이 민관이 함께 참여해서 상하이 시장 진입과 활용을 위한 전략 수립을 시작해야 한다. 상하이의 도시경쟁력과 위상은 과거에 비해 매우 높아졌다. 금융 분야만 보더라도 상하이와 부산의 격차는 매우 크다. 세계 주요 도시의 국제금융센터지수(GFCI: Global Financial Centres Index)에 따르면 상하이 5위, 부산 43위에 그치고 있다.

상하이는 글로벌 금융허브 도시뿐만 아니라 글로벌 비즈니스(창업) 도시, 글로벌 패션(뷰티) 도시로도 주목받고 있다. 연간 1,000회가 넘는 비즈니스 전시회가 개최되고 11월의 수입박람회 때는 상하이 시정부가 임시 휴무일로 지정해서 관공서 및 학교가 휴무에 들어간다. 올해에는 150여 국가에서 3,000개 이상의 기업이 참가할 것으로 예상되고 있다.[7] 패션 및 뷰티 분야에서는 글로벌 기업들이 대거 상하이에 런칭하였으며, 상하이 고객들의 소비성향을 적극 반영하고 있다.

둘째, 상하이뿐만 아니라 주변 도시로까지 관심과 교류를 확대시켜 나아가야 한다. 상하이를 중심으로 인근 장쑤성 9개 도

---

[7]   2019 중국국제수입박람회(中国国际进口博览会) 보도자료(2019.10.22)

<표 7> 2019년 국제금융센터지수(상반기)

순위	도시	점수
1	미국 뉴욕	790
2	영국 런던	773
3	홍콩	771
4	싱가포르	762
5	중국 상하이	761
6	일본 도쿄	757
7	중국 베이징	748
8	두바이	740
36	한국 서울	677
43	한국 부산	662

주: 국제금융센터지수(GIFC)는 영국계 컨설팅업체 지엔(Z/Yen)그룹과 중국 싱크탱크인 중국종합개발연구원(CDI)이 도시별 국제금융 경쟁력(기업환경, 인적 자원, 기간시설, 금융산업 발전도, 명성)을 측정

자료: 중앙일보(2019.9.21.)

시, 저장성 8개 도시, 안휘성 8개도 시 등 26개 도시가 참여하는 《창장삼각주도시군발전계획(长江三角洲城市群发展规划)》이 진행되고 있다. 광역경제권 종합 발전 계획으로 상하이의 글로벌 도시화 경쟁력이 약하고, 인구 밀집도가 매우 높은 것에서 초래되는 도시 문제를 해결하고자 한다. 중국 상하이가 거대 경제권 조성을 통해 도시 간 협력을 강화해서 통합발전 모델을 모색하고 있기 때문에 부산의 대응방안도 변화가 필요하다.《창장삼각주도시군발전계획》에서는 '1핵5권4지대(一核五圈四带)'의 공간구조를 설정하고 있는데, 발전을 견인하는 핵심 도시들과의 교류를 추진하고 경제적 이용가치를 재구성해야 한다. 특히, 거점 도시를

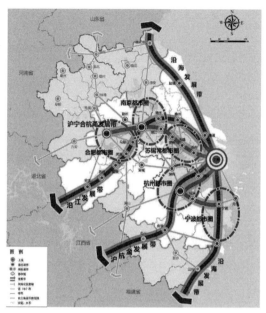

<그림 2> 창장삼각주의 도시공간 구조와 발전축

자료:《长江三角洲城市群发展规划》

중심으로 대형 도시군이 형성되어서 역내 지역 격차가 빠르게 감소하는 등 소득수준이 높은 고급 내수시장이 형성되고 있는 점에 주목해야 한다.

상하이는 인구, 주택, 차량 등 과밀화와 임금, 임대료 인상 때문에 제조업 시설이 주변 도시로 이전하였다. 최근에는 주택난 속에 광역 고속철도와 도로가 획기적으로 발달하면서 거주지를 외곽 도시로 옮기고 있다. 쑤저우(苏州), 우시(无锡), 창저우(常州), 난통(南通), 자싱(嘉兴), 후저우(湖州), 항저우(杭州), 사오싱(绍兴), 닝보(宁波), 저우산(舟山) 등 10개 도시는 상하이 중심의 메갈로폴

리스(Megalopolis) 구축이 가시화되고 있다. 상하이에 투자 진출했던 부산 기업들도 상하이를 떠나서 주변 도시로 이전했기 때문에 상하이와 직접적인 기업 교류도 사실상 어렵다. 상하이 등 중국 동부 연안의 도시들은 외국인 직접투자(FDI)의 양적 성장에만 집착한 결과 지역 간 과열경쟁 속에 여러 가지 문제점을 체험하였다. 따라서 지금부터는 광역경제권의 도시 간 협력으로 에너지, 자원 소모가 많고 환경오염이 예상되는 산업에 대한 투자를 제한하는 등 관리감독을 강화하고 있다.

셋째, 상하이가 관심을 갖고 있는 분야에서 부산의 기회를 찾아야 한다. 중국 조선 총량의 약 60%가 창장삼각주에서 이루어지고 상하이가 중심지역이다. 세계적인 경쟁력의 상하이와이가오차오조선(上海外高橋造船)를 중심으로 주변 16개 도시에서 조선업 및 조선기자재업이 성업 중에 있다. 또한, 상하이는 유망 스타트업 육성을 위한 인프라 구축에 노력하고 있으며 중국 최대의 스타트업 인큐베이터(상하이 텐센트 창업센터)가 있다. 마지막으로, 상하이는 중국의 패션, 뷰티를 견인하는 도시답게 글로벌 기업들이 진출해서 매년 많은 전시회가 열린다. 최근 인천 소재 코리아고스팩은 중국 산시헝종그룹과 3천만 달러(360억 원) 규모의 투자협약을 체결했다. 중국 기업이 한국 화장품의 기술력을 인정해서 투자를 결정한 것이다. 부산은 조선기자재업이 성업 중이고, 스타트업 인큐베이터가 발달한 도시이며 천혜의 뷰티산업 환경을 갖고 있다. 따라서 상하이와 같은 분야에서 교감하며 상호 발전 방안을 모색할 수 있다.

5. 결론

우리에게 친숙한 중국 상하이는 부산과의 자매도시 성립 30주년을 눈앞에 두고 있다. 부산은 상하이와의 교류에서 민관 교류가 상대적으로 비중이 높고 경제교류, 관광교류는 저조한 성과에 그치고 있다는 점에서 그동안 변화 요구가 꾸준히 제기되었다. 이와 함께 상하이와 중국의 높아진 국제적 위상, 경제 성장을 고려해서 부산은 교류협력 방향을 다시 설정해야 하는 시점에 있다.

부산은 상하이와 많은 교류협력 프로그램을 진행해왔지만 시민들이 느끼는 만족도 및 인지도는 크지 않다. 행정기관 중심의 행정교류에 편중되어 있어서 시민들의 참여기회가 적었고 일회성 프로그램으로 그쳤기 때문이다. 두 도시가 긴밀한 협력 아래 교류 프로그램이 실질적인 성과에 이르도록 분명한 목표를 갖고 일관성 있게 추진하는 적극적인 모습을 기대한다.

참고문헌

구효진(2010), "관광산업 활성화를 위한 자매도시결연의 효과에 관한 연구", 『한일어문논집』 제14집, 한일일어일문학회.
김계태 · 유미선(2019), "군산과 중국 지방정부간 교류협력 방안 소고", 『한중관계연구』 5권, 원광대학교 한중관계연구원.

김재익(2007), "인천광역시와 중국 자매도시 간 통상협력 강화 방안", 인하대학교 국제통상대학원.

신종호(2010), "경기도 국제교류 협력 기본계획 연구", 경기개발연구원.

장정재(2012), "중국 상하이 자매도시와 부산의 교류협력 활성화 방안", 부산연구원.

《창장삼각주도시군발전계획(长江三角洲城市群发展规划)》

주중국 한국대사관, http://overseas.mofa.go.kr

한국무역협회 부산지역본부

부산광역시, https://www.busan.go.kr

중앙일보(2019.9.21.)

한·중 산업단지의 추진과
상하이-부산 협력

허시여우(푸단대)

1. 서론

2015년 말 한·중 자유무역협정(이하 한·중 FTA) 발효된 이후, 새로운 한·중 경제협력이 어떻게 질적 향상을 이뤄낼 것인가에 대해 양국 정·재계의 관심이 쏟아졌다. 한중 신흥 산업단지는 양국 정부 특히 지방정부와 산업계의 큰 기대를 받았다. 하지만 2017년 사드 갈등 이후 양국의 관계가 한동안 얼어붙게 됨에 따라 특별한 성과를 이루지 못했다. 2018년 이후 양국의 갈등이 다소 완화되면서 옌타이(烟台), 옌청(盐城), 후이저우(惠州) 등 3대 한중 산업단지를 포함한 각지의 한중 산업단지의 건설과 운영이 재개되고 있다. 현재는 코로나19의 영향으로 산업단지 건설을 추진하는 데에 새로운 제약이 생겼으나, 2020년 6월 창춘(长春)과 하얼빈(哈尔滨)에 새로운 산업단지를 조성하는 등 어려운 상황 속에서도 양국은 협력을 강화하려는 강력한 의지를 내보이고 있다.

신흥 한중 산업단지는 향후 상당한 잠재력을 갖고 있으나, 이 주제에 관하여 아직은 발전 형태나 기능적 유형 또는 운영 모델 등 여러 방면에서 체계적 연구가 부족한 실정이다. 예를 들어 신흥 한중 산업단지의 구조적 특징과 향후 전망, 양국 정부와 지방 정부 및 재계의 효율적인 협력체계의 구축 여부, 서로 다른 단지들의 효율적인 운영방안 등에 대해 심도 깊은 연구가 필요하다.

이와 관련하여 핵심적인 문제는, 한중 양국이 적극적으로 지방 협력을 도모함에 있어서 양국의 경제중심지인 상하이와 부산이 어떻게 상호 호혜적인 자매 관계를 바탕으로 산업 협력을 확대할 수 있는가 하는 점이다. 이에 본 논문은 한중 산업단지의 추진현황, 분포구조, 기능적 역할 등을 체계적으로 분석하고, 이를 바탕으로 상하이-부산 산업협력의 방향과 시사점을 모색하고자 한다.

2. 한중 산업단지의 태동과 협력체계

1) 한중 산업단지의 태동

신흥 한중 산업단지는 전통적인 한국의 '산업단지' 혹은 '공업단지'와는 명확하게 구별된다.[1] 이는 한중 FTA의 발효 이후에 양국 경제 협력이 새로운 단계로 나아가기 위해 조성된 것으로, '신

---

1   荀克宁, 韩国产业园区在我国的发展实践与经验, 山东社会科学, 2016年11期.

홍'과 '한중 간 협력'이라는 성격을 골자로 하는 새로운 산업단지이다. '한중 산업단지'라는 명칭이 정식으로 사용된 것은 지난 2011년 9월 6일 중국 상무부와 한국 지식경제부가 창춘(长春)에서 체결한 《한중 산업협력단지에 관한 양해각서》이다. 이에 따르면 양국 정부는 충칭(重庆)의 양장(两江)신구에 한중 산업단지를 공동 건설하겠다는 뜻을 밝혔으며, 이 협력 계획은 2010년 12월 열린 한중 제17차 경제 무역 연합위원회에서 제기되었다.

충칭 양장 산업단지는 2011년 9월 14일 개장하여 많은 기대와 관심을 모았다.[2] 이는 심지어 싱가포르와 협업하여 조성한 쑤저우(苏州) 공업단지와 톈진(天津) 중신생태성(中新生态城)을 잇는 전국적 차원의 '제3의 산업단지 구역'으로 간주되었다.[3] 이 단지의 핵심 지역에 자동차와 전자산업을 비롯하여 문화산업과 디지털 엔터테인먼트 등의 신흥 산업과 신재생 에너지설비 등 기타 산업을 중점적으로 육성하여 한국의 강점인 제조업과 엔터테인먼트 산업을 위주로 하는 첨단 산업단지를 조성하고자 했다.

이후 2012년 5월 시작한 한중 FTA협상이 2015년 12월에 발효됨에 따라 한중 경제관계의 새 시대가 열렸고, 일부 지방정부가 '한중 산업단지' 조성에 나서면서 이러한 움직임은 양국의 큰 관심을 받았다.

---

2   曾毅, 重庆两江新区将建中韩产业园, 光明日报, 2011年9月7日.

3   中韩产业园成为全国"第三园", 重庆商报, 2011年9月7日.

2) 한중 산업단지의 협력체계

기존의 '한국 산업단지'는 주로 지방 정부가 주체가 되어 자발적으로 운영되었다. 중앙정부 차원에서는 신흥 한중 산업단지에 관한 구체적인 제도적 장치가 없었으나, 양국 정부의 합의와 조율체제를 기반으로 운영된다는 점은 분명하다. 이는 2014년 7월 시진핑 국가주석과의 정상회담에서 양국이 한중 산업단지 조성에 합의하면서, 구체적인 협력 체제를 다음과 같은 문서에 명시한 데에서 확인할 수 있다.

첫째는《한중 자유무역협정》이다. 2015년 6월 체결되어 같은 해 12월에 발효된 이 협정은 각지에서 한중 산업협력을 추진하는 제도적 기반이 되었다. 그중 제17.25조인 '지방 경제 협력' 조항은 한중 FTA의 결실로써 이를 활용해 지역경제협력을 추진하는 내용을 담고 있다. 또한 제17.26조에서는 양국이 협의 하에 지정한 '한중 산업단지'를 설립하고, 운영과 발전에 있어 지식공유, 정보교환, 투자활성화 등을 포함하여 지정 산업단지 내 기업의 상호 투자 촉진의 협력에 관한 내용을 규정하고 있다.

둘째는《한중 산업협력단지에 관한 양해각서》이다. 이 문건은 박근혜 대통령과 리커창 총리가 지켜보는 가운데 2015년 10월 31일에 한국 산업통상자원부와 중국 상무부가 체결한 것이다. 여기에서는 산둥(山东)성 옌타이(烟台)시, 장쑤(江苏)성 옌청(盐城)시, 광둥(广东)성과 한국의 새만금을 협력단지로 선정하였다.

한중 산업단지 협력 체제가 설립되고, 양국은 세 번의 회의를 통해 소통과 조율을 거쳤다.

제1차 회의는 2015년 11월 30일에 서울에서 개최되었다. 한중 양측은 새로운 협력 모델을 구축하고 신흥 산업을 위주로 혁신과 창업형 기업의 입주를 추진하여 창조적 창업의 무대를 마련하고자 하였다. 이를 통해 한중 산업단지를 '한중 자유무역협정 (FTA) 시대' 양국 경제무역 협력의 시범구로 만들기로 합의했다. 양측은 2016년 2차 회의를 중국에서 열기로 합의했으나, 양국 관계가 굳어지면서 결국 무산됐다. 2017년 12월 11일 중국 정부는 '한중 산업단지 설립 동의에 관한 비준'을 발표하고 옌타이, 옌청, 후이저우에 3대 한중 산업단지를 설립하기로 합의한 데 이어 13일 문 대통령이 중국을 방문해 양국 관계의 긴장을 해소하기 위한 발판을 마련했다.

제2차 회의이자 제1차 한중 산업단지 협력 교류회가 2018년 6월 12일 옌청에서 개최되었다. 이들 3대 한중 산업단지의 개막은 한중 산업단지 조성이 실질적인 단계에 들어섰음을 알리는 신호탄이 되었다. 이와 더불어 단순한 '협력 체제'로 시작했던 것이 '협력과 조정 체제'로 재조정되었다.

세3차 회의와 제23차 한중 경제 공동위원회는 2019년 6월 17일부터 19일까지 이틀에 걸쳐서 서울에서 진행되었다. 양측은 양국의 지방 경제협력을 통하여 첨단산업협력을 집중적으로 발전시키기로 하였다. 이를 위해 양국 간 새로운 기술, 새로운 산업, 새로운 산업 형태, 그리고 새로운 협력 모델 등 다양한 방면의 중요 시범적 작용을 적극적으로 평가하여 옌타이, 옌청, 후이저우,

새만금 4개의 한중산업단지의 협력과 발전을 촉진하고, 새로운 성장 동력의 개발과 운영체제의 혁신 등과 같은 발전을 종합적으로 이뤄내기로 합의하였다. 또한, 양측은 업무시스템의 개선과 정책조율의 강화를 통하여 투자환경을 최적화하고 양측 지역 간 교류를 더욱 신속하게 하며, 한중 산업단지를 양국의 개방협력의 새로운 고지로 만들겠다고 밝혔다.

2020년 8월 1일 칭다오에서 개최된 제24차 한중 경제 공동위원회에서 양국 간의 연계를 강화하고, 산업협력을 통한 각 분야의 무역투자 협력을 공동으로 추진하여 코로나19 이후 한중 경제무역 협력의 새로운 성장 발판을 육성하고, 한중 산업단지 공동건설을 계속 내실 있게 추진하여 지방 협력의 새로운 전환점을 만들자는 데에 합의했다.

3. 한중 산업단지의 분포와 역할

1) 한중 산업단지의 추진현황

한중 FTA의 체결 과정 중, 특히 2014년 7월 양국 대표 간 한중 산업단지의 공동 건립에 합의한 이후에 일부 중국 지방정부들은 한중 산업단지 건설 계획을 세웠다. 한중 FTA가 체결된 2015년부터 현재 2020년까지 약 5년간 한중 산업단지 건설 계획을 구상한 지방자치 단체는 약 30여 개에 이르는 것으로 나타났다.

지역적으로 살펴보면, 한중 산업단지의 분포는 주로 두 가지의 종류로 나타난다. 첫째는 동부 연안 지역으로, 주로 항구도시와 지방 경제 중심지에 분포하고 있다. 항구도시에 분포하는 경우는 북쪽에서 남쪽을 포함하며 주로 랴오닝(辽宁)성의 잉커우(营口)와 다롄(大连), 톈진(天津), 산둥(山东)성의 칭다오(青岛), 옌타이(烟台), 웨이하이(威海), 장쑤(江苏)성의 옌청(盐城), 저장(浙江)성의 원조우(温州), 광둥(广东)성의 후이저우(惠州) 등이 있다. 경제 중심지는 랴오닝(辽宁)성의 선양(沈阳), 산둥(山东)성의 지난(济南), 장쑤(江苏)성의 우시(无锡)와 쑤저우(苏州), 저장(浙江)성의 항저우(杭州) 등을 들 수 있다. 두 번째는 중서부 내륙지방의 중점도시로 동북지역에 위치한 지린(吉林)성의 창춘(长春), 헤이룽장(黑龙江)성의 하얼빈(哈尔滨) 등이 있고, 서부지역에는 충칭(重庆), 쓰촨(四川)성의 청두(成都), 산시(陕西)성의 시안(西安), 셴양(咸阳), 간수(甘肃)성의 란저우(兰州) 등에 주로 분포하고 있다.

시기적으로 살펴보면, 한중 산업단지는 2011년과 2012년에 각 1건, 2014년에는 6건, 2015년 14건, 2016년 6건, 2017년에 1건, 2019년 3건, 2020년 2건이 있다. 현재 한중 산업단지의 대부분이 초창기인 점을 감안할 때, 아직은 이 과정을 기초적인 단계로 분류할 수밖에 없다. 따라서 분류 방식은 2015년 6월 한중 FTA에 서명한 것을 기점으로 초기 탐색과 발전기의 2단계로 분류하거나, 혹은 집중 출현 시기를 기점으로 탐색기간, 발전기, 시범적 회복기의 3가지 단계로 분류할 수 있다(표 1 참조).

<표 1> 중국 각지의 신흥 한중 산업단지(2011~2020)

번호	시기	지역·도시	산업단지	주요산업분야	목표
1	2011.9	충칭 양장신구 (重庆两江新区)	한중 산업단지 (中韩产业园区)	전자, 문화 창의, 디지털 엔터테인먼트, 신재생에너지	한국기업의 중서부 문화 단지와 제 2의 고향, 한중 산업 협력의 중요한 토대
2	2012.4	시안 고신구 (西安高新区)	삼성 산업단지 (三星产业园)	IT	반도체 산업 체인과 IT 산업 개선 및 국제화
3	2014.1	시안 고신구 (西安高新区)	한중 저탄소친환경 산업단지 (中韩低碳环保产业园)	친환경 신재생에너지, 신소재	전방위적 서비스를 제공하는 특색 있는 산업단지
4	2014.12	톈진 빈하이신구 (天津滨海新区)	메이리 산업시범구 (美丽产业示范区)	뷰티, 헬스 등 안티에이징	뷰티 산업의 개발 및 한중경제 협력 모델 혁신
5	2014.12	셴양 고신구 (咸阳高新区)	한국중소기업 산업단지 A구 (韩国中小企业产业园A区)	전자 신소재, 전자 부품, 반도체 조명, 소프트웨어 서비스 아웃소싱, IT 환경 보호, 의료 및 미용	통합 지원 다기능 벤처 산업단지
6	2014.6	지난 (济南)	한중 첨단산업협력 지난 시범구 (中韩尖端产业合作济南先行示范区)	신소재, 전자 기술, IT, 첨단 장비 제조	중국 특산품 및 영향력 있는 상품 무역 중심
7	2014.8	칭다오 황도신구 (青岛黄岛新区)	한중혁신산업단지 무역협력구 (中韩创新产业园贸易合作区)	서비스 무역, 건강 및 해양 경제, 문화 분야, 친환경 라이프	한중 지방 협력 및 산업 협력 고지, 동북아 국제 해운 허브, 경제 무역 센터
8	2014.8	정저우 (郑州)	종모한국산업단지 (中牟韩国产业园)	자동차, 문화 관광, IT	산업 동력 전환 및 전반적 산업의 질적 향상
9	2015.1	원저우 (温州)	원저우 한국 산업단지 (温州韩国产业园)	패션, 건강, 영화, 첨단 장비 제조	하이테크 중심의 패션 산업단지

10	2015.3	친황다오 (秦皇岛)	한중 첨단산업 인큐베이터 및 코리아타운 프로젝트 (中韩高新技术产业孵化器暨韩国城项目)	의료 성형외과, 피부 관리, 직업 기술 교육, 의류, 화장품 및 첨단 기술 산업	한국 기업과 제품의 중국 시장으로의 진출 지원
11	2015.3	웨이하이 (威海)	한중 자유무역 시범구 (中韩自贸区示范区)	관광, 상품 무역, 의료 및 미용, 건강 및 웰빙, 문화, 영화 및 TV 애니메이션, 패션 아이디어, 국제 전자 상거래 등	한중 지방경제협력 시범
12	2015.4	옌지 (延吉)	한중 옌비엔 산업단지 (中韩延边产业园)	국제 물류, 건강 기술, 생태 식품, 전자 정보	대외무역협력의 확대 및 대외산업의 발전
13	2015.4	잉커우 (营口)	한중 자유무역 시범구 (中韩自贸示范区)	디스플레이, 무역, 창고 및 유통	한국의 전자, 의류 및 일용품의 유통, 동북 3개 지방과 내몽골의 4개의 동맹을 연계
14	2015.5	다롄 김보신구 (大连金普新区)	다롄 국경 간 전자 상거래 종합 시험구 및 한중 무역 협력구 (大连跨境电商综合实验区暨中韩贸易合作区)	지능형 창고 물류, 전자 상거래, 인터넷 금융, 디자인, 대외 무역 서비스	국경 간 전자 상거래를 위한 포괄적 시험구
15	2015.6	옌타이 (烟台)	한중(옌타이) 산업단지 (中韩(烟台)产业园)	하이엔드 장비 제조, 고급 서비스, 해양 공학 및 기술 및 기타 신흥 산업, 문화 창조	한중 자유무역지대 산업협력 시범구
16	2015.6	옌청 (盐城)	한중(옌청) 산업단지 (中韩(盐城)产业园)	자동차, 신에너지 자동차, 태양광, 지능형 장비 제조, 소프트웨어 및 서비스 아웃소싱, 전자 상거래 물류, 빅데이터, 뷰티, 항만 물류 및 중장비 제조	한중산업단지 지방협력도시

17	2015.7	항저우 서후구 (杭州西湖区)	한중 문화산업단지 (中韩文化产业园)	온라인 영화 제작 및 무역, 한국 영화 및 TV 교육, 인기 요소 전시회, 가상 기술 경험	고급 기업가 인큐 베이터 및 혁신 및 기업가 정신 산업 단지
18	2015.7	창저우 (沧州)	황화 한국 산업단지 (黄骅韩国产业园)	자동차 부품 제조, 무역 서비스	한국의 특색을 살 린 서부신도시 조성
19	2015.8	우시신구 (无锡新区)	한중 (우시) 기술 금융 서비스 협력구 (中韩(无锡)科技金 融服务合作区)	항공 장비 제조, 화 장품, IT, 자동차 부품, 생명 과학 기 술, 새로운 에너지, 과학 기술, 금융	선도적 과학기술 및 금융서비스 시범구
20	2015.8	쑤저우 상청구 (苏州相城区)	쑤저우 (중국) 웨 딩 시티 한국관 (苏州(中国)婚纱城 婚庆韩国馆)	웨딩 문화 산업	한중 결혼 문화산 업협력센터
21	2015.11	청두 고신구 (成都高新区)	한중 혁신창업단지 (中韩创新创业园)	혁신적인 기업가 정신 인큐베이션, 하이엔드 제조	일류 산업단지 및 혁신적인 기업가 정신 플랫폼
22	2016.1	란저우신구 (兰州新区)	란저우 신구 한중 산업단지 (兰州新区中韩产 业园)	정밀 화학, 신소재, 장비 제조, 자동차, 전자, 금융 서비스, 국경 간 전자 상거 래, 현대 농업	한국의 첨단 제조 및 문화 창조 산업 을 도입 국제 중소기업 협 력 시범 기지, 첨단 산업 기지 구축
23	2016.3	상하이 펑셴구 (上海奉贤区)	상하이 한중 혁신 창업단지 (上海中韩创新创 业园)	바이오, 뷰티, AI, 정보 기술, 건강식 품, 문화 창조 및 기타 뷰티 및 웰빙 산업	양국 혁신 및 기업 가 정신 정책과 결 합하여 기술 기반 산업단지 조성
24	2016.3	후이저우 (惠州)	한중(후이저우) 산업단지 (中韩(惠州) 产业 园)	2단계 6 지역 전자 정보 산업, 석 유 화학 산업, 건강 산업	광동 제 4차 자유 무역지대, 중국 남 부 한중 FTA 선도 지역 건설, 다완구 대외협력 플랫폼, 광동개방 신체제 시범구 건설

190

25	2016.4	취저우 (衢州)	한중(취저우) 산업 협력단지 (中韓(衢州) 产业 合作园)	화학 신소재, 화 학 섬유, 불소 화 학, 멤브레인 (membrane), 중공 업 장비	한국풍 현대 산업 협력 단지 건설
26	2016.5	선양 (沈阳)	선베이 국제 (한 중) 혁신산업단지 (沈北国际(中韓)创 新产业园)	하이 엔드 제조, 차 세대 정보 기술, 현 대 서비스	신산업 개발 및 클 러스터 형성을 선 도하는 혁신단지
27	2016.7	창춘 (长春)	한중(창춘) 국제 협력 시범구 (中韓(长春)国际合 作示范区)	첨단 제조, 현대 서 비스, 금융 센터 및 혁신 센터	산업, 혁신, 교육, 인재 및 기타 분야 에서 실질적인 협 력 촉진
28	2017.1	후저우 (湖州)	한중(우싱) 산업 협력 단지 (中韓(吴兴) 产业 合作园)	화장품 산업	외국 화장품 기업 의 집결지 조성
29	2019.1	창저우 (沧州)	한중(창저우) 산업 단지 (中韓(沧州) 产业 园)	하이엔드 제조, 신 재생에너지, IT, AI, 현대 서비스, 생태 환경 보호 등	한중 FTA에 따른 지방 주요 국제 산 업 개발의 플랫폼
30	2019.1	웨양 (岳阳)	한중 스마트 디스 플레이 산업단지 (中韓智能显示产 业园)	스마트 제조	전자 정보 산업 클 러스터 구축
31	2019.2	타이위안 (太原)	한중 어린이 문화 산업단지 (中韓儿童文化产 业园)	어린이 문화 사업	산시의 역사와 문 화의 다양성과 국 제화 지원
32	2020.7	선양 (沈阳)	선푸개혁 혁신 시 범구 한국산업단지 (沈抚改革创新示 范区韩国产业园)	디지털 경제, IT 응 용 프로그램 및 장 비, 인공 지능 및 지능형 제조 및 신 소재, 바이오, 신재 생에너지(수소 에 너지), 현대 서비스 산업	한중 협력 플랫폼 시범구, 랴오닝성 의 대한국 협력 신 고지 및 대외 협력 모범 단지

| 33 | 2020.8 | 하얼빈신구
(哈尔滨新区) | 한중국제혁신 창업
센터
(中韩国际创新创
业中心) | 환경 보호, 인공 지
능, 기술 금융, 국
경 간 전자 상거래,
스마트 시티 | 중소기업과 협력
강화, 한국 혁신 및
기업가 정신 적용,
벤처 기업 육성 |

자료 출처: 언론 보도에 따라 직접 작성

2) 한중 산업단지의 역할

중국 경제 발전 과정 중, 각종 개발구역, 예를 들어 경제 기술 개발구, 첨단 기술 개발지구, 산업 지구, 보세(保税) 지구, 수출 가공지구, 국경 협력지구 및 기타 종류의 경제적 성격을 가진 특별 지구는 제도 혁신, 산업향상, 지속가능한 개발 등 다양한 방면에서 중요한 시범적 역할을 수행하여 지방정부가 지속적으로 성장할 수 있는 성장 동력이 되어왔다. 하지만 과다하게 많은 경제 특구가 생겨나고, 저수준의 중복적 건설이 자행되며, 과도한 경쟁이 자행되는 등의 각종 문제점이 여실히 드러나기도 했다. 2017년 중국은 중앙정부의 진두지휘 하에 개발지역 개혁 정책을 추진하겠다는 것을 표명하였으며, 이에 따라 각지의 개발 지구는 2차 창업 물결이 시작되었다. 신흥 한중산업단지는 바로 각종 경제개발구에 대한 개혁의 산물로서, 한중 양국이 산업협력을 높인다는 큰 기대를 짊어지고 있다.

한중 산업단지는 새로운 경제 특구로서, 대부분 '제4세대 산업단지'에 속한다. 즉, 이는 저탄소 순환과 녹색 지속가능한 발전이라는 기본 이념을 모토로 국제화된 관리와 시장화에 의해 효율적으로 국제 자원을 통합하는 것을 핵심으로 한다. 나아가 정보, 지식, 기술, 표준, 인재와 관리 등 무형재산의 창조적 혁신을 동력으로, '지능창의+서비스'의 현대 산업 클러스터를 주체로 하는 현대 산업 생태, 공간형태, 자연적 융합과 고도화된 일체화를 목표로 하는 신흥 경제 개발지구이다.[4] 이와 같은 산업지구의 발전 계획과 목표로 알 수 있듯이, 신흥 한중 산업단지는 양국 지방경제 협력을 고도화시키고, 첨단산업협력의 심화를 촉진하며, 신기술과 신산업, 새로운 협력 모델을 만드는 것을 목적으로 한다.

한중 산업단지의 추진 현황에서 알 수 있듯이, 단계적 중대단지 건설이 양국 산업 협력의 방향표이자 한중 산업단지 건설의 이정표가 된다. 2011년 9월 가동된 충칭 양강신구 한중 신흥 산업단지는 신흥 한중산업단지 건설의 시발점이 되었다. 또 2012년 4월 시작한 시안의 고신구 삼성 산업단지는 서부지역 대형 한중산업단지의 대표격으로서, 한중 산업협력이 동부 연안에서 서부 내륙지방으로 확장되었음을 알리는 신호탄이기도 하다. 2018년 6월 옌타이, 옌청, 후이저우 등 3대 단지의 건설이 실질적으로 시작되었는데, 이는 한중 산업단지가 실질적 단계에 진입했다는 것을 의미하기도 한다. 2020년 6월, 한중 국제 협력 시범 지역의 등장은 후발 시대의 심도 있는 융합형 산업협력 패러다임의 서막을 의미한다.

---

4   朱益民, 努力打造中韩(盐城)第四代产业园区,《唯实》, 2016年 8期.

4. 상하이-부산 산업 협력 프로세스 및 잠재력

1) 상하이-부산 산업 협력 프로세스

1993년부터 상하이와 부산이 자매결연을 체결한 이후, 두 도시는 많은 분야에서 성공적인 협력교류를 진행해왔다. 부산 기업들은 상하이에 지속적으로 투자했다. 한국수출입은행의 대외 직접투자 통계를 분석한 결과 1993부터 2020년 3월까지 부산 기업의 상하이 직접투자는 114건에 이르고 누적금액은 1억 972만 달러였으며, 특히 2007년의 투자실적은 14건, 누적 금액은 1,742만 달러에 달했다.

부산 기업이 상하이에 직접 투자하는 업종은 점차 다양해지는 추세를 보이고 있다. 초기에는 대부분 제조업에 집중되어 있었으나, 2000년 이후 도소매 판매업이 증가하였으며, 2003년 이후에는 물류 및 보관업이 증가하였다. 현재는 전체적으로 제조업(54개)과 도소매업(31개), 운수창고업(5개), 음식숙박업(5개), 시설 임대서비스업(5개), 전문 과학 기술서비스업(4개), 부동산업(3개), 협회단체 및 기타 서비스업(2개), 정보 통신업(2개), 농림어업(1개), 건설업(1개) 교육 서비스업(1개) 등이 주요 투자업종으로 나타났다.

이 가운데 제조업의 54개 누적금액은 0.45억 달러(한화 약 523억)에 달했으며 1995년, 2016년, 2018년을 제외하고는 매해 신규 사업을 진행해왔다. 특히 1993년에서 1999년까지는 매년 1건의

연도	항목(건)	총 금액(천 달러)	산업 및 프로젝트 (건)
1993	1	315	제조업 1
1994	1	300	제조업 1
1995	1	9,900	부동산 1
1996	1	140	제조업 1
1997	0	2,220	제조업 1, 시설 임대 서비스업 1
1998	1	74	제조업 1
1999	1	270	제조업 1
2000	6	856	제조업 6, 도소매업 1
2001	3	460	제조업 3
2002	6	658	제조업 4, 음식숙박업 1, 전문 기술 서비스업 1
2003	7	3,005	제조업 7, 도소매업 1, 운수창고업 1
2004	5	1,850	제조업 1, 도소매업 2, 시설 임대 서비스업 1, 부동산업 1, 협회단체 및 기타 서비스업 1, 건설업 1
2005	8	7,147	제조업 1, 전문 기술 서비스업 1
2006	2	3,742	제조업 1, 도소매업 1

주: 주식 보유율 및 기타 요인의 영향으로, 항목 수와 산업 분포 수가 반드시 일치하는 것은 아님

자료 출처: 한국수출입은행의 OFDI 통계 데이터를 기반으로 자체 제작

신규 투자가 있었던 것으로 파악되었다. 2003년의 신규투자는 7건으로 합계 4백만 달러(한화 약 46억)로 가장 많은 투자가 있었으며, 2007년에는 신규투자 5건, 도합 금액은 약 9백만 달러(한화 약 104억)로 가장 많은 금액을 기록하였다.

도소매업 31건의 누적 투자 금액은 0.41억 달러(한화 약 476억)에 달했고, 2000~2019년 사이 2001, 2002, 2005, 2012, 2016, 2018년을 제외하고 매년 새로운 항목이 추가되었으며, 2007년과 2014년도에는 각각 4개의 항목이 있었고, 총 금액은 각각 7

백만 달러와 6백만 달러에 달하는 것으로 나타나 2013년 이래 꾸준한 증가세를 보이고 있다. 2019년도에는 1개 항목으로, 금액은 9백만 달러에 달했다.

최근 몇 년간 상하이와 부산은 적극적으로 협력 강화 방안을 모색하고 있다. 일례로 2018년 12월 잉융(應勇) 상하이시장이 오거돈 부산시장을 만났을 때 "상하이는 부산의 항구 관리 운영, 관광 사업 등의 경험을 배워 경제, 무역, 항만, 인문 등의 분야에서 실질적 협력을 강화하겠다"고 언급했다. 또 2019년 9월과 10월에 부산 경제 진흥원이 상하이의 국가 기술 이전 동부센터, 상하이 국제 기술 무역 시장 준비팀, 민항구(閔行区) 과학 위원회 등과 상호 방문하여 민항구에 한중 혁신센터 건립과 과학 기술 혁신 전략 협력에 관한 교류의 방안을 모색하였다.

2) 상하이-부산의 산업협력 잠재력

현재 상하이와 부산의 산업 발전 방향을 고려하는 것은 두 도시 간 협력을 강화하는 가장 좋은 협력 포인트를 찾는 데 도움이 된다.

우선, 상하이는 전략적 신산업과 최첨단 제조업을 중심으로 발전하고자 한다. 상하이는 중국의 대외 개방에 중요한 관문이자 장삼각(长三角)구역을 아우르는 선두주자로서 세계를 선도하는 글로벌 도시, 세계적인 영향력을 가진 IT 혁신도시를 지향하고 있다. 이를 위해 상하이는 집적회로, 인공지능, 바이오 의약산업 등을 중점적으로 육성하는 정책을 마련하면서, 세계적인 신흥 산업 클러스터를 육성하기 위해 총력을 기울이고 있다.

상하이의 전략적 신흥 산업은 비교적 빠르게 성장하고 있으며 그중 9개의 분야에서 선두를 달리고 있다. 1위는 첨단 장비 제조, 바이오 의약, 신재생에너지 및 친환경사업이고, 2위는 차세대 정보기술, 신소재, 신재생에너지차, 디지털 콘텐츠 및 관련 서비스업이었다. 이런 산업들은 현재 이미 어느 정도 규모를 갖춘 상태이다. 일례로 집적회로 분야는 2018년 1,450억 위안(한화 약 24조)으로 중국의 20%를 차지하고 있으며, 2019년에는 1,700억 위안 돌파(한화 약 29조)하여 중국 전체 약 22%를 차지하고 있다. 인공지능 분야에서는 2019년 1,116개의 AI 중점기업의 기업가치가 1,400억 위안(한화 약 24조)을 돌파할 것으로 예상되며, 바이오 의약 분야에서는 2019년 예상 생산 가치가 1,250억 위안(한화 약 21조)을 넘어설 것으로 보인다.[5]

하지만 현재 이러한 산업들은 아직 충분한 규모의 경제를 달성하지 못했으며, 이를 지지하는 지지기반 또한 부족한 상태이다. 이를 개선하기 위하여, 상하이는 현재 대규모 프로젝트를 진행하여, 기업 간 연계 속도를 높이고, 산업 체인의 전후방 산업을 연계하는 창업을 장려하여 산업 체인을 구조적으로 보완하고, IT, 인공지능, 빅데이터와 같은 전략적 신흥 산업의 운용을 강화하

---

5   胥会云 葛中华, 全面实施三大产业"上海方案", 上海加快培育世界级新兴产业集群, 第一财经日报, 2020-01-18.

는 등 산업체인의 첨단화를 가속화하고 있다.[6] 2020년 1월 18일 상하이 시장의 《정부 사업 보고서》는 산업 기초 능력과 산업 체인의 현대화 수준을 높이는 데 힘써 투자 촉진 정책을 심화하고, 외자 유치를 더욱 강화하며, 자동차, 철강, 정밀 화학 등의 분야에서도 산업 품질 개선, 집적회로, 인공지능, 바이오 의약, 항공 우주, 스마트 제조, 디지털 경제 등 신산업 클러스터 육성에 박차를 가해야 한다고 제안했다.

상하이는 이미 대표적인 전략적 신흥 산업 밀집지역을 조성했다. 일례로 창장과학성은 계획면적은 약 95km²인데, 그중 37.2km²가 상하이 자유무역 시험지역에 포함되어 있다. 현재 이 지역 내에는 기업 약 1만 8,000여 개, 연구개발 기관 440개, 다국적 기업 지역 본부 50개, 첨단 기술 기업 828개, 인큐베이터 기업 86개, 부화 기업 2,600여 개가 존재하고 있으며, 지구 내 종사자는 수는 약 37만 명에 이른다. 이곳은 초기에는 IT, 바이오 의약에 중점을 둔 주도적인 산업을 형성하였으나 점차 거대한 산업 단지로 변모하였다.[7] 또 다른 사례로 최근에는 린강신편구(临港新片区)가 상하이의 새로운 전략 산업단지로 떠오르고 있다. 2020년 8월 20일 상하이시정부는 《린강신편구의 건설을 가속화하는 행동강령에 관한 5대 중점 방안》을 발표했다. 이는 도시의 균형적인 발전을 위해 "성장 거점지(增长极), 동력지(发动机), 신고지(新

---

6   柯奕 阎海峰, 上海产业正处在转型升级的十字路口, 第一财经日报, 2019-08-26.

7   王泠一, 上海未来与战略性新兴产业, 第一财经日报, 2019-07-24.

高地)"의 로드맵을 제시하였으며 이를 위해 스마트카, 첨단 장비, 집적회로, 바이오 의약, 민간 항공 등 대규모 산업 클러스터를 조성할 계획이라고 밝혔다. 또한 산업체인의 "강화(强链), 고착(固链), 보완(补链)"하여 4대 중점 산업단지 「동방심항(东方芯港)」,「생명남만(生命蓝湾)」,「대비행기원(大飞机园)」,「신식비어(信息飞鱼)」와 중일(상하이) 지방발전 협력 시범단지 및 국제경제 단체 협력 밀집단지를 건설할 계획이라고 발표했다.[8]

상하이는 산업단지를 대규모로 조성하는 것 이외에도, 산업단지의 정밀한 구성에도 신경 썼다. 2020년 상하이는 소위 '작지만 아름다운(小而美)'라 불리는 3~5km² 면적의 특화산업단지 26곳을 집중 출시하여, 과학기술의 최전방과 최첨단 산업, 집적회로, 인공지능, 바이오 의약, 항공우주, 신소재, 스마트 제조 등 6대 핵심 분야를 집중 조명하여 산업발전의 새로운 고지를 만드는 데 주력했다.[9]

산업 구조 전환의 전략적 기회인 이 시점에, 상하이는 미래 글로벌 경쟁력의 바탕이 되는 선진 기술과 핵심 산업을 갖추고, 특히 비교적 완벽한 산업 체인과 산업 클러스터 및 체계를 형성하기 위해 고군분투하고 있다. 특히 그중에서도 신흥 인프라 산업 클러스터, 인공지능 산업 클러스터, 빅데이터 산업 클러스터

---

8 胥会云 许子怡, 打造战略增长极 : 临港新片区要形成这几个千亿级产业集群, 第一财经日报, 2020-08-20.

9 澎湃新闻与上海发展战略研究所联合课题组, 上海26个特色园区跟踪调研, 澎湃新闻, 2020-08-27.

가 중점이 될 것이다.[10] 향후 상하이의 산업 발전의 전반적 방향은 고급화, 집약화, 서비스화 된 새로운 산업 체계와 혁신 체계를 구축하는 데 있다. 또한 현대 서비스 산업을 주체로 하여 새로운 산업, 새로운 산업생태계와 새로운 모델을 우선시하며, 선진 제조 산업을 신산업체계의 지지기반을 다지고 이는 '상하이 서비스(上海服务)', '상하이 스마트 제조(上海智造)'로 이어져 도시 전체의 산업적 긴밀성을 높이고, 글로벌 자원 요소의 배치, 산업 체인의 통합과 제어 등의 역량을 높이는 것을 목표로 하고 있다.[11]

다음으로, 부산은 전략적 신흥 발전에 주력하고 있다. 한국의 제2의 도시이자 제1항구인 부산은 동북아 지역의 물류, 산업, 문화 중심지를 목표에 발맞춰 서부산 지역에는 국제 물류 및 산업단지, 동부산 지역에는 종합관광단지, 중추 도심 지역에는 무역 및 금융 중심지로 지역별 중점 산업을 기반으로 균형적 발전을 추진하고 있다. 산업 발전 방면에서 보면, 물류와 금융 등 현대 서비스업과 같은 선진 산업을 구성하였고, 이는 신발, 섬유 등 경공업 분야에서 내실을 탄탄히 다져 조선, 자동차 및 부품산업 분야에서도 어느 정도 규모를 이뤄냈다. 이 가운데에서도 소재, 부품, 설비 산업은 부산시의 주력산업이다.

2014년 이후, 부산시는 해양산업, 융합부품 소재산업, 창조문

10　芮明杰, 全球产业竞争来袭, 上海未来产业发展路在何方, 第一财经日报, 2019-09-05.

11　张亚军, 对标全球城市, 上海产业发展战略该如何调整, 澎湃新闻, 2020-03-24.

화산업, 바이오 헬스산업, 지식 인프라 서비스산업을 5대 신전략 산업으로 추진해왔다. 부산시는 현재 지속가능한 발전을 위해 신성장동력을 발굴하고, 융합산업 경쟁력 강화를 위해 IT, 조선, 해양, 바이오, 로봇, 친환경, 신재생에너지산업 등 미래전략산업 분야에서 광범위한 국제협력을 적극적으로 추진하고 있다.

위에서 언급한 상하이와 부산의 산업 발전을 고찰한 데에서 알 수 있듯이, 두 도시의 산업 발전 전략은 상당이 유사하며, 협력을 강화할 수 있는 잠재력과 가능성이 존재한다. 다만, 구체적인 협력 포인트와 협력 모델에 관해서는 심도 깊은 연구와 토론이 필요하다.

5. 결론과 전망

위에서 언급한 한중 산업단지의 추진 현황과 역할을 고려할 때, 이러한 산업단지는 중국의 '신창타이(新常态)' 시대로의 진입, '제2차 창업'의 진행, 한중 FTA을 배경으로 형성된 것으로 볼 수 있다. 이에 따라 한중 산업단지의 의의는 경제의 성장방식 전환과 지방 경제 구조 전환 및 산업 구조의 질적 성장을 도모하고 양국 산업협력과 전략적 관계를 향상시키는 데 있다고 볼 수 있다. 또한 한국과 중국이 협력하여 이를 추진하고, 양국이 명확한 국가적 특수성을 갖고 있다는 점에서 볼 때, 이러한 신흥 산업단지는 양국의 새로운 산업협력의 장이 될 것으로 보인다.

한중 양국은 그동안 상호 중요한 경제 무역 파트너가 되어 비교적 견실한 협력과 신뢰의 토대를 마련했다. 하지만 최근 들어 중국 경제의 위상이 높아지고 중국 기업들의 추격이 가속화되면서 한국 기업들이 기존에 가지고 있던 경쟁 우위가 상대적으로 약화되는 추세를 보이고 있다. 특히 양국은 상보성(complementarity)이 높은 일부 산업 분야에서 경쟁관계가 갈수록 뚜렷해지는 양상을 보이고 있어, 이는 양국 기업 간 심도 있는 협력 관계를 맺는 데에 약간의 어려움을 수반할 수도 있을 것으로 보인다. 하지만 신흥 한중 산업단지의 기능적 특색은 양국 정부와 기업이 공동으로 각 참여 주체의 비교우위를 활용하여, 요소의 융합과 공존을 추진하고, 지속가능한 새로운 협력모델을 꾀하는 데에 있다.

상하이와 부산은 산업 협력을 강화할 수 있는 상당한 잠재력을 가지고 있다. 코로나19 이후 상하이의 전략적 신흥 산업 및 첨단 산업 체인 강화, 그리고 기술혁신 분야에서 두 도시 간 밀접한 교류 추세를 종합적으로 고려할 때, 앞으로 두 도시는 상호 호혜적인 산업 협력점을 찾아야 한다. 또한, 산업 체인의 일정 부분에서는 공동으로 산업체인의 '강화(强链), 고착(固链), 보완(补链)'을 실시해야 한다. 두 도시는 효율적인 협력 조정 체제를 구축하여 지방정부, 각종협회, 대기업, 벤처기업 등 각각의 참여자들이 각자의 역할을 잘 수행하고, 요소 집합과 산업 규모를 형성하여 생산 경쟁력을 높일 수 있도록 해야 할 것이다.

번역 - 한은진(푸단대학교 경제학원 박사과정)

상하이 물류정책 및 부산과 상하이 간 물류협력

김형근(한국해양수산개발원)

1. 들어가며

상하이의 물류정책은 중국 중앙정부의 정책과 연동된 내용들이 대부분이다. 하지만 상하이시 주변의 화동지역인 장쑤성, 저장성 및 안후이성과 연계된 정책도 일부 추진되고 있는 상황이다. 중국의 '일대일로'와 '창장경제벨트'와 연계된 물류정책은 상하이를 중심으로 대내외 사업을 전개하고 있다. 자유무역시범구는 상하이시를 필두로 18개 지역까지 늘어났다. 특히 상하이 자유무역시범구는 린강신구역으로 확대되어 총 조성 면적이 타 지역에 비해 2배 이상의 면적으로 확장되었고, 추진 성과 또한 타지역의 모범이 되고 있다.

상하이는 중국의 물류정책에서 아주 큰 비중을 차지하고 있는 지역이다. 아울러 상하이 지방정부와 상하이 항만당국의 협력 하에 상하이 컨테이너항만의 위상은 2010년부터 세계 1위의 지위를 고수하면서 최근 전자동화 시스템을 도입하는 등 스마트항만으로 거듭나고 있다. 따라서 본고의 목적은 상하이의 물류정책 및 부산-상하이 간 물류협력 방안을 도출하는 데 있다. 이를 위해 본고에서는 중국의 경제 개관, 중국의 국가전략 및 주요 정책, 중국의 해운·항만·물류 동향 및 상하이의 물류분야 정책 동향 등의 검토를 통해 부산과 상하이 간 물류협력 방안을 도출하고자 한다.

2. 중국의 경제 개관

1) 중국의 경제지표

(1) 중국의 GDP 및 경제성장률

2019년 중국의 GDP는 14조 4천억 달러로 10년 전인 2009년 5조 1천억 달러에 비해 2.8배 이상 증가했다. 1인당 GDP는 10,276달러로 세계 30위권 밖에 머물러 있지만 총 규모로는 미국 다음으로 세계 2위의 경제대국이다. 2019년의 중국의 경제성장률은 6.1%로서 2010년의 10.6%를 정점으로 지속적인 하락 추세를 보이고 있다(〈그림 1〉 참조).[1]

---

1   KOSIS 국가통계포털(http://kosis.kr/index/index.do, 검색일: 2020.7.28.) 참조, 2019년 자료는 중국 국가발전개혁위원회 자료(https://www.ndrc.gov.cn/fgsj/tjsj/jjsjgl/202002/t20200226_12213 49. html, 검색일: 2020.7.28.) 참조하였음.

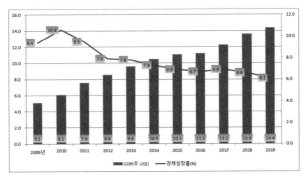

<그림 1> 중국의 GDP 및 경제성장률 추이

자료: KOSIS 국가통계포털(http://kosis.kr/index/index.do, 검색일: 2020.7.28.)
주: 2019년 자료는 중국 국가발전개혁위원회 자료(https://www.ndrc.gov.cn/
      fgsj/tjsj/jjsjgl/ 202002/t20200226_1221349.html, 검색일: 2020.7.28.) 참조.

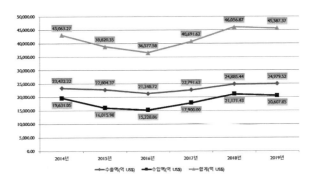

<그림 2> 중국의 대외 교역규모 추이

자료: 한국무역협회 해외무역통계(http://stat.kita.net/stat/istat/CtsMain.screen, 검
      색일: 2020.8.3.)

(2) 2019년 중국의 대외교역[2]

2019년 중국의 대외무역 규모는 총 4조 5,587억 3,700만 달러로 전년에 비해 1% 감소했다. 과거 실적을 보면, 2014년 4조 3,063억 2,700만 달러에서 2016년에 3조 6,577억 5,800만 달러까지 감소하다가 반등을 시작해 2018년에는 4조 6,056억 8,700만 달러로 실적이 증가한 바 있다. 2019년 실적의 감소한 것은 주로 미국과 치른 무역 갈등 때문인 것으로 보인다(〈그림 2〉 참조).

중국의 입장에서 2019년 기준으로 제1의 수출국은 미국이고, 홍콩, 일본, 한국, 베트남, 독일 및 인도 등의 순서로 이어진다. 홍콩을 제외하면 한국이 세 번째 교역국에 해당된다. 중국의 대 미국 수출액은 4,185억 8,400만 달러로 총 수출액의 16.8%에 이른다. 중국의 대 한국 수출액은 1,109억 8,500만 달러로 4.4%를 차지했다. 반면에 제1의 수입국은 한국이다. 대 한국 수입액은 1,735억 5,300만 달러로 총 수입액의 8.4%를 차지한 것으로 나타났다. 그다음 순으로는 대만, 일본, 미국, 호주 및 독일 등이다.

2) 중국의 주요 국가정책

상하이 지역을 포함하고 있는 중국의 주요 국가정책은 아주

---

2   한국무역협회 해외무역통계(http://stat.kita.net/stat/istat/CtsMain.screen, 검색일: 2020.8.3.)

다양하다. 우선 중국의 주요 국가정책은 '일대일로'와 '창장경제벨트' 및 '징진지 협동발전 프로젝트'이다. 수도권 발전정책인 '징진지 협동발전 프로젝트'는 베이징시, 텐진시 및 허베이성을 포괄하는 수도권 지역에 해당되어 본고의 검토 대상에서 제외하였다. 그리고 현재 추진하고 있는 타 정책 중에서 웨강아오 대만구와 하이난 자유무역항 건설 등 상하이 지역과 관련이 없는 계획도 제외하였다. 상하이시가 포괄적으로 들어가 있는 계획인 '13·5' 규획, 중국제조 25, 공급 측 구조계획 등 주요 계획에 대해선 개괄적으로 살펴보았다.

(1) '일대일로'

① '일대일로' 관련 해외투자

중국의 '일대일로(一帶一路, The Belt and Road)'는 2013년 9월, 시진핑 중국 국가주석이 카자흐스탄 나자르바예프에서 '실크로드 경제벨트'를, 한 달 후인 10월에 인도네시아 자카르타에서 '21세기 해상실크로드' 공동건설을 각각 처음으로 제안하면서 시작되었다.[3]

2019년 중국 기업은 '일대일로' 연선국가 56개국을 대상으로 비금융 부문에 대한 해외직접투자액이 150억 4천만 달러로 전년 동기대비 3.8% 감소했으며, 중국 전체 투자액의 13.6%를 차지하

---

3 김형근·김세원·진선선, 「우리나라 기업의 일대일로 물류분야 협력방안 연구」, 2018.11, p.9.

고 있는 것으로 나타났다. 2014년부터 2019년까지 연선국가에 대한 5년간 총 투자액은 869억 9천만 달러로 집계되었다. 2019년의 주요 투자국은 싱가포르, 베트남, 인도네시아, 파키스탄, 태국, 말레이시아, UAE, 캄보디아 및 카자흐스탄 등이다. 주요 투자대상은 도로, 철도, 항만 등 교통물류 인프라이다.

<표 1> 일대일로 관련 중국의 연선국가에 대한 해외직접투자액 추이

구분	투자 국가 수	비금융 부문		총 투자액 대비 비중	주요 투자국
		투자액	증감률		
2014	n.a.	125.0	-	12.2	n.a.
2015	49	148.2	18.6	n.a.	싱가포르, 카자흐스탄, 라오스, 인도네시아, 러시아, 태국
2016	53	145.3	-2.0	8.5	싱가포르, 인도네시아, 인도, 태국, 말레이시아
2017	59	143.6	-1.2	12.0	싱가포르, 말레이시아, 라오스, 인도네시아, 파키스탄, 베트남, 러시아, UAE, 캄보디아
2018	56	156.4	8.9	13.0	싱가포르, 라오스, 베트남, 인도네시아, 파키스탄, 말레이시아, 러시아, 캄보디아, 태국, UAE
2019	56	150.4	-3.8	13.6	싱가포르, 베트남, 인도네시아, 파키스탄, 태국, 말레이시아, UAE, 캄보디아, 카자흐스탄
합계	-	868.9	-	-	-

자료: (2014년)https://wenku.baidu.com/view/8b6784a8e2bd960591c67714.html
(2015년)http://www.mofcom.gov.cn/article/tongjiziliao/
dgzz/201601/20160101239881.shtml
(2016년)http://www.mofcom.gov.cn/article/tongjiziliao/
dgzz/201701/20170102504429.shtml
(2017년)http://fec.mofcom.gov.cn/article/fwydyl/
tjsj/201801/20180102699450.shtml
(2018년)http://fec.mofcom.gov.cn/article/fwydyl/

tjsj/201901/20190102829089.shtml
(2019년)http://big5.mofcom.gov.cn/gate/big5/hzs.mofcom.gov.cn/article/
/202001/20200102932445.shtml
2014~2019년 검색일: 2020. 8. 3.
주: 중국의 '일대일로'는 2013년 9~10월 시진핑 주석의 중앙아시아와 동남아지역
     순방 시 발표한 국가전략으로서 '일대일로' 관련 투자는 2014년부터 시작한
     것으로 보았음.

② 중·유럽 컨테이너 화물열차

중국-유럽 국제화물열차는 중국과 연선국가 간 무역의 편의
를 위해 추진하는 중국 '일대일로'의 역점사업 중에 하나로서 '일
대일로' 정책이 시행되기 이전인 2011년부터 운행되었다. 이 육
상루트는 기존 TCR 등을 활용하여 중국 내륙에서 유럽까지 서
비스를 시작했지만 2013년까지 유럽에서 중국으로 돌아오는 회
차는 운행되지 않았다. 이 육상서비스 노선은 사업초기에 컨테이
너화물의 분실, 공 컨테이너 회수 곤란, 질적인 서비스의 부재, 일
부 철로구간의 광궤 사용에 따른 환적 등 악재로 인해 물류기업
의 입장에서는 수익성이 좋지 못했다. 그래서 지금까지도 발착
긴 횟수 및 이용화물의 불균형이 이어지고 있고, 중국정부의 보
조금 지원도 지속되고 있는 실정이다.

2011년부터 2019년까지 누적 운행횟수는 총 2만 1,225회로 최
근 들어 국제화물열차를 이용하는 기업이 많이 증가하고 있는
추세이다. 2019년의 경우 중국에서 유럽으로 가는 열차는 4,525
회이고, 유럽에서 중국으로 돌아오는 열차는 3,700회로서 연간
회차율은 81.8% 수준이다. 물론 사업 4년차의 2014년 회차율

10%에 비해 많이 개선된 것은 사실이지만, 보조금 지원 등 '일대일로' 역점사업으로 영위되는 사업으로 볼 때 장래 사업 활성화의 길은 멀고도 험해 보인다.

<표 2> 중국-유럽 국제화물열차 운송횟수 추이

단위: 회

구분	발차(A)	회차(B)	회차율(B/A)	합계(A+B)	누적
2011	17	0	0.0	17	17
2012	42	0	0.0	42	59
2013	80	0	0.0	80	139
2014	280	28	10.0	308	447
2015	550	265	48.2	815	1,262
2016	1,130	572	50.6	1,702	2,964
2017	2,399	1,274	53.1	3,673	6,637
2018	3,696	2,667	72.2	6,363	13,000
2019	4,525	3,700	81.8	8,225	21,225

자료: http://www.crct.com/index.php?m=content&c=index&a=lists&catid=22,
　　 검색일: 2020. 8. 3.

2019년 중국-유럽 국제화물열차의 운송실적은 총 72만 5천 TEU로 2011년에 비해 516배 이상 늘어나 괄목할 만한 성장을 한 것으로 보이나 연간 회차율이 낮아 발차와 회차 간 물동량 불균형이 발생하고 있다. 2011년부터 2019년까지 누적 물동량 규모는 183만 7,734TEU로 연평균 20만 4,193TEU를 운송한 것으로 나타났다.

<표 3> 중국-유럽 국제화물열차 운송실적

단위: TEU

구분	발차	회차	합계	누적
2011	1,404	0	1,404	1,404
2012	3,674	0	3,674	5,078
2013	6,960	0	6,960	12,038
2014	23,804	2,266	26,070	38,108
2015	47,132	21,770	68,902	107,010
2016	97,400	48,394	145,794	252,804
2017	212,000	105,930	317,930	570,734
2018	319,000	223,000	542,000	1,112,734
2019	402,000	323,000	725,000	1,837,734

자료: 상게서

(2) 창장경제벨트

① 개황

"2014년부터 시작된 '창장경제벨트(长江经济带)'는 창장 유역의 11개 성·시(3개 도시군)[4]를 대상으로 추진하는 광역경제 발전 구상이다. 이 거대 프로젝트는 3개 도시군의 산업과 인프라를 연결하고, 3개 도시군의 시정통합과 산업이전, 산업연계, 배치 최저화 및 업그레이드를 통해 새로운 도시군을 발전시키는 것이다. 따라서 창장경제벨트는 거대지역을 대상으로 발전의 새 동력을 배양

---

4   11개 성·시는 하류, 중류, 상류지역으로 구분함. 하류지역은 상하이시, 장쑤성, 저장성이고, 중류지역은 안후이성, 장시성, 후베이성, 후난성이며, 상류지역은 충칭시, 쓰촨성, 윈난성, 구이저우성임.

하고자 하는 계획이라고 볼 수 있다."[5]

이 거대도시군의 총면적은 약 205만 km²로 전 국토의 약
21.4%에 이르고, 인구도 약 6억 명으로서 전체의 42.9%를 차지
하고 있다. 또한 지역경제생산액(GRDP)과 무역액은 각각 44.8%
와 43.9%로 매우 높은 비중을 차지하고 있는 중요한 지역이다.
유역별로 살펴보면, 상하이와 장쑤성 및 저장성이 있는 하류지
역의 지역경제생산액과 무역액의 비중이 각각 20.2%와 34.9%로
가장 높다. 총 면적의 비중은 상류지역이, 인구의 비중은 중류지
역이 높은 것으로 나타났다.

<표 4> 2018년 창장경제벨트 지역의 개황

구분		총 면적 (만km²)	인구 (만 명)	GRDP (십억 위안)	무역액(십억 달러)		
					수출	수입	합계
하류지역		20.9	16,212	18,147	932	680	1,612
	비중(%)	2.2	11.6	20.2	37.5	31.8	34.9
중류지역		70.3	23,788	12,779	135	76	211
	비중(%)	7.3	17.0	14.2	5.4	3.6	4.6
상류지역		113.7	19,873	9,374	119	87	206
	비중(%)	11.8	14.2	10.4	4.8	4.1	4.5
합계		204.9	59,873	40,300	1,186	843	2,029
	비중(%)	21.4	42.9	44.8	47.7	39.5	43.9
중국 전체		959.7	139,538	90,030	2,487	2,136	4,623

자료: 중화인민공화국국가통계국, 『2018 중국통계연감』, 2019.9.
주: 상기 통계에는 홍콩과 마카오가 제외되어 있고, 총 면적 통계는 인터넷 자료
     인용(http://blog.naver.com/PostList.nhn?blogId=lgesjb&from=postList&cat
     egoryNo=426, 검색일: 2020.8.4.).

---

5   김형근 · 김세원 · 희가혜, 「우리나라 기업의 창장물류 활용방안 연구」,
2019.1, p.2.

② 기대효과[6]

　창장경제벨트에 속한 각 지역은 발전 수준의 차이는 있지만 지역의 거점항만을 중심으로 지역 내, 타 지역 간, 나아가 해외로 연결되는 물류망을 구축하고 있으며 현재 창장수운과 국제화물 운송열차 등 운행에 있어서 상당한 성과를 보이고 있다. 특히 창장경제벨트에 설립된 5개의 자유무역시범구는 제조기업뿐만 아니라 무역, 물류기업에게도 이용 가능한 공간이다. 기존의 보세구역의 혜택과 자유무역시범구가 가지는 제도 개혁을 활용한다면 우리나라 기업들의 내륙진출 거점의 역할이 될 것이다.

　특히 충칭, 청두, 우한, 이우, 렌윈강, 상하이 등 각지에서 활발히 운영되고 있는 중앙아시아, 유럽행 국제화물열차는 우리나라 상품들이 창장 수운과 연계하여 중앙아시아, 유럽 등지로 진출할 수 있는 새로운 옵션이다. 이러한 새로운 시장에 우리나라 물류기업들은 적극 동참하고 마케팅을 강화해야 할 것이다. 창장을 통한 한·중 간 직항노선 개설 또한 아직까지는 다양한 문제들이 존재하고 있지만, 중국 내륙지역으로 연계되는 새로운 방안임에는 분명하다.

6　김형근·김세원·희가혜(2019), 앞의 책, pp.202-204.

(3) 기타 정책[7]

① '13·5' 규획

2016년부터 2020년까지 5개년 사업으로 추진되는 '13·5' 규획은 중국 경제발전 목표와 방향을 제시하는 경제계획 플랜이다. 중국의 '5개년 규획'은 중국 국민경제발전의 중·장기적 목표와 방향을 설정하는 핵심 축이며, 지난 1953년을 시작으로 현재 제13차 5개년 규획(13·5 규획)이 진행 중이다.

'13·5' 규획의 5대 특징은 중·고속 성장, 혁신경제, 지역특화 개발전략, 능동적 개방 및 동반 성장이다. '중국제조 2025', '인터넷+(플러스)' 등의 경제 정책은 '13·5 규획'의 중점사업으로 자리잡아 새로운 발전기회를 맞이할 전망이다.

② 중국제조 2025

중국제조 25는 독일의 '공업 4.0'과 미국의 제조업 관련 정책에 대한 중국의 대응책이다. 2025년까지 중국은 '제조대국'에서 '제조강국'으로 성장하기 위한 제조업 육성전략이라 할 수 있는데, 중국 공업과 정보기술의 심층 융합과 공업혁신 체계 구축이 목적이다. 이 정책의 배경에는 현재, 중국 제조업의 특징인 크지만 강하지 않은 상황 속에서 제조업 핵심기술 및 부품의 대외의존도가 높고 공업 혁신능력이 부족할 뿐만 아니라 생산능력 과잉 및 생산설비 낙후, 공업에 의한 환경오염과 심각한 에너지 낭비

---

7   KOTRA, "중국을 이해하는 키워드 35선", 2016.2.

등 여러 문제가 있다.

중국제조 25는 제조강국 건설을 위한 전략적 목표를 3단계 (2015~2049년)로 나누어 추진하고 있다. 1단계는 2025년까지 제 조강국 반열에 진입하고, 2020년까지 기본적인 공업화를 실현하며, 2025년까지 제조업의 전반적인 수준을 향상시킨다. 2단계는 2026년부터 2035년까지 세계 제조업 강국의 중간 수준을 확립하는 데 목표를 두었다. 마지막으로 2036년부터 2049년까지 추진되는 3단계는 중국 건국 100주년을 맞이하여 세계 제조업 선도국가로서의 자리 매김을 한다는 것이다.

③ 공급 측 구조개혁

중국의 공급 측 구조개혁은 시장수요를 적당히 조절함과 동시에 공급측 개혁도 강화하여 공급체계의 질과 효율을 제고하고 경제의 지속적인 성장원동력 강화를 모색하는 데 의미를 두고 있다. 공급 측 개혁의 핵심 키워드는 공급과잉 해소, 기업원가 감소, 부동산 재고 해소, 금융 리스크 해소이다.

중국경제는 현 중국 내 비교적 낙후되어 있는 공급체계의 개혁을 통해 더 이상 양적 생산이 아닌, 효율성을 강조하는 방향으로 발전할 것으로 보인다. 향후 중국시장의 제조업 분야는 부가가치를 상승시키는 쪽에 초점이 맞춰질 것이다. 또한 중국의 고령화 및 인구감소 시대에 접어드는 가운데 로봇산업 육성이 새로운 탈출구가 될 것으로 보이며 향후 공업용 로봇, 서비스 로봇 등 세분화되어 발전할 것으로 예상되고 있다.

3. 중국의 해운 · 항만 · 물류 동향

1) 중국의 물류시장 동향

중국의 '사회물류총규모(Total value of social logistics goods)'는 2019년에 298조 위안으로 2014년의 213조 5천억 위안에서 5년간 연평균 6.9% 늘어났다. 중국의 '사회물류총비용'은 '사회물류총규모'[8]의 연평증가율보다 낮은 6.6%를 기록해 중국의 물류효율화가 진전되고 있는 것으로 나타났다.

2019년 중국의 화물운송량은 534억 7,500만 톤으로 5년간 연평균 4.4% 증가했다. 도로, 수운 및 항공운송량은 연평균 4% 대로 늘어났으나 철도운송량은 연평균 2.9% 증가하는 데 그쳤다. 중국의 총 항만물동량은 연평균 2.3% 증가했으나 컨테이너물동량은 2억 6,100만 TEU를 처리함으로써 5년간 5.3% 늘어났다. 택배량은 635억 2천만 건을 처리하여 연평균 35.4%의 증가율을 기록했다. 2016년까지 매년 전년 대비 50%대까지 큰 폭의 성장률을 보였던 중국 택배업은 2017년부터 둔화의 조짐을 보이고 있다.

---

8 사회물류총규모는 전체 물류수요, 즉 물류서비스가 필요한 상품의 총 가치를 말하며, 사회물류총비용은 중국의 국가물류비를 의미함.

구분	단위	2019	2014	연평균증가율
사회물류 총규모	조 위안	298.0*	213.5**	6.9
사회물류 총비용	조 위안	14.6*	10.6**	6.6
물류총비용/GDP	%	14.7*	16.6**	-2.4
화물운송량	억 톤	534.75***	431.30****	4.4
도로	억 톤	416.06***	333.28****	4.5
수상	억 톤	74.72***	59.83****	4.5
철도	억 톤	43.89***	38.13****	2.9
항공	억 톤	0.0753***	0.0594****	4.9
총 항만물동량	억 톤	139.51***	124.52****	2.3
컨테이너물동량	억 TEU	2.61***	2.02****	5.3
택배량	억 건	635.23***	139.6****	35.4

자료: *http://www.chinawuliu.com.cn/lhhzq/202004/20/499790.shtml, 검색일: 2020. 8. 30.
　　**http://www.chinawuliu.com.cn/lhhzq/201903/23/339377.shtml, 검색일: 2020. 8. 30.
　　***http://xxgk.mot.gov.cn/2020/jigou/zhghs/202006/t20200630_3321335.html, 검색일: 2020. 8. 29.
　　****http://xxgk.mot.gov.cn/2020/jigou/zhghs/202006/t20200630_3319576.html, 검색일: 2020. 8. 30.

2) 중국의 전자상거래 교역액 및 콜드체인 시장 규모

2019년 중국의 전자상거래 총 교역액은 34조 8,100억 위안으로서 2014년 이후 5년간 연평균 16.3% 증가했으며, 크로스보더(콰징) 전자상거래[9] 교역액도 연평균 22.6% 늘어났다. 2019년 중

9　크로스보더[콰징(국경 간)] 전자상거래(Cross Border E-Commerce, CBEC): 온라인상에서 서로 다른 국가에 거주하는 소비자와 생산자의 직접거래임. 국내 소비자에 의한 직접구매(직구)와 해외 소비자에 의한 국내제품의 직접구매(역직구)로 나뉨.

국의 콜드체인 시장 규모는 3,400억 수준으로서 5년간 연평균 17.8% 증가했다.

<표 6> 2019년 중국의 전자상거래 등 주요 지표

구분	단위	2019	2014	증감률
전자상거래 교역액	조 위안	34.81*	16.39*	16.3
크로스보더 전자상거래 교역액	조 위안	10.8**	3.9***	22.6
콜드체인 시장 규모	조 위안	0.34****	0.15*****	17.8

자료: *http://finance.people.com.cn/n1/2020/0702/c1004-31767504.html,
    검색일: 2020. 8. 30.
    **http://www.chyxx.com/industry/202005/863962.html, 검색일: 2020. 8. 31.
    ***http://www.chyxx.com/industry/202002/831924.html, 검색일: 2020. 8. 31.
    ****https://bg.qianzhan.com/trends/detail/506/200813-0cf8f4fa.html,
    검색일: 2020. 8. 31.
    *****https://bg.qianzhan.com/report/detail/300/200122-0e952257.html,
    검색일: 2020. 8. 31.

4. 상하이의 물류분야 정책 동향

1) 상하이의 경제 현황

2018년 우리나라와 상하이항의 직접 배후권 4개 성 · 시(상하시, 장쑤성, 저장성, 안후이성)의 교역규모[10]는 1,269억 3,600만 달러로서 중국 총 교역액의 40.54%로서 2017년 38.40%와 대비해

---

10 http://stat.kita.net/stat/istat/cts/CtsProvImpExpList.screen, 검색일: 2020.8.31.

2.14%p 증가했다. 성·시별로 살펴보면, 상하이시의 경우 2018년 한국과의 교역액은 257억 8천만 달러이고, 중국의 총 교역액에서 차지하는 비중은 8.23%로서 2017년에 비해 0.52%p 감소했다. 장쑤성은 805억 7,800만 달러, 25.73%로 전년에 비해 2.34%p 증가한 것으로 나타났다.

<표 7> 한국과 중국의 4대 성·시별 교역액

단위: 백만 달러, %

구분		상하이시	장쑤성	저장성	안후이성	소계	합계
2018		25,780	80,578	17,613	2,965	126,936	313,129
	비중	8.23	25.73	5.62	0.95	40.54	100.00
2017		24,532	65,552	14,822	2,707	107,613	280,208
	비중	8.75	23.39	5.29	0.97	38.40	100.00
비중 차이		-0.52	2.34	0.34	-0.02	2.13	0.00

자료: http://stat.kita.net/stat/istat/cts/CtsProvImpExpList.screen,
　　　검색일: 2020.8.31.

2) 상하이의 물류분야 정책 동향

(1) 상하이 자유무역시범구

중국의 자유무역시범구(이하 '자무구'로 약칭)는 중국 최초로 2013년 9월 상하이에 설립된 이후, 2015년 3개, 2017년 7개, 2018년 1개, 다시 2019년에 6개 자무구가 추가로 지정되면서 현재 총 18개가 지정되어 있다.[11] 특히 2019년 8월, 상하이에 추가

11　김형근·김세원·노의철, 「우리나라 해운·물류기업의 중국 자유무역시범구 활용방안 연구」, 2019.12, pp.1-4.

로 지정된 '린강신편구'(총 119.5km²)는 고효율의 복합연계운송을 실현한다는 계획이다.[12] 상하이 자무구는 상하이의 '4대 중심 건설(국제경제중심, 국제금융중심, 국제해운중심, 국제무역중심)'에 이바지하고, 중국 제1의 물류와 금융 중심지로서 위안화 국제화의 전초기지 역할을 수행하게 될 것이다.[13]

중국정부는 상하이 자무구 설립과 함께, 외국인의 투자 금지 제한 항목의 '네거티브 리스트'를 통해 상하이뿐만 아니라 전 자무구에도 동일하게 투자관리 체계를 개혁해왔다. 자무구의 네거티브 리스트는 2013년판 190개 조항에서 2014년 138개, 2015년 122개, 2017년 95개, 2018년 45개, 2019년판에는 37개 조항으로 줄었으며 농업, 광업, 제조업, 서비스업 등의 분야에서 개방을 확대하였다.[14] 또한 2020년판 네거티브리스트는 기존의 37개 조항에서 30개 조항으로 축소되었다. 이 중 교통 운수·창고 및 우정업(郵政業)은 2019년판의 6개 조항에서 4개 조항으로 축소되었다.[15]

(2) 창장삼각주 관련 정책

창장삼각주와 관련된 정책은 '창장경제벨트' 전략 이외에 '창장황금수로 항만 간 협력', 창장삼각주 항만군 일체화 발전의 추

---

12 김형근·김세원·노의철(2019), 앞의 책, p.58.

13 김형근·김세원·노의철(2019), 위의 책, pp.29-30.

14 김형근·김세원·노의철(2019), 위의 책, pp.66-67.

15 대외경제정책연구원 뉴스브리핑, 중 2020년판 외상투자 진입 네거티브리스트 발표, 2020.6.26.

진 및 창장삼각주 해운혁신발전연맹의 설립 등이 있다.

먼저 '창장 황금수로 항만 간 협력'은 2014년 7월, 상하이항과 타이창항 간 전략적 협의가 강화됨에 따라 상하이 양산항과 타이창항 간 매 8시간 한 차례 5정 정기선(장소, 시간, 항로, 항차, 운임) 운항을 시행하는 것을 말한다. 과거에 와이가오차오 항만구역을 이용해 양산항으로 이전했던 방식에서 이제는 모두 타이창항에서 집결되어 양산항으로 옮겨지는 방식으로 변경되었다. 이로 인해 타이창항의 컨테이너 집결효율이 더 높아졌다.[16]

둘째, '창장삼각주 항만군 일체화 발전의 추진'은 창장삼각주지역 항만의 다차원적인 발전 요구를 관철시키는 것이다. 즉, 창장삼각주 항만군 발전에 따라 상하이와 닝보·저우산항을 국제허브항으로, 난징항과 롄윈강항을 지역허브항으로, 자싱항, 원저우항, 난통항, 전장항, 장자강항, 우후항 및 허페이항 등을 보급항으로 하여 창장삼각주지역 항만의 다차원적인 발전 요구를 만족시켜 나갈 계획이다.[17]

셋째, '창장삼각주 해운혁신발전연맹'은 2019년 7월 11일, 창장삼각주 해운일체화 발전 포럼에서 정식 설립되었다. 상하이를 중심으로 결성된 연맹은 국가전략을 관철하여 지역 협조체제를 구축하고, 해운·항만 연동체제 발휘를 통해 창장해운·항만 고

---

16 쫑민, "타이창항 '양대일로' 발전 전략연구 및 대 한국 항만과의 협력", KMI 중국리포트 16-8, 2016.4.27, p.6.

17 희가혜, "창장 삼각주 항만군 일체화 발전 현황 및 전망", KMI 중국리포트 19-11, 2019.6.19, p.3-6.

품질 일체화 발전을 적극적으로 추진하기 위한 것으로 볼 수 있다. 창장삼각주 항운의 고품질 일체화 발전을 추진하기 위해 4대 제안[18]을 발표했다.

(3) 해·철 복합운송 추진

2019년 7월 12일, 상하이시는 「상하이시 해·철 복합연계 운송 발전 업무방안」을 발표했다. 이 업무방안에 따르면, 2019년 12만 TEU의 해·철 복합연계운송을 2020년까지 24만 TEU를 달성한다. 또한 2035년까지 175만~300만 TEU로 확대하여 5,000~5,500만 TEU의 전체 컨테이너물동량 대비 3.18~5.5%의 목표에 도달할 계획이다. 2021년부터 연평균 10% 이상 증가시키기 위해 중국철도상하이국그룹은 해·철 복합연계운송 경영자에게 운송비의 최대 50%(관외 30%) 우대, 하역비의 30~50% 우대 조치를 실시할 계획이다.[19]

(4) 녹색항만의 정책

상하이항의 녹색항만 정책은 크게 세 가지를 들 수 있다. 첫째, 선박 대기오염물질 배출 규제이다. 이 정책은 2016년 4월 1일, 상하이항은 정박 중인 선박에 0.5% 이하 저유황유를 사용하도

---

18 4대 제안: 1) 국가전략 관철, 지역혁신 발전 추진, 2) 지역 협력 메커니즘 조성, 정보공유 플랫폼 구축, 3) 해운산업의 에너지 수준을 높여 해운·항만 연동 메커니즘 발휘, 4) 양질의 비즈니스 환경 조성, 질서 정연한 시장 경쟁 촉진

19 https://mp.weixin.qq.com/s/r_SzO4Jm5sv5NFS-rldccg, 검색일: 2020.8.31.

록 규제하는 제도를 도입한 것이다. 2018년 10월 1일부터 상하이 배출규제 해역(ECA: Emission Control Area)에 진입하는 모든 선박을 대상으로 규제를 확대 시행하는 제도이다.[20]

둘째, LNG 벙커링 부두의 배치이다. 이는 2018년 4월, 상하이시 교통위원회의 「상하이 LNG 벙커링 부두 배치계획」에 의거하여 양산 심수항 구역을 포함한 11곳에 LNG 벙커링 부두를 배치한다는 계획이다. 이를 위해 와이가오차오(外高桥)와 루차오강(芦潮港)의 두 곳을 연구대상 구역으로 지정했다.[21]

셋째, 항만의 육상전원공급장치(AMP: Alternative Maritime Power) 사업이다. 상하이항은 아시아 최초로 우송국제크루즈항과 양산 심수항 3단계 터미널에 항만 AMP 시설을 설치했다. 양산심수항 4기 AMP 시범사업도 2018년 12월에 가동했다. 2018년 2월 현재, 상하이항에는 규모 이상의 AMP 공급설비 20기 세트가 설치되어 총 26개 선석에서 운영 중이지만, 상하이항 전체시설의 10% 정도에 불과한 실정이다. 상하이항은 교통운수부의 「항만 AMP 배치방안」에 의거하여, 2020년까지 컨테이너선, 크루즈선, Ro-Ro선, 3천 톤급 이상의 여객선, 5만 톤급 이상의 벌크선 등 5개 전용 선석 50% 이상의 항만시설에 AMP를 공급할 계획이다.[22]

---

20 김은우, "상하이항의 선박대기오염물질 배출규제 조치 및 성과", 『월간동향』 vol.6, KMI, 2019.6, p.97.

21 김형근, "중국의 LNG 벙커링 정책 추진 현황과 시사점", 『항만』 2019년 여름호, 통권 제148호, 한국항만협회, 2019.6, p.81.

22 https://www.jfdaily.com/news/detail?id=92124, 검색일: 2020.9.1.

3) 부산항과 상하이항의 운영 현황

세계 6위의 부산항과 세계 1위 상하이항은 한국과 중국의 각각 제1의 컨테이너항만으로서 위상을 갖추고 있다. 2019년에 4,330만 TEU를 처리한 상하이항은 2010년부터 세계 제1위의 항만을 유지하고 있다. 2010년 이전에는 싱가포르항과 홍콩항이 1위 자리를 놓고 치열한 경합을 벌여왔었는데, 지금은 상하이항이 부동의 1위를 고수하며 성장하고 있다.

<표 8> 부산항과 상하이항의 컨테이너터미널 비교

구분	부산항*		상하이항**		
				양산항	
	전체	신항	전체	자동화 포함	자동화 제외
선석 수(개)	36	19	50	23	16
연장(m)	12,023	6,850	14,647	7,550	5,200
컨테이너크레인(기)	116	69	164	81	65
2019년 컨테이너물동량 (만 TEU)	2,199	1,345	4,330	1,981	1,654

자료: *부산항만공사, "2019년도 부산항 컨테이너화물 처리 및 수송 통계, 2020.7.
　　**한국해양수산개발원 중국연구센터 내부자료 참조

주:　부산항 선석 수(36선석)는 5만 톤급 34선석, 1만 톤급 1선석, 5천 톤급 1선석으로 구성되어 있음. 부산항 신항 3부두와 4부두는 각각 5만 톤급 2선석, 2만 톤급 2선석으로 건설되었는데, 이를 각각 5만 톤급 3선석으로 보았음.

<표 9> 부산항 신항과 상하이 양산항 컨테이너물동량 운영실적 비교

구분	선석 (개)	연장 (m)	C/C (기)	물동량 (천 TEU)	물동량/ 선석 (천 TEU)	물동량/ 연장 (TEU)	물동량/ (CC) (천 TEU)
부산항 신항	19	6,850	69	14,867	782	2,170	215
상하이 양산항	23	7,550	81	19,808	861	2,624	245
차이	4	700	12	4,941	79	454	30

주: 부산항 신항의 경우 다목적부두에서 처리한 실적(164,084TEU)을 제외하였음.

　

부산항 신항과 상하이 신항(양산항)의 컨테이너물동량 운영실적을 비교해보면, 양산항은 부산항보다 시설 측면이나 운영 측면에서 모두 앞서는 것으로 나타났다. 선석당 처리실적은 7만 9천 TEU, 부두길이 당 실적은 45만 4천 TEU, 장비당 실적은 3만 TEU의 차이를 보이고 있다. 이러한 결과는 큰 폭의 차이는 아닌 것으로 보이며 물동량 집중도에 따라 발생하고 있는 것으로 보인다.

5. 부산과 상하이 간 협력방안[23]

1) 부산-상하이 도시 간 협력방안

부산시와 상하이시의 협력은 도시 간 상호협력 협의체 구성을 통해 협력 사업을 발굴하는 것이 바람직해 보인다. 부산시와 상하이시는 한·중의 대표적인 해양도시로서 동북아 경제권 발전에 대한 공동 역할을 강화할 필요가 있다. 해양도시로 지속 성장하기 위한 종합도시계획 등 정보를 공유해야 한다.

또한 부산과 상하이에 각각 공동 경제협력단지 조성을 통한 상호 투자유치 및 전자상거래 등 확대를 지원하고, 한·중 간 크루즈 재취항 및 크루즈 여행의 질적 성장을 위한 상호협력을 강구해야 한다. 크루즈 산업 지원을 위한 공동 투자사업 모델(공동 국제선용품공급센터 조성 등)을 발굴하고, 이에 대한 지원정책을 마련할 필요가 있다. 중·장기적인 관점에서 초고속선 개발 등 기술발전에 따른 부산과 상하이 간 카페리항로 취항을 위한 공감대를 모색해 나가야 한다.

2) 부산-상하이 항만 간 협력방안

앞에서 중국의 중앙정부 및 상하이 지방정부의 정책에서 살펴

---

23 김형근, "상하이의 물류분야 정책동향과 부산-상하이 협력방안", 제4회 부산-상하이 협력포럼, 상하이 통지대학교, 2019.11.4.

본 바와 같이 부산항과 상하이항 간 협력은 크게 세 가지 측면에서 상호협력을 이끌어내야 할 것이다. 우선 상하이 자유무역시범구 추진과 연계한 협력범위의 확대이다. 상하이 등 중국 자무구 네거티브리스트 축소 발표는 우리 기업에도 기회확대로 작용하고 있다. 부산항과 상하이항 당국의 상호협력 하에 상하이항 배후단지 및 자무구 지역에 투자 진출할 우리 기업을 대상으로 원스톱 서비스 등 지원체계를 구축하고 구체적인 투자진출 방안을 협의할 필요가 있다.

이를 위해 우리 내부에서는 부산항만공사(BPA), 한국해양진흥공사, 업·단체 등 컨소시엄을 구성해 해외에 진출할 수 있는 여건을 조성하고 합리적인 해외진출 방안을 도출해야 할 것이다. 또한 우리 정부는 상하이 기존 자무구와 린강 신구역을 주요 타깃으로 정하여 진출 가능한 투자사업 모델도 발굴하고, 이에 대한 지원정책 마련이 필요하다. 아울러 해운대리점 진출 등 우리 기업이 상하이 자무구에 진출하는 데 따른 심사, 운영 자격 획득 등 행정절차에 소요되는 비용과 어려움에 대한 지원 방안을 마련해야 할 것이다.

둘째, '창장경제벨트' 전략 추진에 연계된 세부 사업에 대한 협력이다. 창장 지역 내 거점 항만인 타이창항, 난통항, 난징항 등을 대상으로 지분투자 등을 통한 부두운영 참여로 항만 간 협력(직항로 개설 등)을 강화해야 한다. 이를 토대로 배후물류단지 사업도 병행하고, 한·중 간 교역에 필요한 물류활동을 지원하는 방안을 모색해야 할 것이다.

셋째, 해·철 복합운송 확대 추진에 대한 협력이다. 중국-유럽 간 국제화물열차 운행과 직결된 창장 지역 내 거점항만과 연계를 통한 해·철 복합운송망 구축이 필요하다. 즉, 부산항 등 한국 항만에서 중국으로 들어와 다시 중국에서 유럽으로 연계되는 국제화물열차를 활용한 복합운송 루트를 개척하는 등의 사업모델을 발굴할 필요가 있다. 그리고 부산항과 상하이항 당국은 창장 내 거점항만 간 연계 이전에 우선 상하이항 해·철 복합운송망 구축을 위한 협의체 구성을 통해 상호 원윈 방안을 도출하는 것도 바람직하다고 판단된다.

6. 나가며

우리나라의 해운·물류기업이 상하이 등 주요 지역에 진출하기 위해 중국 및 상하이의 주요 정책을 살펴보고, 부산과 상하이 간 협력방안을 도출하였다. 현재 중국에서 추진 중인 정책은 중국 자국 내 경제개혁과 아울러 외국인 투자유치에 집중되어 있는 상황이다. 특히 중국의 자무구 정책은 네거티브 시스템을 도입하여 외국인의 투자 금지제한 항목을 당초 190개에서 30개로 대폭 축소되어 물류업 등 서비스업 분야의 개방은 눈에 띄게 달라졌기 때문에 과거에 비해 투자진출이 수월해졌다고 볼 수 있다.

우리나라도 부산항 등 주요 항만을 대상으로 항만배후단지를 조성해 외국인투자유치를 확대하고 있다. 따라서 부산과 상하이 간 협력 차원에서 양 지역의 항만배후단지에 물류센터 조성 등 상호 교차투자 대상사업을 선정하고 실질적인 투자사업 모델로 육성될 수 있도록 상호협력 협의체를 구성하고 구체적인 협력방안을 만들어 나가길 제안한다. 교차투자는 한국 기업의 경우 중국에 투자하고 중국의 기업은 한국에 투자하는 방식을 말한다.

한·중 해운·물류기업이 양국 항만배후단지 등 투자대상 지역에 진출하기 위해 사전에 양국 중앙정부와 지방정부의 협력 협의체를 통한 투자진출의 방향을 모색하는 것이다. 즉, 한·중 간 협력 협의체를 통해서 해외진출을 하는 것으로서 한·중 양국의 당국자 간 협력의 조건하에서 한·중 기업의 입장에서는 각 진출지역의 시장상황, 지원정책 등 법·제도의 검토를 통한 업종을 선정한다. 아울러 진출대상 현지의 협력기관 선정과 단독투자 또는 한·중 합작 등 투자 형태에 대해서도 의견을 구할 수 있다. 또한 물류운영 모델의 발굴, 조직운영 체계 및 투자 리스크 등 치밀한 투자계획 수립에 대한 내용도 자문을 구하고 도움을 받을 수 있다. 이러한 한·중 협력 협의체의 구성과 논의된 협력 방안 안에서 한·중 양국의 기업이 해외에 진출하는 방안을 부산과 상하이 간 지방정부 차원에서 시도하는 것은 의미 있는 일이라 판단된다. 양국 협의체가 구성이 안 될 경우 부산시 자체만으로도 부산시 소재 기업의 상하이 진출을 지원하는 방안을 강구하는 것도 바람직해 보인다.

참고문헌

김은우, "상하이항의 선박대기오염물질 배출규제 조치 및 성과", 『월간동향』 vol.6, KMI, 2019.6, p.97.

김형근, "상하이의 물류분야 정책동향과 부산-상하이 협력방안", 제4회 부산-상하이 협력포럼, 상하이 통지대학교, 2019.11.4.

김형근, "중국의 LNG 벙커링 정책 추진 현황과 시사점", 『항만』 2019년 여름호, 통권 제148호, 한국항만협회, 2019.6.

김형근 · 김세원 · 진선선, 「우리나라 기업의 일대일로 물류분야 협력방안 연구」, 2018.11.

김형근 · 김세원 · 노의철, 「우리나라 해운 · 물류기업의 중국 자유무역시 범구 활용방안 연구」, 2019.12.

김형근 · 김세원 · 희가혜, 「우리나라 기업의 창장물류 활용방안 연구」, 2019.1.

대외경제정책연구원 뉴스브리핑, 중 2020년판 외상투자 진입 네거티브리스트 발표, 2020.6.26.

대한무역진흥공사, "중국을 이해하는 키워드 35선", 2016.2.

부산항만공사, "2019년도 부산항 컨테이너화물 처리 및 수송 통계", 2020.7.

쫑민, "타이창항 '양대일로' 발전 전략연구 및 대 한국 항만과의 협력", KMI 중국리포트 16-8, 2016.4. 27.

중화인민공화국국가통계국, 『2018 중국통계연감』, 2019.9.

희가혜, "창장 삼각주 항만군 일체화 발전 현황 및 전망", KMI 중국리포트 19-11, 2019.6.19.

http://big5.mofcom.gov.cn/gate/big5/hzs.mofcom.gov.cn/article/date/202001/20200102932445.shtml, 검색일: 2020.8.3.

http://blog.naver.com/PostList.nhn?blogId=lgesjb&from=postList&cat

egoryNo=426, 검색일: 2020.8.4.

http://fec.mofcom.gov.cn/article/fwydyl/
tjsj/201801/20180102699450.shtml, 검색일: 2020.8.3.

http://fec.mofcom.gov.cn/article/fwydyl/
tjsj/201901/20190102829089.shtml, 검색일: 2020.8.3.

http://finance.people.com.cn/n1/2020/0702/c1004-31767504.html,
검색일: 2020.8.30.

http://kosis.kr/index/index.do), 검색일: 2020.7.28.

https://mp.weixin.qq.com/s/r_SzO4Jm5sv5NFS-rldccg, 검색일:
2020.8.31.

http://stat.kita.net/stat/istat/CtsMain.screen, 검색일: 2020.8.3.

http://stat.kita.net/stat/istat/cts/CtsProvImpExpList.screen, 검색일:
2020.8.31

http://xxgk.mot.gov.cn/2020/jigou/zhghs/202006/
t20200630_3319576.html, 검색일: 2020.8.30.

http://xxgk.mot.gov.cn/2020/jigou/zhghs/202006/
t20200630_3321335.html, 검색일: 2020.8.29.

http://www.chinawuliu.com.cn/lhhzq/201903/23/339377.shtml,
검색일: 2020.8.30.

http://www.chinawuliu.com.cn/lhhzq/202004/20/499790.shtml,
검색일: 2020.8.30

http://www.chyxx.com/industry/202005/863962.html, 검색일:
2020.8.31.

http://www.chyxx.com/industry/202002/831924.html, 검색일:
2020.8.31.

http://www.crct.com/index.php?m=content&c=index&a=lists&cat
id=22, 검색일: 2020.8.3.

http://www.mofcom.gov.cn/article/tongjiziliao/

dgzz/201601/20160101239881.shtml, 검색일: 2020.8.3.

http://www.mofcom.gov.cn/article/tongjiziliao/
dgzz/201701/20170102504429.shtml, 검색일: 2020.8.3.

https://bg.qianzhan.com/report/detail/300/200122-0e952257.html,
검색일: 2020.8.31.

https://bg.qianzhan.com/trends/detail/506/200813-0cf8f4fa.html,
검색일: 2020.8.31.

https://wenku.baidu.com/view/8b6784a8e2bd960591c67714.html,
검색일: 2020.8.3.

https://www.jfdaily.com/news/detail?id=92124, 검색일: 2020.9.1.

https://www.ndrc.gov.cn/fgsj/tjsj/jjsjgl/202002/t20200226_1221349.
html, 검색일: 2020.7.28.

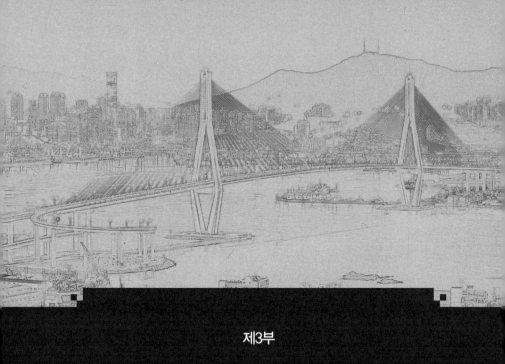

제3부

한중 인문교류와
부산–상하이 협력

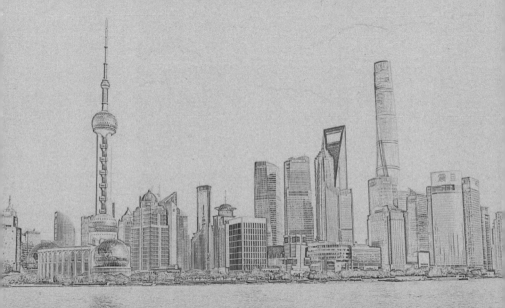

한중 인문 교류의 역사와
상하이-부산 협력

싱리쥐(푸단대)

오늘날의 국제 상황에서 인문 교류는 점점 더 강한 국제적 영향력과 경쟁력을 드러내고 있다. 중국과 한국은 서로에게 우호적인 이웃이자 모두 한자 및 유교 문화권에 속해 있다. 오랜 역사를 통한 문화 교류 중 양국의 국민들은 서로에게 배우고 서로의 단점을 보완하며 찬란한 문화를 함께 꽃피워왔다. 1992년 8월 중한수교 이후 양국의 관계는 점점 가까워졌고 인문 교류도 더 깊어졌다.

2013년에 들어 중한 인문 교류는 빠른 발전 단계로 진입했다. 2013년 6월 박근혜 대통령은 중국을 방문해 베이징에서 시진핑 주석과 공동으로 '한중 미래비전 공동성명'에 서명했다. 성명은 양국의 인문 교류를 강화하기 위한 활동을 적극적으로 추진할 필요가 있음을 강조하고, 정부 간 협력기구로서 '중한인문교류 공동위원회' 설치를 처음으로 제안했다. 2013년 11월 19일 중한 인문교류공동위원회가 서울에서 공식적으로 설립되어 첫 회의를 개최했다. 이는 중한 양국의 인문 교류를 강화하기 위한 중요한 플랫폼으로서 양국 국민이 서로에 대한 이해와 정서적 유대를 한층 더 강화하고자 하는 목적을 갖고 있다.

2014년 7월 시진핑 주석이 한국을 방문했을 때 중한 양국은 공동성명을 발표해 양국 국민의 정서적 유대를 강화하고 마음이 통하는 신뢰 관계를 구축할 필요가 있음을 강조했다. 양국의 정상은 인문 분야의 총 19개 교류 사업을 포함하는 '2014년 중한인문교류공동위원회 교류 협력 사업 목록'을 발표했다. 2014년 11월 20일에는 중한인문교류공동위원회 2차 회의가 중국 산시성 시안에서 개최되었고, 뒤이어 2015년 12월 23일에는 중한인문교류공동위원회 3차 회의가 한국 제주에서 개최되었다. 이 기간에 양측은 '중한인문교류공동위원회 백서' 발간식과 위원회 로고 발표회를 진행했다. 2016년 3월 31일 시진핑 주석과 박근혜 대통령이 워싱턴에서 회담을 진행할 때 다시 한 번 양국의 인문 교류를 한층 더 발전시키기 위해 중한인문교류공동위원회의 역할을 더 강화하기로 합의했다. 양국의 정상은 학술 교육, 지역, 청소년, 문화 등 총 69건의 인문 분야 교류 협력 사업이 포함된 '2016년 중한인문교류공동위원회 교류 협력 사업 목록'을 대외적으로 발표하기로 합의했다.

그러나 중한 인문 교류는 특히 미국의 간섭과 같은 안팎의 몇 가지 요인의 영향을 받기도 했다. 2016년 7월 8일 한국 정부는 미국과 협력해 한국 영토 내에 사드 미사일 시스템을 배치할 것을 공식 발표했다. 하지만 이 사드 미사일 시스템은 미국의 전세계적 군사 전략의 중요한 부분으로서 중국을 포함한 동북아시아 국가들의 전략적 안보를 심각하게 훼손하기 때문에 중국 정부는 강력하게 반대 의사를 표시했다. 하지만 한국은 중국의 반대 입장을 고려하지 않고 미국과의 협력을 강행해 중한관계에 심각한 부정적 영향을 미쳤고 이 일은 중한 인문 교류에도 그림자를 드리워 중한인문교류공동위원회 4차 회의가 예정대로 진행되지 못하는 결과를 낳았다. 이후 한국에서 문재인 대통령이 취임한 후 중한관계를 개선하고 재개하기 위해 노력한 결과 다양한 영역에서 중한 협력이 점차 제자리를 잡아가고 있다. 2020년 초 코로나 19 발생 후 중한 양국 정부 및 사회 각계는 서로를 지지하고 이웃 간의 정을 보여 양국의 인문 교류에 큰 자극을 주었다.

1. 중한 인문 교류의 역사적 기원

중한 양국의 오랜 역사와 관계를 통해 볼 때 양국의 문화는 깊이 관련되어 있고 많은 공통점을 갖고 있다. 중국의 문화는 줄곧 단일하지 않고 다원적이었고, 문화의 발전 또한 여러 민족과 여러 문명이 시시때때로 중첩되고 융합되는 과정이었는데,[1] 한국과의 교류에 있어서는 주로 한자와 유교 문화로 대표되는 중원 문화가 한국 문화에 매우 중요한 역할을 해왔다.

중국과 한국은 모두 한자와 유교 문화권에 속한다. 한자는 문

---

1   葛兆光：《從歷史看中國文化的複數性》, 韓國學術院演講稿, 2012年11月.

화의 중요한 매개체이다. 알다시피, 한국은 자신의 문자를 갖기 전에 문헌 정리와 역사 기록 등 모든 문자 활동에 있어서 중국의 한자에 의존했다. 그러다가 조선시대 세종대왕이 1443년 '훈민정음'을 창제한 후 한민족은 비로소 자신의 언어와 문자 체계를 갖게 되었다. 그럼에도 불구하고 조선의 양반 계층과 공적인 서적 및 문서에서는 여전히 한자를 사용하는 습관을 유지했다. 『퇴계전서(退溪全書)』, 『율곡전서(栗谷全書)』, 『연행록(燕行錄)』 등과 같은 한국의 유교 경전은 모두 한자로 기록된 것들이다. 한국어의 원형인 훈민정음 자모체계는 20세기에 들어서야 비로소 광범위하게 사용되기 시작했다. 이후 한국의 근현대 역사에서 한자 폐지나 한자 사용을 금지하는 '탈중국화' 운동이 출현한 적도 있지만, 현대 한국어에서 약 1/3이 한자어라는 사실은 부정할 수 없다. 이와 같이 한자는 중한 인문 교류에서 중요한 연결 고리이다.

역사적으로 중한 양국의 인문 교류는 기본적으로 상호 협력적인 양상을 보였다. 역사적 자료를 통해 보면, 중국과 한반도 사이에 문화 교류가 시작한 시기는 3,000여 년 전 기자(箕子)가 한반도로 건너온 때로 추측할 수 있다. 기원전 13세기 주 무왕(武王)이 상 왕조를 멸망시킬 때 기자가 은나라 사람들을 이끌고 한반도로 와 나라를 세웠는데, 이에 대해 '사기(史記)'에는 "무왕이 기자를 조선에 봉했다"라고 기록하고 있다. 비록 '조선세종실록·지리지'에는 고조선과 관련해 단군조선, 기자조선, 위만조선에 대한 기록이 모두 남아 있지만, 한국의 학계에서는 일반적으로 기자조선이 그 역사적 기원이라고 인식하고 있다. 기자가 한반도를 중화세계로 진입하도록 하는 시작을 열었으므로 한반도를 중화세계로 인도한 것은 바로 기자라고 할 수 있다. 이후 진한 시대에 한반도 북부와 중국 동북지방에 걸쳐 중국인과 한국인이 공동으로 건립한 나라, 즉 고구려가 등장했고, 그 건립자인 주몽(기원전 59년~기원전 19년)은 부여 사람이라고 알려지고 있다. 고구려와 중국의 한(漢) 왕조는 조공 책봉 관계를 유지했다. 그러다가 왕망(王莽) 시대에 고구려 사람들을 강제로 징집해 대 흉노 전쟁에 참가하게 한 후로 두 나라는 관계가 틀어져 정치적 교류가 일시적으로 중단되기도 했다. 하지만 동한(東漢) 왕조가 건국된 후 고구려가 조공을 재개하고자 먼저 사신을 파견했고, 이에 광무제(光武帝)는 왕의 칭호를 회복할 것을 명령했다. 이후 양측은 교류를 통해 매우 긴밀한 관계를 형성했다.

당나라 시대에도 중국과 한반도의 문화 교류는 긴밀하게 발전했다. 당시 신라와 당 왕조의 관계는 매우 긴밀했다. 통계에 따르면 신라는 당에 사절단을 126회 파견했고, 당은 신라에 사절단을 34회 파견했다. 뿐만 아니라 신라는 당의 지원 하에 백제와 고구려를 정복했고 결국 서기 688년에 한반도를 통일했다. 이 통일을 통해 신라와 당 사이의 정치, 경제 및 문화 교류는 더욱 활성화되었다. 신라 흥덕왕 3년(서기 828년)에 당의 사신 대렴공(大廉公)이 중국으로부터 차 씨를 가져와 왕의 명령에 따라 지리산 남쪽에 차를 심었는데 이로부터 한반도에서 차문화가 시작되었다. '삼국사기·신라본기'에는 "차는 덕왕 때부터 흥성했다."라는 기록이 남아 있다. 당시 신라는 당나라의 정치 및 문화 제도를 전반적으로 도입했고, 양국 사이에 많은 상인과 승려, 유학생의 왕래가 있었다. 그중 가장 대표적인 인물이 최치원(857~?)이다. 최치원은 당에 16년 동안 머무르면서 진사, 현위, 막료를 역임했고, "일신에 조우가 만리에 빛나니(一身遭遇, 万里光輝)",[2] 평생 두 나라에서 살면서 중국의 유교와 불교, 도교에 정통해 통일신라시대 최고의 대문호가 되었다. 최치원이 지은 〈계원필경집(桂苑筆耕集)〉은 삼국시대로부터 전해 내려오는 유일한 개인 저작이며 그중 모든 시문은 그가 중국에서 생활할 때에 지은 것들이다. 최치원은 한국에서 한문학의 창시자로 인정받아 왔다. 최치원은 양주(揚州)에서 4년 동안(880~884) 관료로 생활하며 당나라의 전성기를 목격했고 이 과정에서 문학 창작의 열정을 불태웠다. 이로써 그는 중한 양국의 문화 교류에 중요한 공헌을 했다. 이외에 신라 왕자 김교각(金喬覺)은 당나라 때 구화산(九華山)에 와서 불법을 수행했고 후대 중국인들은 그를 지장보살(地藏菩薩)로 칭송했다. 이 모든 것들이 중한 양국의 우호적인 교류의 아름다운 이야기들이다.

송원(宋元) 시대에 들어서도 중국과 한반도의 문화 교류는 계속해서 번성했다. 당시 고려는 주도적으로 유학생들을 북송의 국자감(國子監)에 파견해 중국 문화를 배우게 했고, 북송 왕조는 '대장경'을 비롯한 여러 유교 경전을 고려로 전파했다. 1279년 몽골이 원을 건국해 중국을 통일한 후 원은 고려에 우호적인 정책을 시행하고 왕실 간 결혼 정책까지 시행했다. 원 왕조는 공주

---

2   『계원필경집(桂苑笔耕集)』 제2권

가 결혼해 고려로 갈 때 관리들과 문인들로 하여금 고려까지 공주를 호송하게 했고 그중 일부는 고려에 머물렀다. 그중 가장 대표적인 인물이 바로 공자의 제54대손이자 한국 공씨의 시조인 공소(孔紹, 1304~1381)이다. 공소는 중국에서 태어나 원 순제(順帝) 때 한림학사를 지낸 후 원의 노국대장공주(魯國大長公主)가 고려 공민왕과 결혼하기 위해 고려에 올 때 함께 왔다. 그는 고려에서 문하시랑평장사(門下侍郎平章事)를 지낸 후 회원군(檜原君)의 시호와 창원백(昌原伯)으로 봉해지면서 한국인들의 깊은 존경을 받았다. 공소는 중화문명에 익숙한데다 차문화가 번성하던 고려시대에 관료로 지내면서 차를 마시고 즐기는 것을 항상 좋아했다. 조선의 유학자 목은(牧隱) 이색(李穡, 1328~1396)은 자신의 글에서 종종 공소를 "고려의 차 애호가(高麗茶人)"라고 일컬었다. 지금까지도 한국의 창원시(昌原市)와 그 관할 구역인 회원구(檜原區)의 지명은 모두 공소로부터 명명된 것이고 창원시는 지금까지 공소의 묘를 보존하고 있다. 한국의 공씨 종친회는 매년 음력 10월 1일에 공소를 위한 제사를 지내고 있다.

　명청(明清) 시대에 들어서 중국과 한반도의 문화 교류는 가장 활발해졌다. 양국의 사절과 유학자, 문신들은 서로 시를 주고받으며 학문을 갈고 닦았고, 조선왕조는 이렇게 서로 주고받은 시문을 『황화집(皇華集)』으로 집대성해 23권을 편찬했다.[3] 조선은 명조를 중화로 여기며 중국을 동경하는 사조가 성행했고 명조

3　張連鋒 :《論中韓文化交流的發展》, 山東師範大學碩士畢業論文, 2009年5月, 第12頁.

를 모방하는 정책을 많이 취했다. 명조를 모방하는 경향은 바로 조선의 '소중화(小中華)' 사상의 중요한 표현이다. 1644년 청군이 관내로 진입한 후 조선은 계속해서 조공의 형식으로 청조와 정치, 경제, 문화적 교류를 유지했다. 조선왕조 500여 년 동안 위로는 조정에서부터 아래로는 민간에 이르기까지 모두 중국을 모방하는 것을 능사로 삼았다. 조선 태조 이성계는 건국 후 정도전에게 『주례(周禮)』를 모방해 『경국대전(經國大典)』을 편찬할 것을 명했다. 그리고 조정은 명조의 6부를 모방해 6조를 세웠고, 형법은 모두 『대명률(大明律)』을 따라 만들어 '소중화' 사상을 실질적으로 체현하게 되었다. 문화적으로는, 조선이 청으로 보낸 사신들이 중국의 책을 대량으로 구입했을 뿐만 아니라 청조의 문인들과 교류하며 중국에서의 견문을 『연행록』으로 편찬했다. 『연행록』의 기록은 매우 풍부해서 가는 경로와 행차 인원, 공물, 가는 길에 보이는 풍경뿐만 아니라 당시 중국의 정치, 경제, 문화, 사회 풍속 등에 대해 상세하고도 다양한 기록이 남아 있다. 특히 중국의 정치 인물, 번속 외교, 변경 무역, 상인 시장, 결혼식과 장례 풍속 등에 대한 기록은 중한 문화 교류를 연구하는 데에 있어서 중요한 사료가 되고 있다.

앞서 언급한 바와 같이 중한 양국 문화 교류의 역사는 양국의 우호적인 대외 교류의 중요한 부분으로 양국의 교류와 협력을 강화하기 위한 확고한 토대를 마련했다.

2. 중한 인문 교류의 실질적 성과와 토대

중한 수교 이후 28년 동안 이뤄낸 실질적인 성과는 양국의 인문 교류에 좋은 발판과 토대를 구축했다. 여기에는 인적 교류와 대화뿐만 아니라 정치와 경제, 문화 등 분야에서의 소통과 교류도 포함하고 있다. 가장 분명한 것은 인적 교류가 점점 활발해져서 중한 양국의 인적 교류가 이미 '1천만+α' 시대에 진입했다는 것이다. 중국은 한국의 가장 큰 무역 상대국으로서 가장 큰 수출 시장이자 가장 큰 수입국이고, 한국은 중국의 세 번째 무역 상대국이다. 양국은 서로에게 가장 많은 유학생을 보내고 있고, 양국 모두 백만 명 이상의 사람들이 상대국에서 일하거나 공부하거나 생활하면서 현지 사회와 서로 융합되어 살아가고 있다.[4]

양국 정부는 일련의 대화 국면에 도달했다. 특히 문화 영역에서 중한인문교류공동위원회가 바로 그 중요한 계기이다. 이는 2013년 중한정상회담의 결과로 마련된 고위급 대화 통로이다. 이를 통해 양국 인문 교류의 새로운 채널과 새로운 내용, 새로운 방법을 모색하고, 전략적이고 실용적인 관점에서 단계적으로 문제를 해결하기 위해 노력하고 있다. 정부가 주도적 역할을 발휘하는 동시에 민간의 광범위한 참여도 장려해 산업계와 정부, 학계가 공동으로 산관학 협력 시스템을 구축해 장기적으로 발전

---

4 "同舟共濟築友誼, 繼往開來譜新篇", 中國駐韓國大使館, 2020年8月24日, http://kr.chineseembassy.org/chn/sghd/t1808571.htm.

할 수 있도록 했다.[5] 현재 양국에서는 돌아가며 순차적으로 세 차례의 회의를 진행했고 고위급의 효과적이고 영향력 있는 교류 사업을 대거 진행해 상당한 성과를 확보했다. '중한인문교류공동위원회 3차 회의 회의록'에 따르면, 양측은 2014년 19개 사업, 2015년에는 50개 사업을 진행하면서 중한 인문 교류 강화 사업을 효과적으로 추진해 핵심 제도로 발전시켰다. 이와 동시에 양측은 학술교육, 지역, 청소년, 문화를 인문 교류의 4대 핵심 영역으로 지정하고, 민간단체가 주최하는 행사를 포괄해 중한 인문 교류 사업의 외연을 확대했다.[6]

　민간 문화 교류는 중한관계의 발전에 있어서 줄곧 중요한 위치에 있었다. 음악, 무용, 미술, 영화에서부터 교육, 학술연구 등의 영역에 이르기까지 정부 주도 하에 민간이 적극적으로 참여하는 교류 방식이 이미 형성되어 있었다. 양국은 공동으로 혹은 각각 상대국에서 전시회를 개최하거나 축하 행사, 경연 등에 참여하는 방식으로 상대의 문화적 전통과 최신 문화에 대한 이해를 넓혀 왔고, 그 교류의 깊이와 폭 또한 크게 늘어났다. 중국에서는 지난 1990년대 중반부터 '한류' 바람이 불기 시작해서 지금까지도 꺾이지 않고 있다. 처음에는 한국 드라마와 대중가요로부터 출발해 지금은 화장품과 의류 및 기타 패션용품에 이르기

5　沈定昌：《加强中韓人文交流, 深化戰略合作關係》, 載《當代韓國》2014年第1期, 第20頁.

6　"中韓人文交流共同委員會第三次會議紀要", 人民網, 2015年12月25日, http://world.people.com.cn/n1/2015/1225/c1002-27977103.html.

까지 확장되었는데, 특히 한국 드라마 〈별에서 온 그대〉는 전국
적으로 인기를 끌어 한류 문화의 충격과 파급력을 느낄 수 있었
다. 한류는 한국의 문화적 이미지를 확립했을 뿐만 아니라 한국
의 경제 발전을 이끌었고, 나아가 한국의 국제 경쟁력을 강화했
다. 한국 드라마와 아이돌 그룹, 그리고 카지노는 기록적인 수의
중국인 관광객을 한국으로 끌어들였다. 블룸버그는 '스타 효과'
와 '팬덤 경제' 등이 한국 소비시장의 새로운 경제 성장 동력을
찾을 수 있게 했고 이러한 성장 추세가 향후 몇 년 동안은 유지
될 것이라고 분석했다.[7] 다른 한 편으로 한국에서도 강력한 '중
국바람(漢風)'이 불고 있다. 2004년에 세계 최초의 공자학원이 한
국에 설립되었고, 2019년에는 한국 전역에 공자학원이 23곳에
달해 현재 아시아에서 공자학원이 가장 많다. 또 한국에서는 중
국어 학원이 1990년대 말부터 지금까지 꾸준히 증가하는 추세
에 있다. 서울에서는 중국어 학원을 어디에서나 찾아볼 수 있고
중국어를 공부하는 사람들도 점점 많아지고 있다. 통계에 따르
면 2009년부터 신HSK(한어수평고시)가 해외에서 시행된 이후 한
국의 응시자 수가 총 응시자의 거의 절반을 차지하는 것으로 드
러났다. 중국어를 공부하고 중국을 이해하는 것이 이미 한국인
의 생활 중 중요한 일부분이 된 것이다. 이뿐만 아니라 한국인은
중국의 『삼국지』와 『수호지』, 『서유기』 등과 같은 유명한 고전과
그 속의 인물, 이야기들을 잘 알고 있고, 중국의 무협소설과 영화
도 한국인들의 사랑을 받고 있다. 점점 더 많은 한국인들이 중국

---

7   http://ent.sina.com.cn/s/j/k/2014-08-19/16154194501.shtml.

문화와 한국 문화가 이렇게 많은 유사성과 친근함을 갖고 있다는 것을 느끼고 있다.

특히 최근에는 정부와 민간의 노력이 점점 더 긴밀해지고 있다. 정부가 주도하는 청소년 교류 사업이 한중 수교 초기에 연간 40명 규모로 출발해 지금은 800명 규모로 발전했다. 그중 중국인민대외우호협회와 한국국제교류재단이 공동으로 실시하는 청년 교류 사업에는 지난 5년 동안 약 2,000명의 중한 양국의 청년 공무원과 대학생 대표가 참가했다. 청소년은 국가와 민족의 미래이다. 청소년들 간에 소통과 교류를 강화하는 것은 향후 중한 관계 발전에 큰 도움이 될 것이다.[8] 이뿐만 아니라, 유학생 규모도 점점 커지고 있다. 2018년 말 중국에 있는 한국인 유학생은 약 6만 7천 명이고 한국에 있는 중국인 유학생은 약 6만 명으로 모두 양국에서 가장 큰 유학생 집단을 이루고 있다.[9] 또한 한국국제교류재단, 한국고등교육재단, 한국학중앙연구원, 한국연구재단 등의 기관 역시 중한 교육, 문화 등의 분야에서 중요한 공헌을 했다. 중국의 대학과 공동으로 진행하는 연구 외에도 매년 대학 교원들의 한국 방문 연수를 지원하는 것도 좋은 반응을 얻고 있다.

8   同沈定昌上文, 第21頁.

9   "中韓雙邊關係", 中國駐韓國大使館, http://kr.chineseembassy.org/chn/zhgx/sbgxx/t720117.htm.

3. 중한 인문 교류가 직면한 도전

중한 인문 교류는 특히 미국의 간섭과 같은 몇 가지 대외적인 요인의 영향을 받은 바 있다. 2016년 7월 8일 한국 정부는 미국과 협력해 자국 영토 내에 사드 미사일 시스템을 배치할 것을 공식 발표했다. 하지만 이 사드 미사일 시스템은 미국의 전 세계적 군사 전략의 중요한 부분으로서 중국을 포함한 동북아시아 국가들의 전략적 안보를 심각하게 훼손하기 때문에 중국 정부는 강력하게 반대 의사를 표시해왔다. 그러나 한국은 중국의 반대 입장을 고려하지 않고 미국과의 협력을 강행해 중한관계에 심각한 부정적 영향을 미쳤고 중한 인문 교류에도 그림자를 드리워 중한인문교류공동위원회 4차 회의가 예정대로 진행되지 못하는 결과를 낳았다.

현재 중한 인문 교류가 직면한 어려움과 도전은 다음과 같다.

첫째, 상호 신뢰가 부족하고 이해의 깊이도 부족하며 여전히 일정 정도의 편견이 존재한다. 비록 역사적으로 긍정적인 상호작용과 교류가 있었지만, 근현대에 들어서 좌절을 겪었다. 1910~1945년 동안 한반도는 일본의 식민지가 되었다. 1950년대에 중국과 한국은 한국전쟁에서 서로 다른 진영에 속해 있었고, 전쟁이 끝난 후 한반도는 남북으로 분단되어 중한 양국의 관계도 얼어붙었다. 이처럼 지난 세기 80년이 넘는 시간 동안 중한 교류는 거의 중단되었다. 이 기간에 한국은 급속히 발전하는 자본주의의 길에 들어섰고, 중국은 사회주의의 길에서 천천히 전진했다. 이러한 큰 경제적 격차는 한국인들로 하여금 중국이 매우 가난하고 낙후하다는 생각을 갖게 했고, 심지어 '색안경'을 쓰고 현재 21세기의 중국을 바라보게 했다. 이러한 영향을 받아서 한국의 언론은 중국에 대한 부정적인 보도가 너무 많은 반면 중국이 개혁개방 이후 성취한 경제적 성과에 대한 보도는 거의 없다. 이는 한국인의 판단력과 인지력에 크게 영향을 미쳐 중국에 대한 불신과 이해 부족을 더욱 심화시켰다. 마찬가지로 한국에 대한 중국인의 이해 또한 한국 드라마와 대중음악 등이 대표하는 대중문화 수준에만 한정되어서 한국의 역사와 민족적 정서, 심리 등에 대해서는 이해가 부족한 상황이다. 이 모든 것이 양국 간의 경제 교류 및 기타 교류에서 장애가 되고 있다.

둘째, 문화 교류가 대등하지 않고 일부 교류는 일방적이다. 비록 〈와호장룡〉, 〈영웅〉, 〈연인(十面埋伏)〉 등과 같은 중국의 블록버스터 영화가 한국 시장에 진입하긴 했지만, 중국의 현실을 다루고 있는 영화와 드라마가 한국 시장에 진입하는 것은 상대적으로 적다. 몇몇 소수의 방송국에서 방영하는 중국 사극을 제외하면 그 외에는 거의 찾아보기 힘들다. 이와는 대조적으로 한국 영화와 드라마, 예능 프로그램은 최근 중국의 주요 채널을 장악했다. 이런 비대칭적인 교류 현상은 한국 정부의 내수시장 보호 정책과 관련이 있지만, 다른 한 편으로는 중국의 현실을 다루는 영화와 드라마의 질과 수출 경쟁력에도 엄격한 요구를 제기하고 있는 것이라고 볼 수 있다. 또 다른 한 편으로는, 비록 언론에서는 '한류'와 '중국바람'을 자주 언급하지만, 상황은 결코 낙관적

이지 않다. 중국의 젊은 사람들이 한류 문화를 좋아하거나 그에 집착하는 것은 대체로 정신적인 요구 때문이다. 예를 들어 한국 드라마가 잘 만들어지고 한국 음악이 유행하는 스타일에 더 가까우며 한국 화장품과 패션이 더 유행에 민감한 것 등은 대체로 젊은 중국 사람들의 미적 감각에 부합하기 때문에 그 정신적 요구를 충족시킨다. 하지만 한국에서 유행하는 중국바람은 대체로 한국인의 중국어 학습과 관련이 있어 실제로는 '중국어바람'이라고 할 수 있다. 이러한 현상은 주로 한국인의 중국어에 대한 도구적이고 목적 지향적인 필요 때문이다. 중국 경제의 부상과 중한 관계의 급속한 발전에 따라 점점 더 많은 한국인들이 이후 한국 경제가 중국에 크게 의존하게 될 것이라는 사실을 인식하게 되었고, 심각한 취업 부담과 시장 경쟁으로 많은 사람들이 중국어를 배우기 시작한 것이다.

셋째, 때때로 민족주의와 역사 문제가 정치적으로 개입하곤 한다. 가장 대표적인 것은 고구려 역사와 세계문화유산 신청 문제를 둘러싼 중한 양국 간의 분쟁이다. 중국의 역사학자들은 고구려가 고대 중국의 소수민족 정권으로서 그 주체 집단은 중화민족으로 융합되었고 일부 집단이 한민족으로 융합되었을 것이라고 주장한다. 중국의 본래 의도는 동북 변방 지역의 역사 연구와 현황 연구를 학술 영역으로 끌어들여 기초 연구와 응용 연구를 결합하도록 하는 것이었다. 중한 수교 후 양국의 관계는 원래 우호적인 발전 추세에 있었으나 고구려 문제가 발생한 이후 중국에 대한 한국인들의 호감도가 크게 떨어져 양국 관계 역시 우여

곡절을 겪었다. 민족과 영토의 역사 연구에 대해서는 학문과 정치를 분리하는 원칙을 유지해야만 과도한 민족주의적 정서를 피할 수 있고 중한 양국의 우호적인 발전에 영향을 미치지 않게 될 것이다.

세계문화유산 신청 문제로 인한 문화적 분쟁 또한 무시할 수 없다. 최근 몇 년 사이 인터넷 매체에서는 한국이 풍수지리를 세계문화유산으로 신청하려고 한다거나 김치, 단오, 온돌을 세계문화유산으로 신청하려고 한다, 심지어는 한국인들이 "공자는 한국인이다", "쑨원은 한국인이다" 등과 같은 주장을 한다는 내용까지 잇따라 등장하고 있다. 절대다수의 이러한 보도들은 한국의 공식적인 의견이 아니지만, 언론은 근거 없이 허위 정보를 퍼뜨려서 양국 국민들의 감정을 크게 악화시켰다. 예를 들어 한국이 단오를 세계문화유산으로 신청한 것을 보면, 한국이 신청한 '단오제(端午祭)'와 중국의 단오절(端午節)은 사실 내용이 전혀 다르다. 한국의 단오제는 한국의 전통춤, 제사, 민간예술 등으로 구성되어 있는데, 이는 중국인들이 단오절에 쫑즈(粽子)를 먹고 용선(龍舟)을 타며 시인 굴원(屈原)을 기념하는 것과 전혀 관련이 없다. 우리는 다른 민족의 우수한 성과를 진지하게 돌아보고 적극적으로 배우고 받아들여 우리나라의 전통 문화를 더욱 발전시켜야 한다.

4. 중한 인문 교류에서 상하이와 부산의 역할

중국과 한국은 사이좋은 이웃이자 중요한 협력 파트너이다. 상하이와 부산은 모두 각국의 경제 중심지이며 둘 다 중요한 항구도시이다. 상하이와 부산은 1993년 자매결연을 맺은 이후 여러 분야에서 생산적인 협력과 교류를 진행해 두 도시의 우호를 강화하고 공동의 발전을 촉진했다. 1997년 7월에는 부산무역 대표처가 상하이에 설립되었고, 2000년 6월에는 상하이에서 기증한 '상해문' 패루(牌樓)가 부산의 '상해거리'에서 완공되었다. 2014년 5월에는 상하이에서 설계한 상하이 우호도시 정원이 부산 시민공원 내에 공식적으로 준공되었다. 2018년 11월 제1회 중국국제수입박람회가 상하이에서 성공적으로 개최되었다. 이 박람회에서 한국의 참가 기업수가 가장 많았고 부산시의 10개 기업도 참가해 상생협력을 추진했다.

한국의 동남쪽 끝에 위치한 부산은 한국에서 가장 큰 항구이자 두 번째로 큰 도시이다. 또한 세계에서 가장 활기찬 항구 중 하나로서 역사적으로 줄곧 동아시아의 대륙과 해양 문화 사이에서 교량 역할을 해왔다. 15세기에 조선왕조는 부산항을 무역항으로 지정했다. 이후 1876년에 부산항은 한반도에서 가장 큰 항구가 되어 한국 근현대사의 발전을 목격했다. 부산의 공업은 서울에 이어 두 번째로, 기계, 화공, 식품, 수산품가공 등 다양한 영역에서 두각을 나타내고 있다. 특히 기계공업이 발달했고, 조선업과 타이어 생산은 한국에서 가장 앞서고 있다. 한국의 유일한 증권거래소인 한국거래소도 부산에 있다. 부산-진해경제자유구역의 조성으로 무역과 금융 중심지로서의 부산의 지위는 더욱 공고해졌다. 2019년 12월 26일 부산은 2019년 글로벌 500대 도시 순위에서 76위를 차지했다.

양쯔강 동남쪽 끝에 위치한 상하이는 세계적 수준의 항구도시로 중국과 세계를 연결하는 자연 항구이다. 상하이는 항공산업과 같은 첨단 과학기술산업이 고도로 발달해 중국에서 가장 큰 대외 무역 창구이자 육상, 해상, 항공 운수의 중심도시로 자리 잡고 있다. 1990년대 중국 최대의 푸둥(浦東)개발구가 개발됨에 따라 상하이는 국제 경제와 금융, 무역의 중심지로 발전하기 위해 노력하고 있다. 상하이는 중국의 최대 도시이자 세계에서 세 번째로 큰 도시이고, 문화, 관광, 교육 등 각 분야의 발전도 중국에서 최고이다.

중한 관계의 우호적 발전 및 부산과 상하이의 지리적 장점을 고려하여 중한 인문 교류를 한층 더 발전시키기 위해 부산과 상하이는 다음과 같은 몇 가지 방면에서 협력을 강화할 수 있다.

경제 및 무역 협력에 있어서 양측은 현재 맺어진 협정의 틀 안에서 다양한 경제 교류를 진행할 수 있다. 경제 협력 역시 대중의 지지를 구축하고 여론을 형성하는 중요한 플랫폼이고, 모든 기업과 개인은 국가의 이미지를 대표한다. 중국은 한국의 최대 무역 상대국이자 최대의 수출 시장이고 최대의 수입국이기도 하다. 한국은 중국의 세 번째로 큰 무역 상대국이고 상하이에만 2,000개가 넘는 한국 기업이 있다. 이러한 긴밀한 접촉은 양측의 경제

협력 공간을 매우 크게 만들었다. 두 도시는 기계공업과 조선, 화학공업, 수산품 등에서 더 많은 교류와 협력을 할 수 있고, 정기적으로 서로 대표단을 파견해 현지를 견학하며 경험을 배우고 일련의 제품을 공동으로 개발할 수도 있다.

문화 및 관광 분야에서 상하이는 국제화된 대도시로서, 최근 몇 년의 변화 발전은 세계의 주목을 받고 있다. 상하이는 중국의 아름다운 강남 문화와 현대적인 건축물이 서로 조화롭게 빛을 발하고 있다. 특히 상하이시는 대한민국 임시정부 유적지와 윤봉길 의사 의거지를 보존하고 가꾸기 위해 큰 노력을 기울이고 있다. 한국인이 상하이를 방문하는 첫 번째 목적지는 대체로 임시정부 유적지인데 이 또한 상하이와 한국인들을 정서적으로 연결하는 연결고리가 되고 있다. 부산 역시 아름다운 해변과 유명한 부산국제영화제 등과 같은 좋은 관광 자원을 갖고 있으므로 양측은 문화 관광 분야에서 더 많은 협력 플랫폼을 개발해 이를 통해 중국과 한국 국민들의 상호 이해를 높일 수 있을 것이다.

과학기술 및 교육 분야에서 양측은 해양 과학기술, 인공지능, 빅데이터 등에서 협력을 강화할 수 있고, 서로의 장점으로 단점을 보완할 수 있도록 공동 연구를 수행할 수도 있다. 특히 해양 분야에서 '해양 포럼' 개최 등과 같은 다양한 방식을 통해 상생의 해양 동반자 관계를 구축하고, 서로의 단점을 보완할 수 있도록 해양 산업의 협력을 강화하며, 상호 신뢰와 호혜의 해양 교류 플랫폼을 건설할 수 있을 것이다. 이로써 중한 양국의 우호적인 교량 역할을 잘 발휘할 수 있을 것이다. 교육 분야에서 상하이는 중국의 매우 우수한 고등교육 자원을 보유하고 있으므로 양측은 교육 훈련, 싱크탱크 교류, 공동 연구개발, 유학생 파견 등의 방면에서 교류를 한층 강화할 수 있다.

번역 - 박석진(칭화대학교 역사학과 박사과정)

일대일로와 인문교류
: 부산과 상하이 교류협력 증진 방안

김태만(한국해양대)

1. 서론

2017년 5월 14일부터 15일까지 베이징에서 역사적 포럼이 개최되었다. 이것은 바로 '2017 일대일로 국제협력 고위급 포럼'이었다. 이 포럼에는 29개국 정상과 130여 개가 넘는 국가와 국제기구 등에서 약 1,500명의 인사들이 참여했다.[1] 포럼은 14일 오전 베이징 국가회의센터에서 시진핑 중국 국가주석의 개막사를 시작으로 개막식이 진행되었다.[2] 오후에는 '정책 소통 및 전략 협

---

[1] 러시아, 이탈리아, 그리스, 인도네시아, 필리핀, 카자흐스탄, 스위스, 터키, 베트남 등 국가의 정상들이 포럼에 참석했으나, 다른 주요국가 수반들이 참석하지 않음으로써 어떤 의미에서는 절반의 성공에 그쳤다고 볼 수 있다.

[2] 시진핑 주석은 "일대일로 건설의 협력추진"이라는 주제로 기조연설을 했고, 일대일로 정책을 추진했던 지난 4년간의 성과를 40분에 걸쳐 발표했다. 또한 연설 중에 평화와 협력, 개방과 포용, 상호학습, 상호공영의 실크로드 정신을 특히 강조했고, 100여 개의 국가와 국제기구가 이미 일대일로 건설 프로젝트에 참여하고 있고 UN안보리 회의에 일대일로가 상정되기도 했음을 밝혔다.

의', '인프라 연결 가속화', '무역 원활화 추진', '자금융통 촉진', '민심상통 증진', '싱크탱크 간 교류'를 주제로 각 6개 세션의 회의가 이어졌다. 이튿날에는 29개국 정상 및 UN, IMF, 세계은행 등 국제기구의 수장이 참석하는 원탁정상회의도 이어졌다.

이 정상회의에서 러시아 푸틴 대통령은 "유라시아 대륙의 각 국가 국민들은 고대부터 상호 교류했던 전통이 있고 이러한 상호신뢰가 21세기에도 구현되기를 희망하며 러시아를 포함한 유라시아경제연합의 가입국들은 일대일로 이니셔티브를 적극 지지하고 있음"을 천명했다. 터키 레제프 에르도안 대통령은 "일대일로 이니셔티브가 세계 역사에 한 획을 그을 거대한 사건이고, 아시아와 아프리카, 유럽, 나아가 아메리카 대륙까지도 연결하는 초대형 프로젝트"라는 것을 강조했으며 아울러 "일대일로와 터키가 제시한 중간회랑(中間走廊)프로젝트의 연계"를 주창했다. UN의 안토니오 구테헤스 사무총장은 "일대일로 이니셔티브는 세계 발전의 공통된 희망에 기초한 것이고, 유라시아 대륙에 그 초점이 있지만 그 성과는 세계에 미칠 것"이라고 말했다.[3]

2013년 가을에 처음 제기된 일대일로는 계속 진화하며 긍정적이건 부정적이건 세계적 반향을 일으켰다. 대표적인 사례로 2016년 3월 UN안보리의 결의를 거쳐 같은 해 11월 193개국 회원국 전체회의에서 전원 찬성으로 결의됨으로써 국제사회의 보

---

3 KIEP북경사무소, 「2017 일대일로 국제협력 고위급 포럼」의 주요 내용 및 평가, 2017년 6월 7일, pp.2-4.

편적인 지지를 얻어냈었다.[4]

중국의 일대일로는 기본적으로 인프라 연결과 통상, 금융, 산업, 지역개발을 포괄하는 중국의 대외경제 그레이트 플랜이자 국제무역질서 재편을 노린 전략이기도 하다. 중국은 이를 두고 세계경제 변화와 중국의 성장둔화에 직면해 자유무역과 개방형 경제체제를 유지하기 위해 제기한 이니셔티브라고 주장한다.[5] 하지만 현실적으로 일대일로가 중국이 유라시아 대륙의 경제통합을 시도하는 것임을 부인할 수 없다. 만약 일대일로가 순조롭게 진행된다면 아시아-태평양 지역에서 미국이 배제되는 상황이 벌어질 것이다. 중국 관점에서 일대일로는 환태평양경제동반자협정(TPP), 범대서양무역투자동반자협정(TTIP)을 추진하는 미국의 시도를 무력화시킬 뿐만 아니라 일대일로의 추진을 통해 전 지구 무역의 새로운 질서 제정권을 탈환할 수 있다. 예컨대 국내외 항구를 거점으로 건설되는 21세기 해상 실크로드에서는 다양한 룰을 지닌 자유무역협정 협상이 추진될 수 있다. 상하이자유무역지구의 실험이 성공한다면 상하이와 푸젠성(福建省)의 취안저우(泉州), 메이저우(湄州) 등 초대형급 심해항을 근거지로 국제적 중계접속항을 건설할 수 있다. 이는 국제경제, 무역, 해운, 금융의 핵심을 장악함으로써 국제무역의 주도권, 가격결정권, 자원배

---

4   민귀식, 「국내외 연계발전전략을 강화한 일대일로 성상포럼」, 『EAI 논평』, 동아시아연구원, 2017년 5월, pp.1-3.

5   「推进"一带一路"建设工作领导小组办公室负责人答记者问」, 『一带一路网』, 2017年 2月 7日, (검색일: 2017년 7월 17일).

분권을 중국이 가져갈 수 있음을 의미한다. 또한 중국의 이러한 일대일로 이니셔티브는 세계자본주의의 주요한 수용자에서 외자투자자로의 전환이라는 새로운 역할과도 큰 관련이 있다.[6]

　일대일로 시대의 본격화에 발맞춰 그동안 한국에서는 중국의 일대일로에 대한 소개, 내용, 진행상황, 전망 등에 대한 개괄적인 논문과 보고서, 단행본이 꽤 많이 쏟아져 나왔다. 그동안 나온 선행연구들을 검토해 보면 크게 두 가지 시각으로 나뉜다고 할 수 있겠다. 첫째, 일대일로의 긍정적인 면을 부각하면서 경제협력과 발전의 측면에서 일대일로에 적극 편승해야 한다는 것이다. 하지만 실제로 일대일로 이니셔티브와 한국은 엄밀한 의미에서 큰 관련성이 없다. 시대적 추세에 따라 무조건적으로 수용했던 사정이 있는 것이다. 두 번째, 일대일로의 전략적인 측면을 바라보면서 외교안보적인 관점에서 일대일로를 바라본 시각이다. 이 시각에 따르면 일대일로는 미국의 아시아재균형전략에 대응한 서진(西進)전략이라는 것이다. 그러나 이러한 시각 역시 서구중심적인 관점을 그대로 수용했다는 점에서 비판을 면하기 어렵다.

　지난 박근혜정부에서는 유라시아 이니셔티브와 중국의 일대일로 이니셔티브와의 연계를 가속화해야 한다는 연구가 주를 이뤘다. 그러나 주지하다시피 아무런 효과와 결실도 보지 못했다. 이런 결과를 낳은 것은 몇 가지 공통점에 근거해 중국의 일대일로

6　쉬진위, 백지운, 「중국 '일대일로'의 지정학적 경제학-포용적 천하인가, 예외적 공간인가?」, 『창작과 비평』, 44(3), 2016년 9월, p.481.

에 유라시아 이니셔티브를 기계적으로 끼워 넣었다는 점 때문이다. 또한 북한과 북핵이라는 현실적인 문제를 고려(?)했겠지만, 실제로는 도외시했다는 점도 무시할 수 없다.

본 연구는 이러한 국면 속에서 일대일로에 대한 우리의 시각을 어떻게 재정립할 것인가란 문제인식에서 출발한다. 지난 수년간 큰 문제 없이 시동을 건 것이라 판단되지만, 일대일로 사업은 앞으로도 수많은 난제들을 돌파하고 해결해야 한다. 이러한 이유에서 우선 중국의 일대일로가 국제공공재인가를 분석할 필요가 있다. 그동안 일대일로에 대한 한국의 대응방안에 대한 분석들은 많았지만, 일대일로를 주제로 지방과 지방 간의 협력 가능성에 대한 분석은 거의 없었던 것이 사실이다. 이러한 문제의식에 기초해 본 논문은 일대일로와 관련해 부산과 상하이를 중심으로 한 지방정부간 협력 가능성에 대해 탐색해보고자 한다. 아울러 일대일로가 향후 비교적 순탄하게 진행될 것임을 전제하고 우리가 중국의 거대한 이 프로젝트를 우리의 국가 이익으로 제대로 활용하기 위해서는 어떤 점들을 고려해야 하고 유의할 점들이 있는지 설명하고자 한다.

2. 일대일로는 국제공공재인가

1) 지난 수년간의 일대일로 경과

(1) 닻을 올린 일대일로

주지하다시피 2013년 9월 시진핑 중국 국가주석이 카자흐스탄을 방문했을 때 '실크로드 경제벨트'를, 10월 아세안국가를 방문했을 때 '21세기 해상실크로드'를 공동건설하자고 제안하면서 일대일로 이니셔티브는 시작되었다. 중국사회과학원의 장원링(張蘊岭) 교수는 일대일로에 대해 4가지 의미가 있음을 밝힌 바 있다. 첫째, 일대일로는 하나의 대전략이라는 것이다. 실크로드 경제벨트의 구축을 통해 중앙아시아, 서아시아, 남아시아 및 유라시아로 향하는 육상 통로를 중국에게 제공해줄 것이다. 21세기 해상실크로드 건설은 중국 연해지역 개방을 심화시키는 한편, 과거 패권을 목표로 한 해양세력과 달리 개방적이고 연계된 각국이 공동으로 해양 신질서를 창출함으로써 해양통로의 건설과 발전을 좀 더 긴밀하게 결합시키기 위함이란 것이다. 두 번째, 일대일로는 세계사적 의의를 가진다는 것이다. 오늘날 세계 경제는 개발도상국의 발전, 신흥 경제주체의 부상이 거스를 수 없는 추세이다. 하지만 미국의 TPP는 개발도상국의 글로벌 시장 진입을 어렵게 만들고 있다. 중국의 일대일로는 개방적인 플랫폼이기 때문에 각국의 적극적인 참여를 통해 새로운 발전공간을 조성하고 새로운 발전 동력을 창출할 수 있다는 장점이 있다. 이 과정에서 일대일로는 범지역적이고 개방적이며 거시적인 의미를 갖는 이니셔티브로 아시아에서 유럽, 그리고 아프리카까지 광활한 지역으로 확대될 수 있다. 세 번째, 일대일로는 공동으로 만들어 나가는 것이다. 비록 일대일로의 제안자는 중국이지만, 중국이 단독으로 할 수 있는 일도 아니고 함께 협의하고 기획하며 건설해 나가야 한다는 것이다. 일대일로의 건설은 단순히 경제영역에만 국한되는 것이 아니라 정치와 사회, 문화, 교육, 안보 등 제 영역을 포괄한다. 이 과정에서 중국과 각 연선국가들은 서로를 점차 더 이해할 수 있을 것이고, 상호 존중과 상호 신뢰의 새로운 관계를 형성할 것이다. 네 번째, 도전과 리스크 역시 존재한다는 것이다. 일대일로가 닻을 올리긴 했지만 도로와 항만 등으로 인접한 주변국가에서는 적지 않은 우려가 제기되고 있다. 일대일로에 대한 관망과 의심이 혼재되어 있으며 중국이 주도하는 것을 염려하기도 한다. 일대일로 성공의 관건은 각 국가들의 이해와 지원, 진정한 공감대 속의 참여에 있다. 이 프로젝트는 또한 많은 시간과 노력이 소요된다. 단기적 성공과 이익에 급급할 필요가 없고 외부의 의구심 해소, 분쟁과 위험의 우회, 투자리스크와 손실의 감소를 적극 추진할 필요가 있다.[7]

(2) 주요내용과 경과

기존 연구에서는 일대일로가 신흥시장 확보 및 과잉산업 문제

---

7   성균중국연구소, 「중국의 일대일로 전략 분석」, 『성균차이나포커스』 제19호, 2015년 8월 1일, pp.7-14 참고.

해소, 에너지와 자원 확보, 지역 불균형 발전 문제 해소, 지역 경제통합 주도권 확보 등에 목적을 두고 추진되어온 것으로 보고 있다. 2013년 9월부터 현재까지 만 4년 동안 일대일로 이니셔티브는 비교적 순조로운 길을 걸어왔다. 아래 〈표 1〉은 중국의 일대일로가 걸어온 길을 잘 보여준다.

〈표 1〉 중국의 일대일로 이니셔티브 추진 역정

시기	주요 내용
2013년 9월	시진핑 국가주석 실크로드 경제벨트 구축 제안
2013년 10월	시진핑 국가주석 21세기 해상실크로드 공동건설 제안
2013년 12월	중앙경제공작회의 석상에서 실크로드 경제벨트 구축과 21세기 해상 실크로드 공동건선을 공식적으로 제시
2014년 2월	러시아 TSR(아시아-유럽횡단철도)과 일대일로 연계에 대한 인식을 공유
2014년 3월	리커창 국무원 총리가 전인대 정부공작보고에서 일대일로를 중점 추진할 것으로 발표
2014년 5월	실크로드 경제벨트의 첫 번째 플랫폼으로 '중국-카자흐스탄 물류기지(롄윈강)' 운영 지시
2014년 11월	APEC정상회의 석상에서 400억 달러 규모의 실크로드기금 출자 선언
2015년 2월	일대일로 건설공작 영도소조 공식 출범 - 구성: 장가오리 국무원 부총리를 조장으로 부조장 4인 인선
2015년 3월	실크로드경제벨트와 21세기 해상실크로드 장기 전망과 행동 공동 추진 발표(국가발전개혁위원회, 외교부, 상무부 공동발표)
2015년 12월	AIIB(아시아인프라투자은행) 설립
2016년 8월	일대일로 건설사업 좌담회 개최
2017년 5월	일대일로 국제협력 고위급 포럼 개최
2017년 6월	일대일로 건설 해상협력 구상 발표(국가발전개혁위원회, 국가해양국)

출처: 국제무역연구원, 대외경제정책연구원, 현대경제연구원, 코트라 등의 보고서에서 발췌하여 필자가 정리.

현재 일대일로와 관련된 국가는 모두 64개국(중국 포함 65개국)이다.[8] 이 64개 일대일로 연선국가와의 주된 협력방안은 잘 알려져 있다시피 '5통(通)'이다. 첫째, 정책구통(沟通, 교류)이다. 이는 정부 간 협력을 강화하고 거시정책 교류시스템을 적극 구축하는 것을 의미한다. 두 번째, 시설연통(联通, 인프라 연결)이다. 부족한 교통로 및 병목구간 교통로를 우선적으로 건설해 아시아 각 지역 및 아시아, 유럽, 아프리카를 잇는 인프라 네트워크 건설을 일컫는다. 세 번째, 무역창통(畅通, 원활화)이다. 투자·무역 편리화, 장벽 제거를 위한 노력, 국가가간 전자상거래 무역 미 서비스 발전 무역 발전, 비관세장벽 완화, 통관비용 절감 및 통관능력 제고, 서비스업의 상호 개방 확대 등을 말한다. 네 번째, 자금융통(融通)이다. 금융협력을 통해 아시아 통화 안정 시스템 추진, 주변국 통화스왑 규모 확대, 아시아인프라은행, 브릭스개발은행 공동 추진, 아시아 채권시장 개발 및 발전 등을 포함한다. 마지막으로 민심상통(相通)이다. 이는 일대일로 건설의 사회적 토대라고

---

8 64개국은 다음과 같다. 동아시아 1개국(몽골), 동남아시아 11개국(싱가포르, 태국, 베트남, 말레이시아, 인도네시아, 필리핀, 미얀마, 캄보디아, 브루나이, 라오스, 동티모르), 남아시아 8개국(인도, 방글라데시, 파키스탄, 스리랑카, 네팔, 아프가니스탄, 몰디브, 부탄), 동유럽 20개국(러시아, 폴란드, 체코, 헝가리, 슬로바키아, 루마니아, 우크라이나, 슬로베니아, 리투아니아, 벨라루스, 불가리아, 세르비아, 크로아티아, 에스토니아, 라트비아, 보스니아, 마케도니아, 알바니아, 몰도바, 몬테네그로), 중앙아시아 5개국(카자흐스탄, 우즈베키스탄, 투르크메니스탄, 타지키스탄), 서아시아·아프리카 북부 19개국(아랍에미리트, 사우디아라비아, 터키, 이스라엘, 이집트, 카타르, 쿠웨이트, 이라크, 이란, 오만, 바레인, 요르단, 레바논, 그루지야, 예멘, 아르메니아, 시리아, 팔레스타인, 그리스, 키프로스). 国家信息中心, 「一带一路贸易合作大数据报告」, 2017年.

할 수 있다. 문화교류, 학술왕래, 인적교류, 미디어 교류, 관광협력 확대, 상호 유학생 규모 확대, 과학기술 협력 강화 등을 말한다. 이러한 5통은 최근 개최된 일대일로 고위급 포럼의 각 세션 주제였기도 할 만큼 일대일로 이니셔티브를 관통하는 핵심이다.

2) 일대일로와 국제공공재

(1) 그동안의 성과

아직 초보단계에 불과하지만, 일대일로는 지난 4년간 적지 않은 성과를 얻어냈다. 2013년 9월부터 2016년 8월까지 시진핑 국가주석은 37개 국가(아시아 18개, 유럽 9개, 아프리카 3개, 라틴아메리카 4개, 오세아니아주 3개)를 방문했고, 일대일로와 관련된 각 국가들의 호응을 이끌어냈다. 2016년 6월 30일까지 중국은 56개 국가 및 지역협력기구와 일대일로 참여 관련 공동성명을 발표하고, 관련 양해각서 및 협의를 체결했다. 특히 일대일로는 많은 연선국가들의 발전전략과 공조를 실현하고 있다. 카자흐스탄의 '광명의 길', 러시아의 '유라시아 경제연맹', 몽골의 '초원의 길', 유럽연합의 '융커 플랜', 영국의 '잉글랜드 북부경제센터', 한국의 '유라시아 이니셔티브', 베트남의 '두 개의 회랑과 하나의 경제권', 호주의 '북부대개발 및 아세안 연계성 마스터 플랜', 폴란드의 '호박 길' 등이 바로 그것이다. 이를 통해 일대일로는 전 방위적이고 다차원적인 연계 네트워크를 구축했고, 64개국 연선국가는 물론 전 세계 경제발전에 동력을 제공했다. 또한 2016년 10월 19

일 중국 국가통계국이 발표한 중국 1-3분기 국민경제운용데이터에 의하면, 수출과 투자에서 일대일로가 중국경제 성장의 주요한 동력이 됐음도 확인할 수 있다.

<표 2> 일대일로가 창출한 성과

전 세계적인 참여	현재까지 100여 개 국가에서 일대일로에 대해 적극적인 지지를 표했고, 이 중 56개 국가 및 국제기구는 중국과 협력협의 및 양해각서를 체결했다.
연선지역의 투자 및 수주 프로젝트 급증	2016년 1-3분기 중국의 대외 비(非)금융부분 직접투자규모는 동기대비 53.7% 증가한 1,342억 2,000만 달러, 해외수주 프로젝트 계약체결액은 동기대비 7.4% 증가한 1,476억 달러를 기록했다. 특히 해외 수주 프로젝트 등 대부분이 일대일로 연선 국가에 포진한 것으로 나타났다.
중국 역외 경제협력지대 건설 안정적 추진	2016년 9월 말 중국이 연선국가에 건설한 협력지대는 56개이며, 총 179억 달러의 자금이 투자된 것으로 나타났다. 협력지대 입주기업은 1,045개, 산업 가치는 475억 4,000만 달러, 현지에서의 납세액은 10억 달러, 현지에서 창출한 일자리 수는 16만 3,000개로 집계됐다.
급진전 중인 회원국 간 상호연결과 소통	중국은 위신어우(충칭-독일 뒤스부르크), 이신어우(이우-스페인 마드리드) 등 중국과 유럽을 잇는 39개 철도노선(운영 2,000회 이상)을 개통했다. 철도노선 개통으로 해상운송 대비 60%가량의 시간이 단축됐고, 비용 면에서는 항공운송 대비 80%의 절감효과를 가져왔다.
국제 전자상거래 규모 증가	2016년 1-3분기 국제 전자상거래 규모는 약 30% 가까이 증가했고, 특히 러시아 등 연선국가의 국제 전자상거래 증가 폭이 평균치의 2배를 상회하는 것으로 나타났다.
중국의 역할	중국은 일대일로 건설을 위해 충분한 금융지원을 제공하고 있다. 400억 위안 규모의 실크로드 기금을 설립했고, 일대일로 연선국가의 인프라 건설 및 에너지 자원개발 등을 위해 1,000억 달러의 자금을 지원했다.

출처: 아주경제, 「'일대일로', 협력 발전의 길을 열다」, 2017년 1월 3일.

(2) 험난한 길

2017년 4월 18일 중국 외교부는 내외신 기자회견을 개최했다. 이 자리는 일대일로 국제협력 고위급포럼에 대해 소개하는 자리였다. 이날 국가발전개혁위원회 왕샤오타오(王曉濤) 부주임은 일대일로 구상을 제안한 이후 3년여 간 중요한 초기 수확과 성과를 거두어 일대일로는 각 국가가 국제협력을 강화하는 중요한 경로와 적극적으로 참여해 추진하는 중요한 국제공공재가 되었다고 밝혔다.

통상 국제공공재(International Public Goods)는 여러 국가 주체들이 공동 참가하는 국제체제에서 이용의 배타성이 없는 비경쟁적 재화와 기구 및 서비스를 의미한다. 예컨대 환경보전 기능, 경제원조, 유엔기구, 안전보장, 금융, 통상시스템 등을 일컫는다. 본래 공공경제학에서 사용하는 공공재의 개념을 국제관계이론에 새롭게 적용한 개념이다. 국제공공재가 되기 위해서 필수적인 요소는 참가자의 개별적 이익보다는 공통된 전체이익이 우선됨과 동시에 시스템 유지를 위해 참가자의 집단적 행동이 필요하고 이로 인해 국제적인 공공서비스가 발생하는 것이다.

중국은 일대일로를 제안한 이래 끊임없이 일대일로는 유라시아 대륙에 걸쳐 있는 많은 국가들과 공동으로 만들어가고 가꾸어 나가는 것임을 천명하고 있다. 그러나 일대일로가 지나는 유라시아, 중앙아시아, 중동 지역은 세계적으로 천연자원의 보고로서 매우 중요한 전략적 위상을 차지한 곳이기도 하다. 이 지역은 장기간 강대국 간의 각축장이었다.[9] 따라서 일대일로와 관련한

---

9   원동욱, 「중국의 지정학과 주변외교: '일대일로'를 중심으로」, 『현대중국연

중국의 주장은 아직까지 수사에 불과하다는 의심을 많이 받을
수밖에 없다.

　일대일로가 성공적으로 안착하고 국제공공재로 공인받기 위
해서는 다음의 몇 가지 커다란 문제를 해결해야 한다. 첫째, 지구
자본주의가 심화된 상황에서 각 국가들 간의 전반적인 경제협력
이 비교적 평등한 수준에서 이뤄질 수 있느냐가 관건이다. 둘째,
중국이 자신의 이익을 얼마나 포기하고 양보할 수 있느냐이다.
각 국가와 협의와 협상을 진행하면서 중국은 자신의 이익에 대
한 계산을 쉽게 드러낼 가능성이 비교적 높다. 셋째, 자금과 지속
성이다. 중국이 스스로 밝히고 있다시피 일대일로는 장기적이고
거대한 프로젝트이다. 여기에는 천문학적인 자금이 필요할 수밖
에 없다. 이 자금을 어떻게 끌어오고 골고루 분산투자할 있는지
도 중요하고, 또한 그 진정성을 얼마나 지속하는가도 착안해야
할 포인트라 할 수 있다.

3. 한중협력과 부산-상하이 관계

1) 한반도 신경제지도

　한창 추진 중인 중국의 일대일로 이니셔티브와 협력할 수 있는
현 정부의 새로운 정책은 2017년 7월 6일, 문재인 대통령은 베를

구』 제17집 2호, 2016, p.317.

린 방문에서 "新베를린 구상"을 발표하면서 '한반도 신경제지도'를 언급했다. 한반도 신경제지도 구상은 문재인정부 100대 국정 과제에 90번째 과제다. 원래 이 한반도 신경제지도 구상은 2015년 8월 16일 당대표 시절에 광복 70주년 기자회견에서 이미 제안했던 내용이었다. 이를 토대로 2015년 9월 8일에는 '한반도 신경제지도' 구상의 의미와 실천 전략 모색 토론회가 국회에서 열리기도 했었다. 이 토론회에서는 경남대 극동문제연구소의 임을출은 중국의 일대일로, 러시아의 신동방정책, 북한의 경제특구 중심의 경제발전 전략에 대응해 실체가 있는 청사진과 전략 구상이 필요하다고 강조했다. 이러한 구상은 한국 경제의 신성장 동력 확보 및 신 시장 개척, 그리고 지역균형발전(동해, 서해연안, 접경지역 발전도모)에 큰 도움이 될 것이라고 내다봤다. 아울러 남북관계를 주도하고, 한국 경제의 난국을 돌파하기 위한 최선의 카드가 될 것이라는 전망도 내놓았다.[10]

한반도 신경제지도 구상은 설사 통일이 되지 않더라도 경제공동체를 우선 구성하겠다고 밝히고 있다. 이에 한반도는 교량 국가로서 환동해경제권(부산은 대륙으로 가는 기찻길과 해양으로 가는 바닷길을 잇는 물류의 허브도시가 되고, 강원도는 에너지산업과 수산업의 발전과 아울러 환동해권을 대표하는 평화·환경·문화 특별자치도로 성장)·환황해경제권(한반도 서남단 목포와 여수에서 시작해 충청, 인천, 경기 등 한반도 서해안지역을 거쳐 북한의 해주, 남포와 중국을 연결하는

---

10   새정치민주연합통일위원회 등, 「'한반도 신경제지도' 구상의 의미와 실천 전략 모색 토론회 자료집」, 2015년 9월 8일, pp.3-4.

산업경제권)이라는 양 날개를 통해 한국의 경제활동 영역을 북한과 대륙으로 확장시키겠다는 내용을 담고 있다.

향후 이 한반도신경제지도 구상은 2018년 8월 25일 설립된 "대통령 직속 북방경제협력위원회"를 통해 구체화됐다. 위원장에 보임된 송영길 더불어 민주당 의원은 그해 9월 4일 손정의 소프트뱅크 회장을 만나 '동북아 슈퍼그리드' 프로젝트에 관해 논의했다. 이 '동북아 슈퍼그리드' 프로젝트는 한국·중국·일본·러시아·몽골 등 동북아시아 5개국이 참여하는 초대형 신재생에너지 전력망 연결 사업이다. 몽골지역에 태양광과 풍력발전단지 등을 설치해서 만들어지는 에너지를 육상과 해저 전력망으로 연결하여 동북아 스마트에너지벨트를 구축한다는 것이다. 특히 이 프로젝트는 중국의 일대일로와 러시아의 신동방정책, 문재인 정부의 한반도 신경제지도를 하나로 묶어낼 수 있는 부분이 많다.[11]

그러나 한반도 신경제지도 구상에는 치명적인 결함이 있다. 그것은 바로 '북한'과 '북핵'이라는 상수이다. 북한의 적극적인 참여 없이는 이와 같은 구상에는 한계가 있을 수밖에 없다. 분단된 현실 속에서 통일을 대비한 '청사진'은 반드시 필요하다. 하지만 이러한 청사진을 구체화하기 위해 사전에 먼저 해결해야 할 많은 난제들이 있음을 특히 유의해야 한다.

---

11 「'文 특사' 송영길, 손정의 회장과 회동 슈퍼그리드 시동」, 『한국경제』, 2017년 9월 4일. https://www.hankyung.com/news/amp/2017090417935(검색일: 2020년 9월 17일)

2) 부산-상하이 간 일대일로 관련 협력

(1) 부산-상하이 간 교류

부산과 상하이는 1993년 8월 24일 자매결연을 체결했다. 그 증표로 상하이는 부산 초량의 차이나타운에 상해문(上海門)을 설립 기증했다. 그 후 부산은 1997년 7월 상하이에 무역사무소를 개설하고 경제·금융·항만·문화·교육·에너지·청소년 등 다방면에 걸친 인적교류를 교환해왔다. 그동안 경제, 금융, 항만, 문화, 교육 등 분야의 교류는 매우 활발하게 전개되었다. 양 도시 공히 해당국을 대표하는 해양항만물류상업 도시로 다각적인 국제교류활동에서도 확인할 수 있다. 상하이는 53개국, 73도시와 자매도시를 결연했고, 부산 역시 104개 도시와 교류협력 관계를 결성하고 있다. 그중에서도 비교적 관련도가 높은 도시로 꼽을 수는 있지만, 사실상 상대적 개념으로 부산과 상하이의 관계에 대한 일반인들의 인식 수준은 매우 낮은 것이 사실이다. 그렇듯, 양 도시 간 자매결연 28년을 맞이하는 지금, 부산과 상하이는 상호 간의 위상변화를 직면하고 있다. 지난 28년간 상하이는 중국경제를 지탱하는 핵심지역을 넘어 세계적인 도시로 성장했다. 2013년까지 상하이의 인구는 1.7배, 지역총생산량은 12.6배, 1인당 평균 총생산량은 약7.5배 증가했다. 같은 시기 부산의 인구는 다른 위성도시로의 전출 등으로 감소하였고, 지역총생산량은 3.3배, 1인당 평균 총생산량은 3.7배 증가에 그치고 말았다.[12] 일부 전문가들은 상하이와 교류를 하는 데 있어 경제교류와 문화교류에 주력하는 것이 좋을 것 같다는 의견도 제시했다.[13]

그동안 한국 지방정부의 대중국 정책과 교류는 대체로 서해안 지역을 중심으로 진행돼왔고, 인천·경기·전남 등이 그 핵심지역이었다. 이들 지방정부는 중국과의 물리적 거리의 가까움을 활용해 중국과의 교류를 지속적으로 확대해왔고, 이를 지역경제의 성장 동력으로 삼았다. 이에 비해 부산의 대중국교류는 타 지역에 비해 활발하지 못했다. 인구의 감소 추세에 불구하고, 부산은 여전히 한국 제2의 도시이고 대표적인 해양도시라는 점을 감안했을 때, 이러한 소극적 대응은 개선해야 할 필요성이 요구된다.

(2) 부산-상하이협력포럼

부산시의 소극적인 대중국교류에도 불구하고 한 작은 행사가 2016년 11월 4~6일 부산 파라다이스호텔에서 개최되었다. 이는 바로 제1회 부산-상하이 협력포럼이었다. 이 행사의 주관단위는

---

12 장정재, 「부산-상하이 교류 20년, 성과와 향후 과제」, 『BDI정책 포커스』, 215, 2013년 8월, pp.2-4.

13 이 전문가들은 우선 경제교류 활성화 방안으로 상호간 분야별 기업협회 교류 확대, 양 도시 기업들의 상호투자(부산진해경제자유구역과 상하이경제개발구), 도시 간 공동사업 발굴 및 추진(차이나타운, 한인타운 활성화)등을 지적했다. 다음으로 문화교류 활성화 방안으로 부산과 상하이의 영화제를 연계한 양 도시의 영화산업 교류 확대, 상대도시에 대한 문화주간 지정으로 공연교류 확대, 청년예술가 및 대학생 문화예술공연 교류를 제안한 바 있다. 장정재·황영우·윤지영, 「중국 상하이 자매도시와 부산의 교류협력 활성화 방안」, 『부산발전연구원』, 2012.

부산의 동서대 중국연구센터(소장: 신정승)와 상하이의 퉁지대학 (同濟大學) 중국전략연구원(원장: 먼홍화門洪華)이다. 11월 5일에 개최된 학술회의의 전체 주제는 '실크로드 시대와 부산-상하이 협력'이었다. 이날 세션의 주제는 다음과 같다. 제1세션은 '일대일로와 동아시아 국제관계'로 중국의 일대일로의 추진 이후 변화된 동아시아정치의 국면을 중점적으로 다루었다. 제2세션은 '일대일로와 한중협력'으로 일대일로가 본격화되는 상황 속에서 한국과 중국의 협력은 어떻게 진행되는 것이 좋을지가 논의되었다. 제3세션은 '부산과 상하이 간 전면협력의 기회'로 앞으로 정체된 부산-상하이 간 교류를 어떻게 확대하고 지속해나갈지에 대한 논의를 이어나갔다. 마지막으로 제4세션에서는 '부산-상하이 경제문화교류와 협력'으로 부산과 상하이 간 관광문화 교류 협력 방안 및 부산항과 상하이항 협력방안 등이 제시되었다.

당초 이 행사의 참여주체는 부산과 상하이에서 활동하고 있는 각계 인사들이었다. 하지만 사드배치문제가 가열되기 시작한 때여서 상하이 측에서는 퉁지대학을 중심으로 푸단대학·지린대학 등 소수 학자그룹 20여 명 정도를 이 포럼에 참가시켰다. 이에 따라 부산 측 역시 처음 계획했던 것을 조정할 수밖에 없었다. 물론 당초 계획했던 것에 비하면 포럼의 구성에 다양성을 창출하지 못했다는 한계를 노정했다. 그러나 이 학술회의가 의미가 아예 없었던 것은 아니다.

최근 사드4기 추가배치 등의 결정으로 향후 한중관계가 얼마나 복원될지는 현재로서는 미지수이지만, 한중정상회담 등을 통해 만약 돌파구가 열린다면 부산-상하이 간 지방관계도 탄력을 받을 여지가 충분하다. 2017년 6월 동서대 중국연구센터 측에서는 상하이에서 개최될 예정인 제2회 부산-상하이 협력포럼의 개최를 협의하기 위해 통지대학 중국전략연구원과 접촉을 가진 바 있다. 한국의 대선이 치러지고 새로운 정부가 들어설 때라 한중관계 복원에 대한 기대감이 부쩍 상승하던 시점이었다. 부산과 상하이 측은 제2회 부산-상하이 협력포럼에서 일대일로와 부산-상하이 지방정부 간 협력가능성에 대한 논의를 계속해 나가기로 합의했다. 세부 주제로는 거시적 시각에서 본 동북아형세, 일대일로와 동북아경제협력, 해상실크로드 건설에 있어 부산-상하이 간 협력증진, 한중 인문교류 강화 방안, 한중관계 미래를 향한 사색 등을 잠정 합의했다.

비록 상호 간 위상의 차이는 많이 나지만, 부산과 상하이는 자매도시인데다 해양국제도시라는 공통점을 지니고 있다. 앞으로 한중관계가 개선이 될 것이라 전제한다면 하부단위인 지방 간 관계도 예전의 협력수준으로 회귀하는 것은 그리 어려운 일이 아니다 이와 같은 부산-상하이 협력포럼은 양 도시 간 교류를 심화시키는 데 기초적인 정지작업에 필수적인 요소라 할 수 있다. 부산의 동서대 중국연구센터 측은 부산-상하이 간 협력 강화 및 지방 간 교류를 더욱 활성화하는 데 이바지할 계획을 가지고 있다. 이는 단순히 일개 대학 연구센터가 누려야 할 몫도 아니고 또한 혼자서 할 수 있는 일도 아니다. 그나마 다행인 것은 서울에 집중된 인력에는 한참 미치지 못하지만, 부산 지역에도 적지 않은 중국 관련 연구자들이 포진하고 있다. 중국에 관심을 두고 있는 부산의 각 공공기관과 연구기관 및 기업인, 학자, 사회단체 등이 유기적으로 연결될 수 있도록 이들의 긍정적인 역할을 기대한다.

그 이후, 부산 상하이 협력포럼은 제3회 〈한반도 정세 변화와 부산-상하이 협력〉(부산, 2018년 10월 13일), 제4회 〈동북아 국제관계의 새로운 형세와 부산-상하이 협력〉(상하이, 2019년 11월 4일)이라는 주제로 심포지엄을 계속 이어왔고, 2020년에는 다시 부산에서 개최되어야 하지만, 코로나19의 영향으로 개최연기가 불가피해 보인다.

(3) 인문교류와 부산-상하이 교류 협력 방안

그렇다면 부산-상하이 교류협력 강화를 위해 어떠한 구체적 아이템들을 추구해 나갈 수 있을 것인가? 지난 2017년 6월 20일, 시진핑이 밝힌 〈일대일로 건설 해상협력 구상〉에서 명확히 하고 있는 바와 같이 일대일로는 '구동존이(求同存異), 응취공식(凝聚共識)'을 기본 골간으로 하면서, 소통, 협력, 개방, 상호발전을 정신으로 삼고 있다. 그런 만큼 양 도시 간 상호협력 관계 역시 언론매체를 통해 대대적인 인식제고가 절실하다. 이를 위해 상호 장점에 대한 벤치마킹과 동시에 상호보완을 위한 세심한 배려와 추동이 있어야 할 듯하다.

우선, 기업을 주축으로 하는 재계 교류 협력이 우선되어야 할 것이다. 이와 관련해서는 양 도시 간 업종별 기업협회 교류 등을 통해 기업들의 상호투자 유도를 유도하는 것도 필요할 것이다. 이는 부산진해경제자유구역청과 상하이경제개발구간의 협력으로 가능하리라 여긴다. 아울러 양 도시가 안고 있는 현안을 우선해 도시 간 공동사업을 발굴 추진하는 것도 바람직할 것이다. 예를 들어 부산의 차이나타운과 상하이의 한인타운 활성화를 위해 상호 공동 투자 및 자원 공유는 어떨까? 이외에도 다양한 업종과 분야가 있을 수 있다. 예를 들어 해양금융, 해운물류, 무역, 상업, IT서비스, 문화, 관광, 컨벤션 등의 서비스산업을 활성화하기 위한 양 도시 간 아이템 발굴개발이 절실하다.

둘째, 보다 먼 장래를 위해 교육 분야의 각종 사업을 추진하는 것도 필요하다. 2002년 체결된 〈교육우호교류합의〉에 따라 매년 부산광역시교육청과 상하이시교육위원회는 상호 교환방문을 활발히 진행해오고 있다. 이를 통해 양 도시 간 교육 현안에 관한 협의는 물론 교사, 학생, 관계자들 간의 교류를 활성화해오고 있다. 특히 이 협약의 기초 위에 상호 방문하는 학생들에게 홈스테이 기회를 제공함으로써 상호 문화와 민속풍정을 체험하고 이해할 수 있는 계기를 제공한다. 이러한 활동을 통해 장기적으로 친상하이파 부산사람 또는 친부산파 중국사람을 배출해낼 수 있을 것이다. 대학생 간 교류 협력도 현안이다. 전국화하고 있는 양국 유학생들 분포에 비해 부산으로 입국하는 상하이 학생이나 상하이로 출국하는 부산 학생이 많지 않은 것이 현실이다. 따라서 다양한 교류협력 프로그램 체결을 통해 대학생 간 2+2 정책 또는 복수학위제를 활성화함으로써 인재 교류를 증폭할 필요가 있다. 특히, 해양관련 금융, 무역, 통상, 물류는 물론 과학기술 등에 이르기까지 교류협력의 여지는 무궁무진하다고 본다. 아울러, 부산-상하이 국제청소년캠프나 대학생 캠프 또는 대학생 포럼 등을 조직함으로써 양 도시 간 교류 기회를 확대할 필요가 있다.

셋째, 부산과 상하이 공히 근대 최초의 개항도시로서 해양, 항만을 낀 문화예술이 발달한 도시이다. 그중에서도 특히 영화는 빼려야 뺄 수 없는 중요한 문화예술이다. 시장규모로 본다면 한국은 세계 6위이고 상하이는 세계 2위를 차지하는 영화시장을 가지고 있다. 이를 증명하듯, 25년의 역사를 가진 부산국제영화제가 매년 10월에 개최되고 27년의 역사를 가진 상하이국제영화제는 매년 6월에 개최된다. 이를 연계해 티켓공동판매 및 관광과 연계된 영화제 프로그램을 개발함으로써 영화를 통한 양 도시 간 교류를 증대할 수 있을 것이다. 영화 분야는 관객교류뿐만 아니라, 상호 로케 및 자본이나 기술 지원 등 다양한 협력 가능성을 지닌다. 동시에 대학생영화제, 단편영화제, 해양영화제 등을 공동 개최하거나 영화 관련 포럼을 공동 개최하는 것도 좋은 발전 방안이라 여긴다. 예술분야에서는 2017년 〈부산국제건축문화제: 상하이-부산 자매도시 특별전〉이 "리빙인 부산, 리빙인 상하이"라는 주제로 개최되어 의미 있는 파장을 일으킨 것처럼 건축, 미술, 음악, 연극 등 다양한 장르에 확산시켜 나갈 수 있을 것이다. 양 도시 영사관이 주관하는 문화주간 지정, 공연예술단 상호파견, 청년예술가 및 대학생문화예술 공연 교류 등은 매우 좋은 프로그램이다.

276

넷째, 이 외에도 다양한 교류 방안이 있다. 양 도시 시민(민간) 단체 또는 지자체가 주관하는 탁구, 배드민턴 등의 생활체육(인) 교류나 스포츠 대회 등도 좋은 아이템이다. 또한, 국제음악회, 불꽃놀이, 화훼박람회 등 전시, 공연, 오락, 겸한 다양한 이벤트를 공유하거나 상호 문화예술프로그램을 양 도시 간 역사, 공간 자원을 활용한 관광 루트로 개발하는 것도 여지가 있다. 특히 부산과 상하이는 공히 해양도시로서의 특장을 살릴 필요가 있다. 이에 걸맞게 요트대회 등 해양스포츠 교류 확대도 가능할 것이다.

결론적으로 인적교류가 축적될 때 인문적 무늬를 통한 진지한 상호 이해와 협력이 도출될 수 있을 것이다. 상하이에는 부산사람이라면 누구나 호기심을 느낄 만한 임시정부유적지, 홍구공원 등이 존재한다. 푸둥(浦東)을 중심으로 한 발달된 상업도시로서의 면모도 좋고 원도심 지역의 오래된 조계지역도 훌륭한 관광 포인트다. 부산 역시 상하이 사람들이 즐길 만한 공간이 많다. 특히 319km에 달하는 긴 해안선을 따라 펼쳐지는 비취색 바다는 상하이 사람들의 눈을 홀리고 말 것이다. 에이펙(Apec) 공원, 해운대, 영화의 전당과 신선한 해산물로 가득 찬 자갈치 등도 볼거리 중의 볼거리다. 하지만, 이러한 풍부한 자원을 지니고 있으면서도 여전히 상호 이해나 홍보가 미흡해 대다수의 관광객들의 호기심을 끌어내지 못하고 있는 실정이다. 따라서 양 도시 간 상대도시 소개 안내용 앱을 개발해 무상 배포하는 것도 방안이라 여긴다. 미슐랭 가이드 북을 제작해 양 도시의 음식을 소개하거나 양 도시 간 항공, 선박, 열차 등 스케줄을 제공하는 것, 그리고 문화예술, 볼거리 등을 안내하는 것도 절실하다. 이는 상대 도시 여행플래너 경연 대회를 개최해 수상자에게 상호 교환 방문의 특전을 부여하는 등의 활동을 통해 단체관광은 물론 개별여행도 확산할 필요가 있다. 즉, 이러한 것들을 구현하기 위한 모바일 교류협력이 절실하다.

4. 맺음말

지난 수년간 우리는 사드배치를 둘러싼 국제적 갈등으로 인해 한반도에 전쟁의 그림자가 짙게 드리웠던 적도 있었고, 최근에는 코비드19로 인한 전 세계적 셧다운에 버금가는 극단적 교류협력 축소상황에 직면해 매우 극심한 불황과 불안을 견디고 있다. 그런 가운데, 미중 간, 한일 간, 중일 간, 북미 간 갈등과 긴장은 우리의 삶을 더욱 팍팍하게 만들고 있다. 현재 한반도를 둘러싸고 벌어지는 정치, 경제, 국제관계 등의 사태를 매우 우려 깊게 지켜봐야 한다. 하지만, 궁극적으로 한반도의 평화와 번영은 우리 스스로 지켜나가지 않으면 안 된다는 관점을 견지한다면 한반도를 둘러싼 국제관계의 갈등과 불안을 역으로 활용해 '위험'과 '위협'으로부터 막아낼 수 있는 방도를 찾을 수 있으리라 여겨진다.

중국의 개혁·개방을 시작된 지 어언 39년에 접어들었다. 그리고 한중관계는 25주년이 되었다. 중국은 고속성장에서 중속성장으로 관념의 전환을 서두르고 있다. 이 와중에 나온 것이 바로 일대일로 이니셔티브다. 어떤 의미에서 일대일로 이니셔티브는 개혁개방 3.0버전으로 볼 수 있다. 1.0버전은 1978년 개혁개방 이후 1989년 천안문사건 직후까지로 볼 수 있다. 2.0버전은 1992년 덩샤오핑의 남순강화 이후 WTO가입과 더불어 세계의 공장으로 불리던 시절을 일컫는다. 3.0은 2008년 미국발 글로벌 금융위기 이후부터 일대일로의 제안과 더불어 현재까지로 이어진다고 할 수 있겠다. 중국은 고비마다 새로운 이념을 들고 나왔다. 흥미로운 것은 그때마다 중국은 큰 어려움 없이 난국을 돌파하였다.

중국의 일대일로는 단순히 시진핑 시기 중국의 대외전략으로만 치부해서는 안 된다. 일대일로는 국내경제 발전과 낙후된 지방의 균형발전 문제, 경제시스템 고도화, 대외전략 문제를 유기적이고 종합적으로 연결한 그랜드 전략이자 이니셔티브다. 필자는 중국의 일대일로 이니셔티브를 적극적으로 활용하기 위해서는 '일대일로'와 관련한 문화교류 포럼을 조직하고, 제도적·정책적 측면에서 문화교류 협력 부문과 관련된 책임자 간 정기적 회의체제를 마련해야 한다고 주장한 바 있다. 또한 고위급 인문교류 대화 채널 역시 필요하다. 마지막으로 장기적으로 효력을 유지할 수 있는 싱크탱크 교류협력의 장을 구축하고, 다차원적이고 다양한 수단을 동원한 각 방면의 여행협력교류 기제를 마련해야 할 것이다.[14] 이는 일대일로 주요정책수단인 5통 가운데

---

14 김태만, 「시진핑의 문화정책과 '일대일로'의 문화전략」, 『동북아문화연구』 44, 2015년 9월, p.34.

'민심상통'과 긴밀히 연계된다.

한편, 최근 제주도 역시 일대일로의 한 축인 '21세기 해상실크로드'를 활용해 제주 해양관광의 미래를 모색하는 한·중 국제학술세미나를 2017년 6월 13일 라마다프라자호텔 제주에서 개최한 바가 있다. 이 세미나에서는 특히 일로(一路)에 초점을 맞춰 해양 간 네트워크 구축과 연결에 관심을 두었다고 알려져 있다.[15] 제주연구원과 중국 하이난(海南)개혁발전연구원 간 학술교류 업무협약에 따라 양국 교류 활성화를 위해 열린 행사이기도 하다. 이러한 행사는 중국의 각 지방과 연계하여 발전을 모색할 수 있다는 의미를 갖는다.

아울러, 기존의 부산-상하이 간 관계를 더욱 강화하고 심화해나가는 것은 말할 필요도 없다. 하지만 여기에 그쳐서는 안 된다. 중국의 일로 대상지역은 장쑤성, 저장성, 푸젠성, 광둥성, 하이난성, 산둥성, 헤이룽장성, 랴오닝성, 허난성, 후베이성을 포괄한다. 특히 이 중 푸젠성은 21세기 해상실크로드 건설에 있어 핵심 플랫폼 지역으로 각광을 받고 있는 곳이다. 부산은 앞으로 이러한 지역에도 주목할 필요성이 있다. 예컨대 푸젠성의 취안저우(泉州)와의 지방정부 간 교류를 시작해볼 것을 제안한다. 취안저우는 인구 851만 명의 도시이자 21세기 해상실크로드 건설의 핵심지역이기도 하다. 부산과 취안저우의 교류가 시작된다면 부산은 중국의 거점항구인 상하이와 취안저우를 연결할 수 있음으로

---

15 「제주가 중국 해상실크로드에 편입되면 관광 활성화 될까?」, 『중앙일보』, 2017년 6월 11일. (검색일: 2017년 7월 26일)

써 다각적인 교류활동을 이어나갈 수 있을 것이라 판단된다.

일대일로는 중국에서도 주목받고 있는 주제이고, 또한 한국에서도 매우 관심 깊게 바라보고 있는 주제이기도 하다. 그러나 오로지 경제적 과실의 유혹에 빠져 무조건적인 편승은 반드시 경계해야 한다. 엄밀히 말하면 한국은 일대일로의 연선국가가 아니기 때문이다. 중국은 앞으로도 일대일로 추진과 관련하여 여타 국가의 적극적인 참여와 협력을 필요로 할 것이다. 따라서 일대일로는 우리가 경제적인 부분뿐만 아니라 외교적으로도 충분히 활용할 수 있는 카드가 될 수 있다. 한반도 신경제지도 구상을 중국의 일대일로에 기계적으로 끼워 넣는 것 역시 유의해야 한다. 별개의 건으로 가되 한국의 경제계가 일대일로 관련 사업에 참여할 수 있도록 정부가 AIIB(아시아인프라투자은행)의 통로를 통해 발판을 마련해 줄 필요가 있다. 아울러 북핵 및 북한문제의 해결과도 관련해서 중국의 일대일로를 적극적으로 활용할 필요성도 있다. 마지막으로 중국의 일대일로가 진정 주변 개발도상국을 비롯한 중견국, 선진국도 모두 참여해 함께 열매를 공유할 수 있도록 잠들어 있는 중국의 세계주의를 유도할 인문사회학적 방안 역시 고안해야 할 것이다.

참고문헌

김태만, 「시진핑의 문화정책과 '일대일로'의 문화전략」, 『동북아문화연구』 44, 2015년 9월.

민귀식, 「국내외 연계발전전략을 강화한 일대일로 정상포럼」, 『EAI 논평』, 동아시아연구원, 2017년 5월.

성균중국연구소, 「중국의 일대일로 전략 분석」, 『성균차이나포커스』 제19호, 2015년 8월 1일.

쉬진위, 백지운, 「중국 '일대일로'의 지정학적 경제학-포용적 천하인가, 예외적 공간인가?」, 『창작과 비평』, 44(3), 2016년 9월.

이봉걸, 「중국의 꿈 일대일로 프로젝트 현황과 영향」, 『트레이드 포커스』, Vol.14 No.16, 2015년 5월.

원동욱, 「중국의 지정학과 주변외교: '일대일로'를 중심으로」, 『현대중국연구』 제17집 2호, 2016.

새정치민주연합통일위원회 등, 「'한반도 신경제지도' 구상의 의미와 실천 전략 모색 토론회 자료집」, 2015년 9월 8일.

장정재, 「부산-상하이 교류 20년, 성과와 향후 과제」, 『BDI정책 포커스』, 215, 2013년 8월.

장정재 · 황영우 · 윤지영, 「중국 상하이 자매도시와 부산의 교류협력 활성화 방안」, 『부산발전연구원』, 2012.

황영순, 「중국의 부상과 부산의 기회」, 『BDI정책포커스』, 107, 2011년 6월.

KIEP북경사무소, 「2017 일대일로 국제협력 고위급 포럼」의 주요 내용 및 평가, 2017년 6월 7일.

KOTRA, 「중국의 '일대일로' 추진 동향과 시사점」, 2017년 6월.

国家信息中心, 「一带一路贸易合作大数据报告」, 2017年.

「推进"一带一路"建设工作领导小组办公室负责人答记者问」, 『一带一路网』, 2017年 2月 7日.

동아시아지역주의의 새로운 모색, 동아시아시민사회의 구성
: 부산-상하이 포럼 개최의 의미

이홍규(동서대)

1. 동아시아지역주의 딜레마

'지역주의화(Regionalization)' 현상은 오래된 국제정치경제의 핵심 이슈 가운데 하나이다. 세계 각국들은 1990년대 이후 본격화된 '세계화(globalzation)' 추세에 맞서 지역주의를 모색함으로써 세계화의 위기를 최소화하거나 생존과 자구(self-help) 방어벽을 설치하고자 했다. EU, ASEAN 및 ASEAN+3, NAFTA, MERCOSUR, GCC(Gulf Cooperation Council), SAARC(South Asia Association for Regional Cooperation) 등 다양한 지역공동체의 모색이 그것이다.(이희옥 외 2009, 15-16)

특히 국경을 뛰어넘어 사회적·경제적 통합을 이뤄낸 EU의 사례는 지역주의가 역내(域內) 국가 사이의 전쟁과 충돌을 방지하는 제도적 장치임을 보여주는 것이다. 이러한 점에서 보면, 동아시아지역주의(East Asian regionalism)의 형성이 동아시아 지역의 평화 구축을 위한 필수조건이라는 데 상당한 의견일치가 존재하고 있다. 즉, 동아시아에서 지역주의 구축은 동아시아의 평화와 번영을 가져올 수 있는 확실한 길이다.

경제적 측면에서 동아시아지역주의를 지향하는 FTA 체결은 경제적 상호의존의 심화로 역내 국가 간의 유대관계를 강화시키고 역내 평화를 만들어낼 것이다. 예컨대, 한-중 FTA는 향후 한·중·일 3국간 FTA 체결을 촉진시킴으로써 결과적으로 한-중 관계는 물론 한반도 및 동북아 평화와 안정에도 기여할 것으로 기대된 바 있다.(전병곤) 정치적 측면에서 동아시아지역주의를 지향하는 외교관계의 활성화, 안보대화 등은 동아시아 역내의 갈등과 긴장을 해소하고 동아시아 평화체제 구축을 위한 실질적인 제도적 기반을 만드는 것이다. 문화적 측면에서 동아시아지역주의를 지향하는 사회문화 교류는 각국의 맹목적인 민족주의 열풍을 가라앉히고 동아시아 공동의 가치와 규범을 복원함으로써 평화를 향한 문화적 분위기를 조성할 수 있다.

하지만 실제로 동아시아에서 '지역주의(regionalism)' 형성은 매우 더디게 진행되어왔다. 동아시아의 지정학(geopolitics)이 매우 복잡하게 작용했기 때문이다. 남한과 북한이라는 분단국이 자리잡은 한반도, 한반도와 국경을 접하고 있는 중국, 일본 그리고 러시아의 극동 지역이 동아시아 역내의 주요 구성원이다. 그러나 슈퍼파워 미국은 동아시아 역외 국가지만 한국과 일본과 동맹관계를 맺고 동아시아 역내 관계에 개입하여왔다. 중국은 이러한 미국에 필적하는 G2로 부상하면서 현재 동아시아뿐 아니라 세계 전체를 무대로 미국과 치열하게 경쟁하고 있다. 일본은 중국의 부상을 견제하면서 미국과의 동맹체제 강화에 역점을 두고 있는 모양새이다. 즉, 일본은 동아시아지역주의와 미국 가운데 미국을 우선적으로 중시하는 분위기이다. 역외국가일 수도 있고 역내국가일 수도 있는 러시아는 미국을 견제하고 중국과 협력하지만, 러시아와 중국의 관계는 동맹관계는 아니다. 한국은 북한과의 관계개선을 통해 한반도 평화 구축에 온 힘을 쏟으면서도 미국과의 동맹관계, 중국과의 전략적 협력 동반자 관계 사이의 균형을 맞추기 위해 애를 쓰고 있는 상황이다.

그래서 한국의 한 인문학자는 이렇게 말했다. "동아시아 지정학은 유난히 복잡하다. 하나이면서 둘이고 둘이면서 하나인 한반도의 한국과 조선(북한), 동아시아에 위치하면서도 부재하는 일본, 그와 반대로 동아시아에 부재하면서도 현존하는 미국과 러시아, 그리고 동아시아에 속하면서도 그 경계를 넘어서는 중국으로 구성되어 있기 때문이다."(임춘성 2010, 283) 다소 과장된 것 같지만 동아시아 역내 국가들의 상황을 절묘하게 묘사하고 있다.

'국가 이익'을 최우선으로 하는 것이 국제사회의 당연한 생리라고 본다면, 동아시아에서 이렇게 다른 각국의 이익은 서로 다르고 충돌할 수밖에 없다. 결국 현재의 상태에서 동아시아지역주의라는 통합의 길로 나가기는 요원해 보인다. 한-중-일 3국은 서로에 대해서 누구보다도 잘 안다고 생각하면서도 국익을 추구하는 경우에 화합하기보다는 갈등하는 경우가 많았다. 사드배치를 둘러싼 한-중 간의 갈등이 그 대표적인 예이다. 중국은 북핵 문제로 인한 한국의 위기감을 잘 알고 있었고 한국은 사드배치에 대한 중국의 민감함을 잘 알고 있으면서도 양국은 타협하기보다는 대립했다. 한국과 중국이 최우선적으로 중시하는 국익이 서로 달랐기 때문이다.

게다가 동아시아지역주의 형성을 가로막는 또 다른 유형의 문제들이 존재하는데 이는 포괄적으로 말해서 '역사문제'라고 할 수 있다. 동아시아 특히 한-중-일 사이에서 벌어지는 영토문제, 역사교과서 문제 그리고 역사인식 문제들이 다 포함되는 문제들이다. 가깝게는 19세기 말 이후 전쟁과 침탈 등으로 형성된 동아시아 3국 사이의 오래된 원한이 제대로 해결되지 않은데다가 멀게는 조공관계와 사대주의로 맺어진 전근대적 우월감과 피해의식이 얽혀 있기 때문이다. 한-중-일 3국의 갈등은 과거의 불행한 역사로부터 비롯되었고 여전히 상대에 대한 적대감을 부추기는 현실로부터 심화된다. 이러한 동아시아의 '역사문제'는 동아시아 각국의 현실적인 국익의 문제로 치환될 뿐만 아니라 각국의 국민들의 배타적 민족주의를 유발하는 인화성이 큰 문제이다.

사실 국가이익 중심의 동아시아 국제정치의 현실과 역사문제로 얽혀진 역내 국가 사이의 갈등 속에서 동아시아 각국 국민들의 배타적인 민족주의 정서가 고착화되는 것이 동아시아 지역주의 전망과 관련하여 가장 우려스러운 양상이다. EU를 가능하게 했던 가장 결정적인 요인이 민족주의 세계관이 유럽 각국에서 더 이상 뿌리를 내리지 못하고 완전히 주변화된 때문이라는 점을 기억한다면 여전히 민족주의가 기승을 부리는 동아시아의 양상은 동아시아지역주의에 대한 비관적 전망의 가장 중요한 근거가 된다.[1]

물론, 동아시아 국가들 사이에서 동아시아지역주의로의 진전역시 조금씩 이루어져왔다. 동아시아 국가들 가운데 동남아 국가들이 독자적인 지역주의를 일찍부터 추구했었고 1990년대 초 냉전 해체 이후 동북아 국가들까지 포함된 동아시아지역주의도 점차 본격화되었다. 한·중·일 3국의 독자적인 협력 역시 2010년대 이후 본격화되어 2011년부터 한중일 3국의 평화와 공동번영의 비전 실현을 목적으로 하는 국제기구인 '한·중·일 3국 사무국(TCS)'을 상설화하고 한·중·일 정상회담을 제도화할 정도로 전진해왔다.

하지만 사실 국가 이익 문제와 역사 문제가 발생할 때마다 동아시아 역내 국가 사이에는 긴장과 갈등 그리고 배타적 민족주의가 다시 조성되곤 했다. 그렇다면 국가이익 중심의 동아시아 국제정치의 현실과 역사문제로 얽혀진 뿌리 깊은 민족주의의 갈등을 뛰어넘을 수 있는 방안은 없을까? 즉 진정한 동아시아 평화구축을 위해 필수적인 동아시아지역주의를 형성할 새로운 모색방안은 없을까? 본고는 이와 관련하여 매우 장기적인 노력을 요하지만 동아시아 평화 구축을 위해 필요한 진정한 동아시아지역주의를 구축할 방안을 제언하고자 한다.

---

1   안드레이 란코프. "동아시아 공동체 가로막는 민족주의" 『매일경제』 2018.11.27. https://www.mk.co.kr/opinion/contributors/view/2018/11/740176/

2. 시민사회 중심의 동아시아지역주의의 구축

상술한 딜레마의 양상은 '국민국가(national state)' 중심의 세계관과 '국익우선'의 논리로는 진정한 동아시아지역주의의 형성이란 근본적으로 불가능함을 시사한다. 현재의 상황이 계속된다면 동아시아평화 구축을 위해 우리가 추구하고 있는 동아시아지역주의의 변질은 불가피하다. 국가 중심, 국익 위주의 동아시아 체제는 역내 국가 내부에 극우나 극좌 등 극단적 정치세력을 강화시키고 불필요한 민족주의 열기를 고조시키기 쉽다. 또한 국가 중심, 국익 위주의 동아시아 체제는 경제 우선의 기능주의적인 동아시아 경제교류와 협력을 최우선시 하는데 이는 비교우위론에 입각해 있기 때문에 궁극적으로 비교열위 업종에 속한 노동자나 농민들의 저항 등 사회적 반발을 야기할 수 있다. 결국 기능주의적 접근으로 동아시아 협력을 달성하고자 하면 궁극적으로 동아시아지역주의를 거부하는 사회세력을 형성시키는 원인이 될 수도 있다. 나아가 국가 중심, 국익 위주의 동아시아 체제를 방치하게 되면 결국 역내 국가들 사이의 이익 충돌을 야기할 수밖에 없고 이는 역외 국가를 역내 문제에 더욱 깊숙이 개입하도록 끌어들이는 이유가 된다.

그렇다면, 과거에서 현재까지 뿌리 깊은 동아시아 역내 국가 사이의 갈등을 근본적으로 해소할 수 있는 확실한 방안은 무엇인가? 단순히 동아시아협력 혹은 한-중-일 3국 협력이 모두에게 이익이라는 '실용적 접근' 혹은 '도구적 접근'만으로 한-중-일 3

국 사람들 마음속의 깊은 갈등까지 근본적으로 해소하고 협력을 강화하는 계기를 만들어낼 수 없다는 것을 우리는 이제껏 목격해왔다. 어쩌면 누구나 예상하듯이 당장 이를 현실화시킬 수 있는 뾰족한 방안은 존재하지 않을 것이다. 한-중-일 3국의 사람들이 갈등을 뛰어넘어 인식을 공유하며 3국 사이의 진정한 동아시아 협력 모델을 만들어나갈 수 있는 역사적 시작점을 새롭게 찾아내야 한다.

필자는 그 구체적인 방법론에 대하여 세 가지 측면을 강조하여 이야기하려 한다.

첫째, 동아시아 전체를 하나로 인식하여 문제 해결을 도모하는 사고(思考) 체계를 한-중-일 3국은 형성해나가야 한다. 이를테면 '동아시아 공동체적 사고'라고 말할 수도 있겠다. 따라서 이러한 '동아시아 공동체적 사고'는 초(超)국가적이어야 하며 탈(脫)민족주의적 사고이어야 한다. 동아시아는 패권이나 국가이익을 추구하는 곳이 되어서도 안 되며 공동체 내 구성원들의 배타적 이익을 추구하는 폐쇄적 공동체나 반(反)서구주의가 되어서도 안 될 것이다. '동아시아 공동체적 사고'는 역내의 평등과 공존공영을 지향하고 열린 지역공동체로서 개방적이고 포용적이어야 하며 다문화 사회로서 다양성과 관용이 넘치는 공동체적 사고이어야 한다.(박승우 2011, 94-96)

둘째, 이러한 '동아시아 공동체적 사고'는 더 이상 소수 엘리트의 담론이 아니라 '시민'의 담론이어야 한다. 나아가 이러한 '동아시아 공동체적 사고'는 시민적 삶을 해석하는 매개가 되어야 한다. 그동안 비판적 지성이라 불리며 진보적인 목소리를 내온 지식인들이 많은 동아시아 공동체 담론을 내놓았다. 그러나 지식인들의 동아시아공동체 담론은 시민들의 생활과는 유리된 학술적 영역에서 주로 논쟁과 논의가 이루어졌기에 '선언' 이상의 의미를 갖기가 어려웠다. 더욱이 그들의 동아시아 공동체 담론은 동아시아 지식인 그룹 내부에서만 맴돌았을 뿐 실상 동아시아 시민들의 자발적인 참여를 이끌어내지 못함으로써 동아시아 시민의 사상과 담론으로 뿌리내리지 못한 것이 사실이다. 이제 '동아시아 공동체적 사고'는 소수 지식인이나 엘리트가 아니라 시민의 삶을 해석하는 매개가 됨으로써 시민의 개입을 가져와야 하고 결국 시민의 담론으로 변화되어야 한다.

셋째, 동아시아 3국은 '시민의 동아시아 공동체적 사고'를 '실천'하는 경험을 축적해나가야 한다. 즉, 동아시아 공동체적 사고를 만들어내는 프로젝트를 동시 다발적으로 수행해야 한다. 예컨대, 한중일 3국의 역사학자들이 공동으로 기획하고 집필하여 동시에 출판한 동아시아 공동의 역사 교재를 만들었던 경험이 그 한 예이다. 또한 한중일 3국의 대학이 공동으로 교육 프로그램을 만들어 운영하는 '캠퍼스 아시아(CAMPUS Asia)' 프로그램은 '동아시아 공동체적 사고'를 가진 시민들을 3국에서 함께 길러낸다는 차원에서 매우 소중한 실천이다. 여기서 중요한 것은 이러한 경험을 통해서 쌓은 한중일 3국 시민들의 신뢰라는 자산이다. '시민의 동아시아 공동체적 사고'를 구현해내는 이러한 실천 과정은 서로의 차이를 좁혀가는 것이기에 힘들겠지만, 신뢰라는 공동의 자산을 만들어가는 무척 의미 있는 과정이 될 것이다.

요약하자면 동아시아 3국 시민들이 동아시아 공동체적 사고를 시민 스스로 공유하며 이를 실천하는 경험을 쌓아나감으로써 상호 신뢰라는 공동의 자산을 만들어가야 한다. 그리고 이러한 동아시아 시민들의 상호 신뢰에 기반하여 국가 중심의 동아시아 체제의의 한계를 정확히 인식하고 시민사회 중심으로 동아시아지역주의를 사고하고 실천할 필요가 있다. 만약 동아시아 시민들이 이렇게 자발적으로 동아시아지역주의를 만들어나간다면 이는 곧 '동아시아시민사회(East Asia civil society)'의 형성을 의미할 것이다. 이렇게 만들어진 '동아시아시민사회'가 더욱 활성화된다면, 우리의 동아시아지역주의는 이미 평화를 달성하고 보편적 가치를 다른 지역에서 전송하는 EU와 같은 수준 높은 지역주의를 구축하고 있을 것이다.

3. 동아시아시민사회의 구축 방안과 부산–상하이 협력포럼

'동아시아시민사회'를 구축하고 활성화시키기 위해 필요한 보다 구체적인 실천 노력은 많을수록 좋을 것이다. 필자가 생각하는 방안은 다음과 같다.

첫째, '동아시아시민주의(East Asia)'라는 현대적 의미의 동아시아의 보편적 가치를 창출하여야 한다. 국가 사이의 이해관계가 다른 동아시아 지역 내에서 공통의 정체성을 형성하기 위해서는 상호 간의 거리감을 줄이고 상호이해와 소통의 능력을 배양하려는 노력이 요구된다. 또한 이를 위해서는 동아시아 공동체가 지향해야 하는 보편적 이념이나 가치를 제시하는 것이 필요하다. 동아시아에서 시민들 사이의 보편적 규범을 발굴해 공유하는 동아시아의 '규범적 지역주의'를 만들어보자는 것이다. 예컨대, 세계시민주의(Cosmopolitanism)의 보편성과 동아시아 정체성(East Asia identity) 문제를 결합함으로써 동아시아의 '규범적 지역주의' 가능성을 모색할 수도 있다. 규범적 지역주의는 지역 내 갈등해소 메커니즘을 제공하는 것에 초점을 맞추고, 지역공동체를 조직하고 형성하는 원칙을 세우며, 비전과 방향을 제시하는 역할을 하는 것을 목표로 한다. 이를 통해 국가적 규범들을 조정하고 지역적 정체성과 가치를 확립함으로써 규범적 사고와 행동에 있어 실질적인 변화를 유도해야 한다.(서병훈 외 2014, 10-11)

동아시아 국가들은 서구문화의 지배와 근대화를 거쳐 국민국가로 성장해왔다. 동아시아 국가들은 근대화 시기 서구 이념을 전폭적으로 수용하는 과정에서 개인주의를 과도하게 숭상하고 배타적 민족주의를 강조하는 등 동아시아 사람들의 인간관과 역사관 그리고 세계관을 변질시켜왔다. 그러나 앞으로는 서구를 극복한 동아시아 정체성에 기반하는 동아시아지역주의 구축이 중요할 것이다. 이와 관련하여 한국, 중국, 일본에 남아 있는 전통 가치 가운데 미래적 의미가 있는 가치들을 보존하고 동아시아 공동의 정체성으로 발전시켜나가야 한다. 예컨대, 유가 사상의 공동체주의 속성을 밝혀내고 그 속에서 새로운 사회의 이상을 발견해내는 작업은 전통과 현대의 조화를 통한 새로운 동아시아지역주의 형성에 큰 도움이 될 것이다.

동서양 사상의 융합과 조화를 통해서 동아시아시민의 새로운 모델을 만들어낼 수도 있을 것이다. 유가 사상에서 강조하는 '군자'는 동아시아 전통에서 완전한 인격의 소유자를 의미하는 것인 만큼 군자의식을 현대 동아시아사회의 시민의식과 연계시킨다면 동아시아 국가와 사회의 갈등 해소에 도움이 될 것이다.(황경식 · 정인재 1995, 2; 서병훈 외 2014, 46-47) 유가 사상이 지향하는 군자상(君子像)의 핵심은 군자의 정치적 책임 자각과 공동체의 이익(사익이 아닌 공익)에 대한 헌신이었던 만큼 '동아시아의 공공성(publicity)'을 위해 헌신할 수 있는 군자들을 양성하는 것이 동아시아지역주의 하에서 시민사회를 형성하는 핵심이 될 수 있다. 더욱이 묵가의 비차별적 사랑에 입각한 평화주의와 도가의 인간 자체에 대한 자연주의적 이상 추구는 국가를 강조하는 유가 사상의 한계를 극복한 동아시아 군자시민을 완성하는 데 기여할 것이다.(최연식 · 임유진 2016, 46)

둘째, 동아시아 각국의 시민사회를 구성하고 있는 집단들 사이의 다양한 교류를 활성화할 필요가 있다. 특히 필자는 동아시아 각국의 국적을 강조하기보다는 유사한 정체성을 가진 민간집단 사이의 시민교류 방안이 필요하다고 본다. 즉 시민사회를 중심으로 동아시아에 다양한 영역에서 민간 네트워크를 구축하는 것이다. 시민사회 중심의 동아시아 네트워크는 동아시아 각국의 민족주의와 쇼비니즘적 유혹을 방지하고 국가주의적 기획을 견인해 나갈 수 있는 힘이 된다.(이희옥 2004, 348)

이는 기능주의적이고 인위적인 동아시아지역주의가 쉽게 와해될 수 있는 만큼 아래로부터, 점진적으로 시민교류와 지적대화를 확장시켜 공동의 이해와 합의를 모색하여 느리지만 단단한 동아시아지역주의를 구축해가는 것이다. 시민단체, 지식인, NPO/NGO, 지방정부 등이 주도하는 교류 증가가 불규칙적이고 복선적인 네트워크로 발전하면서 장기간에 걸친 지역통합을 추구하는 것이다. 동아시아 지역 내 한중일 양국의 시민들과 시민단체가 양국의 역사, 영토갈등을 완화시키면서, 환경문제, 지역개발, 다문화 교육, 저출산 고령화, 사회적 기업, 개발원조(ODA) 등 다양한 분야에 걸쳐서 의견을 교환하며, 비교와 학습을 통한 상호발전에 노력하는 것이다.(양기대 2013, 4)

보통 동아시아 지역의 안보나 경제협력 문제와 같이 정부가 주도적 역할을 하는 영역에서도 더욱이 다양한 시민 주체들 사이의 시민교류와 지적대화를 모색하여 이러한 문제 해결에서 평화를 향한 동아시아 지역 여론을 만들 필요가 있다는 것이다. 예컨대 배타적 민족주의가 강화되고 군비증강을 독려하는 동아시아의 현실 속에서 평화체제 정착은 정부가 아닌 민간차원의 연대가 가장 중요한 동력이 될 수 있기 때문이다. 특히 그간 한국에 축적된 민주주의와 시민사회 역량이 중요한 역할을 할 수 있을 것이다. 또한 동아시아 역내 경제협력 중 노동시장 통합과 인구유동의 가속화 과정에서 발생하는 문제 즉 이주 노동자, 생산비

절감을 위한 국제적 공장 이전, 국제결혼, 인신매매 문제 등에서 사람을 위한 올바른 대응을 위해서도 동아시아 민간연대가 필요할 것이다.(임우경 2007, 35-36)

이와 덧붙여 동아시아의 소통과 협력 그리고 동아시아 공동체라는 상상을 현실화시킬 시민들을 양성하는 '동아시아시민교육'이라는 액션 플랜이 필요하다고 생각한다. 우선은 'CAMPUS Asia 프로그램'처럼 동아시아 미래 인재 양성을 목표로 한 교육 프로그램을 계속 확대 심화시켜야 한다. 'CAMPUS Asia 프로그램'은 한중일 3국 정상들이 아시아지역의 연대와 통합, 갈등 해소를 위한 동아시아 미래 인재양성의 필요성에 공감하여, 2010년 5월, 3국 정상회담에서 채택한 '3국간 교육 협력 사업'이다. 또한 이에 만족하지 말고 동아시아 시민 사이의 소통과 공감을 확대하여 '더 좋은 동아시아'를 만들어낼 수 있는 동아시아 시민인문교육도 절실하게 필요하다. 동아시아 시민인문교육의 기본 목표는 동아시아 각국의 역사와 문화 등에 대한 기본적 이해 및 동아시아를 보는 시각의 기초적 확립이다. 인문학의 영역에서 그리고 인문학적 방식으로 '나(자국)'를 이해하고 '타자(상대국)'를 이해하는 눈을 갖추는 것, 그리고 동아시아에 대해 질문하고 동아시아를 바라보는 방식을 초보적으로 연습하는 것을 추구한다.

그동안 동아시아의 평화와 협력 그리고 공동체를 추구하는 지식인들의 많은 담론도 풍부하게 논의되어왔다. 지식인들을 중심으로 동아시아 연대 조직도 모색된 적이 있다. 하지만 동아시아의 평범한 시민들을 대상으로 시민인문교육을 하고 나아가 이들이 동아시아 교류와 연대의 주체가 된다면 이는 향후 동아시아 시민사회의 형성을 위한 실질적인 기반이 될 것이다.

셋째, 부산과 상하이, 후쿠오카와 같은 동아시아 각국의 연해에 위치한 동아시아 국제도시들의 시민들이 동아시아 시민사회 구성을 위해 민간교류에 먼저 나서야 한다고 생각한다. 이러한 연해의 동아시아 국제도시 시민들이야말로 자신이 거주하는 도시의 특성이 개방성과 포용성이니만큼 어느 지역보다도 민족국가 중심에서 초월하여 동아시아 공동체적 사고를 형성해낼 수 있는 잠재력을 갖고 있을 것이기 때문이다.

중세시기부터 아시아의 무역항이었던 후쿠오카는 일본의 주요 도시 중에 한반도나 중국 등의 동아시아 지역에 가장 가까운 도시로 부산과는 200km밖에 떨어져 있지 않다. 부산은 조선시대 때 왜관이 위치해 있었으며, 일제강점기에 부로 승격된 대표적인 도시였기에 일본과 밀접한 관계를 맺어오면서 국제도시로 성장했고 한중수교 이후에는 중국과의 관계도 밀접해진 국제 물류도시이다. 알다시피 상하이는 이미 19세기 말과 20세기 초에 동아시아의 가장 큰 국제도시였으나 중국의 개혁개방이 심화된 1990년대 이후에 다시 크게 성장하여 세계적인 국제도시가 되었다. 한국인에게 상하이는 또한 역사적으로 매우 중요한 의미를 갖는 국제도시이다. 일제 식민지 시기였던 1919년 4월 국제도시 상하이에서 대한민국 임시정부가 처음으로 수립이 됨으로써 대한민국의 헌정질서와 민주주의가 100년을 넘는 유구한 역사와 정통성을 가질 수 있었기 때문이다.

기실, 부산과 후쿠오카는 이미 활발한 민간교류를 추진해왔다. 예컨대 부산과 후쿠오카 사이의 민간포럼으로 2006년 창립된 부산-후쿠오카 포럼은 양 도시 협력과 관련하여 많은 관련 정책을 제언하고 있다. 이를 바탕으로 부산-후쿠오카 사이에 '경제협력 사무소'가 설치되고 '부산-후쿠오카 비즈니스 CEO 포럼' 등이 운영되고 있으며 사회교과서 부교재를 공동으로 개발하고 차세대 시민들인 대학생 간 대화가 이루어지고 부산과 후쿠오카 소재 대학교들 사이의 다자간 컨소시엄이 체결되었다. 이러한 활발한 민간교류는 한-일 관계 악화의 순간에도 양국 사이의 인적 네트워크를 가동시켜 양국 관계 개선에 기여했음은 물론이다.

이에 반해서 부산과 상하이 사이의 교류 협력은 상대적으로 미흡했던 것이 사실이다. 1993년 8월 한중수교 1주년을 즈음하여 부산과 상하이는 자매도시 결연을 체결하고 교류를 시작했으니 올해가 부산-상하이 간 자매결연 27주년이나 되었음에도 말이다. 부산으로서는 국내 광역도시 가운데 가장 먼저 상하이와 자매도시 결연을 하고 다방면에서 교류를 해왔지만 현재 양 도시 사이에 민간교류 성과는 크게 눈에 띄지는 않는다.

물론 상하이 입장에서는 부산과의 교류가 매력적이지 않을 수 있다. 상하이의 인구가 2,400만에 달하고 지역 총생산액도 2019년의 경우 5,700억 달러를 넘어서 부산의 7배에 달할 정도로 부산과 상하이의 규모가 비대칭적이기 때문이다. 상하이는 이미 중국 제1의 도시라는 자부심을 넘어 뉴욕, 동경 등에 버금가는 세계적 수준의 도시라는 자부심을 갖고 있는 것도 사실이다. 따라서 부산-상하이 사이의 교류가 활성화되기엔 무리라는 평가가 있는 것도 사실이다.

그러나 오늘날 초국가적인 도시 협력 네트워크가 '지속가능한 발전(Sustainable Development)'을 추구해야 하는 것이 상기된다면 부산-상하이 협력에서 부산과 상하이는 환경보호와 사회발전 측면에서 서로 참고할 것이 적지 않을 것이다. 미-중 간 전략경쟁의 구도가 심화됨에 따라 한국의 국가전략이 한-미 동맹과 한-중 전략적 협력 동반자 관계의 사이에서 곤혹스런 상황이지만 오히려 부산과 상하이의 도시교류의 심화가 한-중 관계를 유지 발전시키는 계기가 될 수 있다.

이러한 점에서 2016년부터 동서대 중국연구센터가 상하이의 퉁지대 중국전략연구원과 만든 우리의 부산-상하이 협력포럼은 민간교류 포럼으로서 큰 의미를 지닌다. 당시 사드배치 문제로 한중 관계가 급격히 악화되던 시점이었지만 두 학교가 부산과 상하이 협력 방안 마련을 위해 포럼 개최를 관철시킴으로써 부산과 상하이의 실질적인 민간교류를 시도했다는데 의의가 있었다.

부산-상하이 협력포럼은 그 이후에도 한중관계 발전과 부산-상하이 도시교류 확대를 위해 다양한 방안을 제안해왔고 한-중 민간외교이자 도시외교의 대표적 모델로 서서히 자리 잡고 있다. 향후에도 부산-상하이 협력포럼을 비롯하여 부산과 상하이 사이의 다양한 민간교류가 활성화되길 기대하고 멀지 않은 장래에

부산-상하이-후쿠오카 3자 사이의 민간교류도 동시에 만들어지
길 기대한다.

참고문헌

박승우. 2011. "동아시아 공동체 담론 리뷰."『아시아리뷰』제1권 제1호.

서병훈 · 김비환 · 장현근 · 심승우 · 김현주. 2014.『동서양의 통섭과 동
아시아 시민주의의 이론적 토대』. 세종:경제 · 인문사회연구원.

양기대. 2013. "동북아 군비경쟁과 지역통합의 대안모색"『코리아연
구원 현안진단』제233호. http://knsi.org/knsi/kor/center/view.
php?no=14612&c=1&m=11

이희옥. 2004. "동북아 시민사회 교류와 공동체적 지역통합". 한국동북아
지식인연대 편.『동북아공동체를 향하여』서울: 동아일보사

이희옥 · 김재관 · 주장환 · 양평섭 · 이홍규. 2009.『한중 FTA와 동아시아
지역주의』서울: 풀빛

임우경. 2007. "비판적 지역주의로서 한국 동아시아론의 전개"『중국현대
문학』40호.

임준성. 2010. "동아시아인의 정체성 형성, 장애와 출구: 비판적 동아시아
담론을 중심으로."『문화과학』봄호

황경식 · 정인재. 1995. "군자와 시민",『동서철학의 융합(1) - 더 나은 삶
과 바람직한 사회(철학연구회 1995년 가을 발표회 논문집)』

최연식 · 임유진. 2016. "정치시민, 세계시민 그리고 군자시민"『사회사상
과 문화』, 19(2)

저자 소개

신정승(辛正承): 현재 동서대학교 석좌교수로서 동아시아연구원장을 맡고 있다. 제9회 외무고시(1975)를 거쳐 주 미국 대사관 1등 서기관, 외무부 중국과장(1990), 주 일본 참사관(1994), 주 중국 공사(1999)와 외교통상부 공보관 겸 대변인(2001) 그리고 아시아태평양국장(2002)을 지냈다. 이어 주 뉴질랜드 대사(2004)와 경기도 국제관계 자문대사(2007)를 역임하였으며 주 중국 대사(2008)를 마지막으로 2010년 현직에서 은퇴하였다. 이후 2010년 12월 국립외교원의 중국연구센터를 창설, 2015년 6월까지 초대 소장으로 근무하였다.

먼훙화(門洪華): 산둥대학교 문학 학사, 베이징대학교 신문방송학 석사, 베이징대학교 법학 박사, 칭화대학교 관리학 박사후. 산둥성 둥잉시 인민정부 외사판공실 과원, 중공중앙당교 국제전략연구중심 부주임, 칭하이성 행정학원 부원장을 역임하였고, 현재 퉁지대학교 정치와국제관계학원 원장 및 퉁지대학교 중국전략연구원 원장을 역임하고 있다. 주요 저서로는『중국대전략 틀 구상』,『동아시아 질서론』,『패권의 날개: 미국 국제제도전략 연구』등 80여 편이 있다.

샤리핑(夏立平): 법학(국제관계) 석사, 역사학 박사. 국방대학 전략연구원 부교수, 상하이 국제문제연구원 전략연구소 주임, 미국연구소 소장, 퉁지대학교 법정학원 원장, 퉁지대학교 정치와국제관계학원 원장을 역임하였으며, 현재 퉁지대학교 정치와국제관계학원 초대원장, 박사생 지도교수, 퉁지대학교 싱크탱크 수석 전문가로 활동하고 있다. 주요 저서는『중국국가안전과 지정학정치』,『당대국제체계와 대국전략관계』,『미국 우주전략과 중미 우주 게임』,『북극지역 치리와 개발연구』등이 있다.

차창훈(車昌勛): 연세대학교 정치외교학과 학사, 연세대학교 대학원 정치학과 석사, 영국 워릭대학교 국제정치 박사. 현재 부산대학교 정치외교학과 교수로 재직 중이며 중국 사회과학원 글로벌전략연구원 방문학자, 미국 조지타운대학교 방문학자로 활동한 바 있다. 주요 저서로는『동아시아의 거버넌스: 지역, 국가, 지방에 대한 다층적 접근』(공편, 오름, 2004),『현대외교정책론』(공편, 명인, 2007),『분단-통일에서 분리-통합으로』(공편, 사회평론아카데미, 2014),『거버닝 차이나: 현대중국정치의 이해』(공역, 심산, 2013) 등이 있다.

원동욱(元東郁): 서울대학교 중어중문학과 학사, 베이징대학교 국제관계학과 석사, 베이징대학교 국제관계학과 박사. 현재 동아대학교 중국학전공 책임교수로 재직 중이며 한국교통연구원 동북아물류경제연구센터 책임연구원, 대통령 직속 동북아시대위원회 경제협력분과 전문위원을 역임하였다. 주요 저서로는『중국 동북지역과 환동해지역의 관계성』(공저, 2017),『신기후체제하 글로벌 에너지 질서 변동과 한국의 에너지 전략』(공저, 2016),『일대일로 다이제스트』(공저, 2016),「녹색성장을 위한 동북아 교통물류 협력 방안 연구」(단독, 2009) 등이 있다.

리우밍(劉鳴): 난징외국어학원 영어 학사, 푸단대학교 국제정치학과 석사, 푸단대학교 세계경제연구소 박사. 미국 콜롬비아 대학교 동아시아 연구소, 한국 한성대학교 동아시아 역사학과, 미국 스탠퍼드 대학교 국제 안보와 협력 연구센터 방문학자로 활동하였다. 현재 상하이사회과학원 국제문제연구소 연구원, 한반도연구중심 주임, APEC 센터 주임 등을 역임하고 있다. 주요 저서는『국제 체제: 역사적 진보와 이론』, "Northeast Asia Order after WWII: Continuity, Compliance, Power-Transition and Challenges", *The Paradox of Economic Integration and Territorial Rivalry in the South China Sea, BRICS development: a long way to a powerful economic club and new international organization* 등이 있다.

자오훙쥔(趙紅軍): 산시공상학원(현 시안재경대학) 상업경제 학사, 상하이대학 산업경제학 석사, 푸단대학 외국경제사상사 박사. 산시성 웨이난시 종합대외무역회사, 벨기에 시다커 공업 부품 유한공사에서 영업직, 경리조리,

지역 판매 담당 경리직 등을 역임했다. 현재 상하이사범대학교 상학원 교수, 박사생 지도교수, 부원장으로 활동하고 있으며, 상하이시 세계경제학 일대일로 지역 협력 발전 전문위원회 주임, 중국 지역과학협회 이사, 상하이시 빅데이터 사회 응용 연구회 이사 등을 겸임하고 있다. 주요 저서는 『교역 효율, 도시화와 경제발전』, 『소농경제, 관성치리와 중국경제의 장기발전』, 『상하이 국제무역 지위의 변천과 지역경제 영향』 등이 있다.

장정재((長正在): 중국인민대학교 경영학 박사. 현재 부산연구원 경제·산업연구실에서 중국지역 연구를 담당하고 있다. 부산시 기업유치위원회 자문위원(2018), 중국 상해교통대학교 선박해양학원 방문학자(2019)로 활동하였으며 대표 논문 및 저서로는 「중국 조선기자재 산업의 부상과 한국기업의 대응방안」(원광대학교 한중관계연구원, 2020), 「중국의 신소비트렌드 및 소비재시장의 패러다임변화에 따른 기업의 대응방안」(단독, 2018)의 논문과, 『중국경제론』(공저, 박영사, 2018) 등의 저서가 있다.

허시여우(何喜有): 지린대학교 경제학 학사, 서울대학교 경제학 석사, 서울대학교 경영학 박사. 지린성 동북아연구중심, 지린대학교 동북아연구원, 한국조세연구원 등의 기구에서 근무하였다. 2004년부터 푸단대학교 경제학원에서 교편을 잡았고, 현재 푸단대학교 세계경제연구소 부교수로 재직 중이다. 주요 저서로는 *The capability of the Samsung group in project execution and vertical integration: Created in Korea, replicated in China, How Chinese firms learn technology from transnational corporations*, 『중국의 대한국 직접투자의 구조성 분포 및 그 원인 분석』, 『상호 단절부터 전략 협력까지: 수교후 중한 정치경제 관계의 진화』 등이 있다.

김형근(金亨根): 제주대학교 회계학과 경영학 학사, 동국대학교 대학원 회계학과 경영학 석사, 동국대학교 대학원 회계학과 경영학 박사. 1990년부터 항만정책 분야 연구를 수행해 왔고, 항만연구본부장을 역임했다. 중국 상하이시 소재 KMI 중국연구센터장을 역임하였고, 2019년 말에 정년퇴직후 현재 한국해양수산개발원 명예연구위원에 위촉되어 활동 중이다. 대표 저서로는 『글로벌 물류시장과 국부창출』(공저, 2012), 『기업 물류비 추정』

(2016), 「부가가치 창출 극대화를 위한 항만 배후단지 발전 방안 연구」(공동연구, 한국해양수산개발원, 2011), 「우리나라 해운물류기업의 중국 자유무역시범구 활용방안」(공동연구, 한국해양수산개발원, 2019) 등이 있다.

싱리쥐(邢麗菊): 산둥대학교 조선어문학전공 문학학사, 성균관대학교 유학과 문학석사, 성균관대학교 동양철학과 철학박사. 푸단대학교 국제문제연구원 강사, 부교수를 역임하였고 현재 푸단대학교 국제문제연구원 교수, 박사생 지도교수로 재직 중이다. 푸단대학교 한국연구센터 부주임, 푸단대학교 중외인문교류연구중심 연구원으로 활동하고 있으며, 국제유학연합회 이사, 중국 조선사학회 비서장, 중한문학과문화비교연구회 부회장 등을 겸임하고 있다. 주요 저서로는 『한국유학사상사』, 『유학과 중한인문교류』, *The Debate on the State of Unarousedness between Oeam and Namdang*, *Harmony between Nature and Humanity and Internal Transcendence* 등이 있다.

김태만(金泰萬): 부산대학교 중문과를 졸업하고 중국 베이징대학에서 박사학위를 받았다. 현재 한국해양대학교 교수로 재직 중이며, 국제대학 학장을 역임한 바 있다. 문재인 정부 대통령직속 정책기획위원, 국가균형발전위원회 자문위원, 부산광역시 문화예술위원회 위원, 부산광역시 민선7기 인수위원회 글로벌문화도시분과장 등을 역임했거나 맡고 있다. 「시진핑의 '중국몽(中國夢)'과 문화강대국의 길」, 「시진핑(習近平)의 문화정책과 '일대일로(一帶一路)'의 문화전략」 등 다수의 논문과 『중국에게 묻다』(공저), 『다시 루쉰魯迅에게 길을 묻다』 등의 저서가 있다.

이홍규(李弘揆): 한국외국어대 문학사, 서강대 대학원 정치학 석사, 중국사회과학원 대학원 법학 박사. 동서대학교 국제학부 교수 겸 동서대학교 중국연구센터 부소장을 역임하였고 현재는 동서대학교 동아시아학과 교수 겸 동서대학교 중국연구센터 소장직을 맡고 있다. 주요 저서는 『중국모델론』(공저, 2008), 『한-중 FTA와 동아시아 지역주의』(공저, 2009), 『체제전환의 중국정치』(공저, 2010), 『중국의 동북지역 개발과 신북방 경제협력의 여건』(공저, 2013) 등 다수가 있다.